融合型·新形态教材
复旦社云平台 fudanyun.cn

婴幼儿托育·早期教育系列教材

婴幼儿
社会性发展与教育

主 编 孙卫 周慧

副主编 江楠 游曼 任娟

复旦大學 出版社

内容简介

现代社会对儿童性格、情绪情感、人际交往等社会性的发展与教育越来越重视。婴幼儿期的社会性发展对人一生的发展起着奠基作用，因此，了解婴幼儿社会性发展的特点和轨迹，提供适宜的教育成为重要的教育课题。

本书基于婴幼儿社会性发展的特点，以"主题＋章节""理论论述＋实践指导""内容索引＋案例导航"的形式呈现相关理论论述和实践教育指导。在内容上，涵盖了婴幼儿社会性发展的主要方面，即性别角色、自我意识、亲社会行为、攻击性行为、情绪、亲子关系和同伴关系。本书可供早期教育、婴幼儿托育以及学前教育专业的教师、学生用作教学和学习参考，也可为托幼机构的职后教师和家长在与婴幼儿互动及推动其社会性发展上提供有力支持。

书中配套资源丰富，包括PPT教学课件、教案、拓展阅读、练习题及答案解析等，可登录复旦社云平台（www.fudanyun.cn）查看、获取。每章后配套的在线测试题，可辅助学习者及时检验学习情况。

复旦社云平台
数字化教学支持说明

为提高教学服务水平，促进课程立体化建设，复旦大学出版社建设了"复旦社云平台"，为师生提供丰富的课程配套资源，可通过"电脑端"和"手机端"查看、获取。

【电脑端】

电脑端资源包括PPT课件、电子教案、习题答案、课程大纲、音频、视频等内容。可登录"复旦社云平台"（fudanyun.cn）浏览、下载。

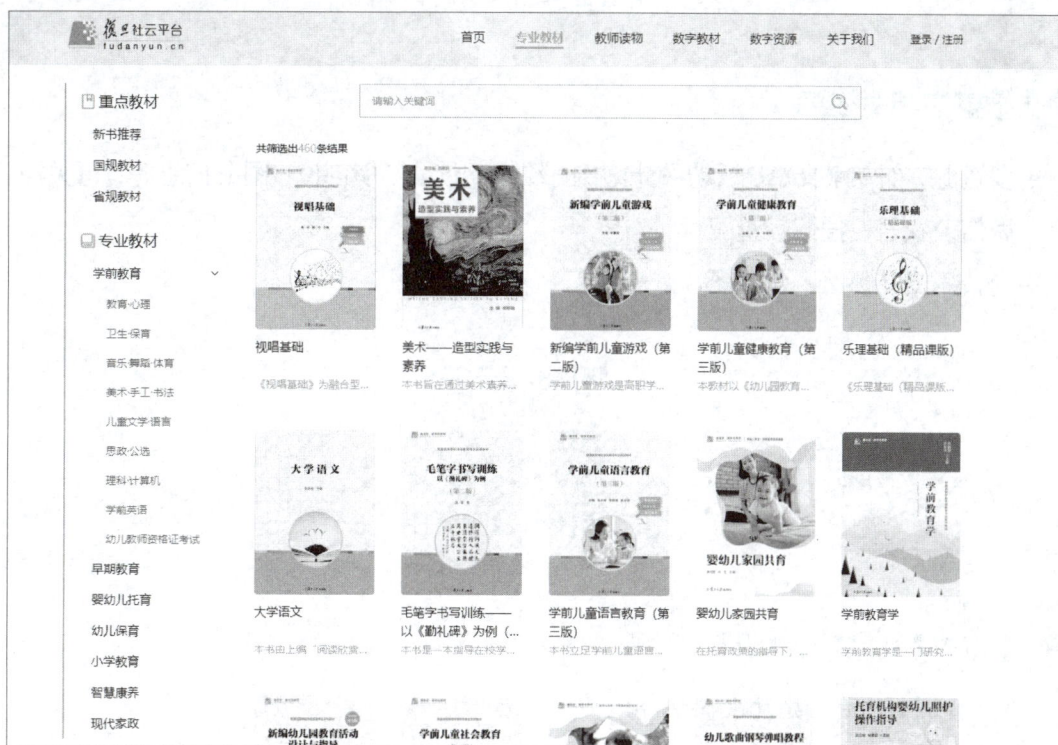

Step 1 登录网站"复旦社云平台"（fudanyun.cn），点击右上角"登录／注册"，使用手机号注册。

Step 2 在"搜索"栏输入相关书名，找到该书，点击进入。

Step 3 点击【配套资料】中的"下载"（首次使用需输入教师信息），即可下载。音频、视频内容可点击【数字资源】，搜索书名进行浏览。

【手机端】

PPT课件、音视频、阅读材料：用微信扫描书中二维码即可浏览。

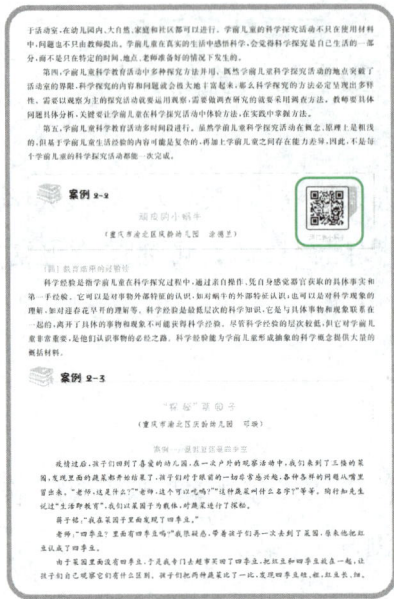

【更多相关资源】

更多资源，如专家文章、活动设计案例、绘本阅读、环境创设、图书信息等，可关注"幼师宝"微信公众号，搜索、查阅。

平台技术支持热线：029-68518879。

"幼师宝"微信公众号

【本书配套资源说明】

1. 刮开书后封底二维码的遮盖涂层。

2. 使用手机微信扫描二维码，根据提示注册登录后，完成本书配套在线资源激活。

3. 本书配套的资源可以在手机端使用，也可以在电脑端用刮码激活时绑定的手机号登录使用。

4. 如您的身份是教师，需要对学生使用本书的配套资料情况进行后台数据查看、监督学生学习情况，我们提供配套教师端服务，有需要的老师请登录"复旦社云平台"（fudanyun.cn），点击"教师监控端申请入口"提交相关资料后申请开通。

0～6岁是儿童神经系统发育最快,各种潜能开发最为关键的时期。其中,0～3岁是大脑发育的黄金期,动作、语言、情绪情感、社会性等在这一阶段均有重要的发展,为整个生命的发展奠定坚实基础,因此,早期教育显得尤为重要。早期教育是伴随生命孕育即开始的教育,是促进儿童心智全面发展的教育,是提高儿童自我意识和社会适应能力的教育,是指向儿童成长为一个健康社会人的教育。

当一个人不是独处时,哪怕身边只有一个人,就能构成所谓的"社会"。所谓的社会性,即个体作为社会成员,为了适应社会生活所表现出的全部心理和行为特征。儿童的社会性发展,是指儿童从一个生物人,逐渐掌握社会的道德行为规范与社会行为技能,成长为一个社会人,逐渐步入社会的过程,它是在个体与社会群体、儿童集体以及同伴的相互作用、相互影响的过程中实现的。儿童的社会性发展与教育对于儿童成为一个成熟合格的社会人至关重要,因此,本书围绕儿童的社会发展与教育展开论述,针对婴幼儿身心发展的特点,进行理论层面的论述和实践层面的教育指导。

物质生活的提升使得人们开始从提升生命质量的角度关注家庭成员以及儿童保健与保育。婴幼儿①(0～3岁儿童)社会性发展与教育既是专业人士关注的话题,也是家长关心的话题。目前,市面上相关的书籍基本集中在0～6岁儿童心理发展的特点、0～6岁儿童生理心理发展的观察与评估、0～6岁儿童的活动设计与指导等,尤其以3～6岁居多,而关于婴幼儿社会性发展的专题论述和教育指导非常缺乏,我们希望通过这样一本专门介绍婴幼儿社会性发展与教育的教材,提供给一线早教教师、保育师、早期教育及婴幼儿托育专业学生和家长,以在与婴幼儿互动和推动婴幼儿社会性发展方面提供一定的知识和技能支持。这本书的总体特点主要表现在以下三点:

第一,以"主题+章节"模式,完整呈现婴幼儿社会性发展与教育。在内容设计上,充分考虑了婴幼儿社会性发展的完整性。本书主要聚焦婴幼儿社会性的四个模块,分别是社会认知、社会行为、社会情绪以及社会关系。每个模块有不同的主题,每个主题构成一章内容。具体分布如下:第一章总体论述了"婴幼儿的社会性发

---

① 婴幼儿,即0～3岁儿童,属于儿童这一概念范畴。本书中部分内容超越了婴幼儿的范畴,因此会使用"儿童"这一概念。

展",第二章至第八章则根据不同模块进行梳理。"社会认知"模块主要包括婴幼儿性别角色(第二章)和自我意识(第三章)的发展与教育;"社会行为"模块主要包括婴幼儿亲社会行为(第四章)和攻击性行为(第五章)的发展与教育;"社会情绪"模块主要包括婴幼儿情绪(第六章)的发展与教育;最后"社会关系"模块主要包括婴幼儿亲子关系(第七章)和同伴关系(第八章)的发展与教育。

第二,以"理论论述+实践指导"的编写模式,有效指导婴幼儿社会性发展。本书充分考虑到读者群主要为学前教育、早期教育、婴幼儿托育专业学生、早教教师、保育师以及婴儿家长,因此在行文上力求做到生动而易理解。每章的具体内容从以下四个方面进行论述:一是该章主题的概述,论述每个主题的基本概念、儿童在该主题上的发展阶段以及不同发展阶段的特点等基础知识;二是每个主题下,对婴幼儿社会性发展评估的方法进行介绍;三是围绕具体的主题,对促进婴幼儿发展的教育方法(如具体的游戏方法)以及目前的教育趋势等进行论述;四是呈现该主题下婴幼儿的教育案例,并对所举出的案例结合理论知识和实践操作进行简单的点评。每个主题下同时注重理论指导和实践操作,以帮助婴幼儿的家长和教师在促进婴幼儿各个方面的社会性发展上提供一定的指导建议。

第三,以"内容索引+案例导航"的体例编排,极大方便读者查询与阅读。在内容编排上,采用了外严密、内松散的逻辑编排顺序,力求体现"通过学科关键词或关键概念引读"的读书要义。本书在具体章节内容呈现过程中,以"学习目标""内容结构""学习建议""案例导入"等形式呈现婴幼儿社会性发展与教育的章节要点,方便读者查询与阅读,并帮助读者快速领会专业知识。

综上,本书立足于婴幼儿社会性发展,聚焦该年龄阶段婴幼儿的社会认知、社会行为、社会情绪和社会关系四大方面,对不同方面的相关特征、规律、培养方法等进行梳理。同时,融合目前主流理论解释婴幼儿的社会性发展,再结合案例、测评等多样化方式呈现,给出具有可行性的指导与教育方案。总体上,本书是一本对于学前教育、早期教育、婴幼儿托育专业学生及早期教育教师、保育师和家长都具有指导意义的书籍。

本书由重庆第二师范学院孙卫、周慧、江楠等编写,编写过程中参考并借鉴了国内外许多专家、学者的观点和资料,在此一并表示感谢。由于编者的水平和能力有限,若书中存在不妥之处,望读者多加批评指正。

孙卫　周慧
重庆第二师范学院

目 录

第一章　婴幼儿社会性发展概述

PPT 教学课件

学习目标

1. 理解婴幼儿社会性发展的基本概念和内容。
2. 掌握婴幼儿社会性发展的基本理论和阶段性发展特点，能够解释和支持婴幼儿的社会性发展。
3. 了解婴幼儿社会性发展的教育原则和研究方法，并能够尝试应用于教育实践和研究。
4. 理解婴幼儿社会性发展的影响因素和意义，并能够将其融入婴幼儿保教指导。

内容结构

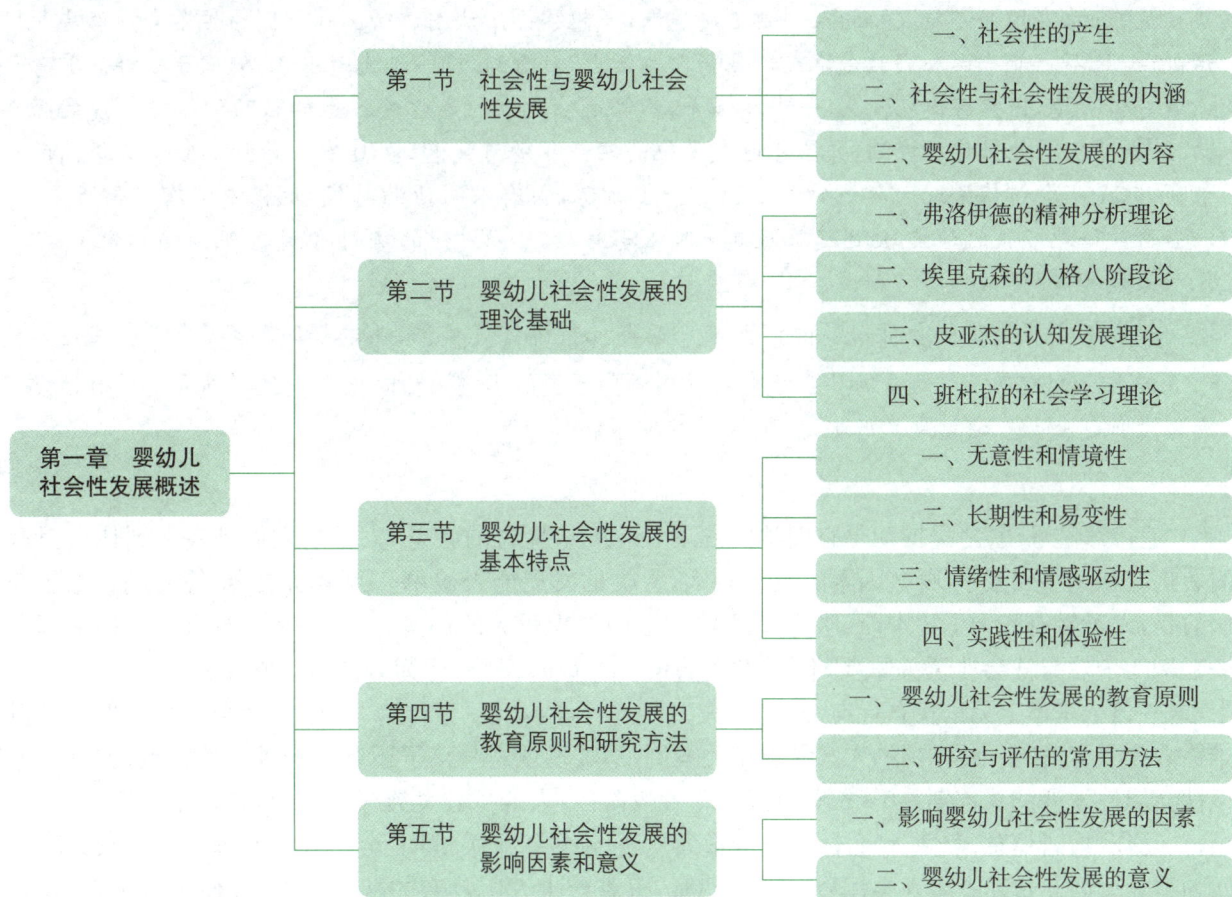

学习建议

本章主要介绍了社会性与婴幼儿社会性发展的基本概念、婴幼儿社会性发展的理论解释、

1

基本特点、教育原则和研究方法、影响因素和意义等,需要注意的是婴幼儿属于0~6岁学前儿童的范畴,因此,在概述部分主要是从0~6岁儿童的角度对相应的知识和理论进行分析与解读。学习时应注意理论联系实际,结合观察与实践,理解和迁移相关的概念与理论,并尝试用适宜的方法开展相应的研究;结合影响因素、特点等,能够将所学纳入对婴幼儿的保育与教育中。

案例导入

关于"狼孩"的案例较多,包括大家比较熟悉的"印度狼孩"等真实案例。1920年,在印度加尔各答附近的一个山村里,人们在打死大狼后,于狼窝里发现了两个由狼抚育过的女孩,其中较大的女孩约7岁,被取名为卡玛拉;较小的女孩约2岁,被取名为阿玛拉。后来她们被送到一个孤儿院去抚养。阿玛拉2年后死去,卡玛拉则活到1929年。狼孩刚被发现时,生活习性与狼一样:用四肢行走;白天睡觉,晚上出来活动,怕火、光和水;只知道饿了找吃的,吃饱了就睡;不吃素食而要吃肉(不用手拿,放在地上用牙齿撕开吃);不会讲话,每到午夜后像狼似的引颈长嗥。卡玛拉经过7年的教育,才掌握45个词,勉强地学会几句话,开始朝人的生活习性迈进。16岁左右去世时,其智力只相当三四岁的孩子。此外,人们还发现过熊孩、豹孩、猴孩以及绵羊所哺育的小孩。他们也和狼孩一样,具有抚育过他们的野兽的生活习性,对他们的描述基本类似:"她拒绝穿衣服,也不会用筷子吃东西,害怕任何靠近她的人。她不愿洗漱,还想尽办法试图逃回丛林。因为她不会用语言说话,所以她不可能告诉人们她是谁或者她如何生活。""我看到她时,她光着身子,像猴子一样向前弯曲着身体行走,她瘦得皮包骨头,一直在哆嗦,不停地捡地上的米粒吃。她的眼睛红得像老虎的眼睛。""医生们对他进行了检测,并惊异地发现他的实际年龄可能超过10岁。而且他似乎有很高的智商,只是不会讲俄语或者其他的人类语言。警方称,当有人叫他的时候,他根本没有任何反应。而当医生给他衣服的时候,他迅速弹跳起来冲入走廊,然后闯进他的房间,狼吞虎咽地吃起食物,就像一只动物那样。"

思考 婴幼儿的社会性发展由何而来?遵循什么样的发展阶段和规律?如何研究和关注婴幼儿的社会性发展?婴幼儿的社会性发展受到哪些因素的影响?为什么要关注婴幼儿的社会性发展以及如何指导?通过本章的学习,将获得相应答案。

"遗传"与"环境"之争推动了心理学的发展,实际上,探讨的就是"人类的发展到底受到什么因素的影响""在这些因素中,哪些因素的权重较大,人类的发展能否被单一因素所决定"等问题。无法否认的是,人类带有先天生物本能,遗传起到了一定作用,但后天的环境,尤其是在人与人的交往中所发展起来的个性与社会性至关重要,包括人类的语言、劳动、情感、行为方式等。在上述"狼孩"的案例中,这些孩子基本上无法直立行走、语言缺失、情感交流困难、社会行为"原始"、社会能力丧失……很难称之为具有"社会性发展"的人。纵观相关案例,不难发现这些孩子还有一个重要的特点,就是错过了社会属性发展的关键期。0~3岁,乃至0~6岁阶段,人的身心发展极为重要,在这个阶段,人类的语言、动作、情绪情感、个性、社会性等有着重大发展,错过这个关键期,会给人的心理发展带来无法挽回的损失。因此长期脱离人类社会环境的幼童,很难产生人所具有的社会属性,即便进行矫正,收效也往往甚微。

第一节　社会性与婴幼儿社会性发展

人具有"自然属性"和"社会属性"双重属性,人们在与自然、社会的互动中,发展自身的社会性,从一个"自然人"逐渐成长为"社会人",进而能够与自然、社会、自我等和谐共生。从一定意义上说,有"人"就有"社会"。一所学校,就是一个小社会;一个家庭,也是一个小社会,一个微型小组都是一个小社会。甚至可以这样说,凡是有人群的地方,就有各种各样的"社会",人的生存一天也离不开社会。人每天都在各种各样的社会群体中充当各种角色,表现自己的"社会性",如跟别人打交道的方式,对别人的态度,受到的他人的影响,对别人的影响……所有这一切,都是一个人社会性的表现。社会性无时不在、无处不在,对人们非常重要。

一、社会性的产生

人的需要是多种多样的,且在不同时期会有不同。大多数学者把人类的不同需要归属为两大类,即生理性需要与社会性需要。生理性需要指保存和维持有机体生命及延续种族的一些需要,如对饮食、运动、休息、睡眠、觉醒、排泄、配偶等的需要。社会性需要指与人的社会生活相联系的一些需要,如劳动需要、交往需要、认知需要、审美需要和成就需要等。社会性需要是后天习得的,也是个人生活所必需的,如果这类需要得不到满足,就会使个人产生焦虑、痛苦等情绪。这里所说的社会性,就是源于人类社会性需要而产生的,从一定程度上来说,需要驱动了人类的行为。

首先,社会性是社会生活中人际交往的产物,人在交往中获得了社会性。婴儿刚出生时,由于身上还没有人类社会的烙印,只是一个自然的客观存在,即人们通常所说的"自然人"。但是,由于这个自然人生活在家庭、社区等人的社会环境中,与包括自己的母亲在内的人进行某种形式的交往,学习该社会所认可的行为方式、价值取向等,并把这些行为方式、价值取向等内化,变为自己的行为准则,使自己逐渐适应周围的社会生活,成长为一个"社会人"。假如一个人远离了社会生活,失去了人际交往,那他只能是个自然人,而永远不具有社会人所具有的社会性。由此可见,人际互动是社会性产生的必要条件。

其次,社会性是人的社会化的内容和结果。作为从自然人向社会人转化所获得的特征,社会性几乎涉及了人自身智能以外的所有内容,即使狭义地界定社会性,它也涉及社会生活中的各种个人属性,如情感、性格、交往、社会适应等。故而,人的社会性范畴是相对较广的,涉及了人的方方面面。

二、社会性与社会性发展的内涵

关于社会性及社会性发展的内涵,心理学家、社会学家等都有不同视角的论述,心理学家重视个体在社会性发展的过程中所呈现出的心理规律,诸如人际关系、社会行为、社会角色等,以及这些心理规律在不同个体、不同性别、不同年龄等之间的差异,同时,揭示影响这些心理规律的因素,包括遗传、教育、文化、个体本身的情绪及人格等。因此,心理学视角下的社会性发展被定义为人的社会性心理特征的发展,强调个体性,认为离开个体的社会关系和实践,任何社会性都是子虚乌有,社会性发展就如无源之水。

众所周知,许多被称为社会性的东西并不是心理层面的因素和特征,社会性发展更不能脱离一定的社会场域和情境,社会学家对社会性的认识为我们提供了另一个视角。社会学家重视的不是个体,而是人类所生活、学习、工作的所有基本单元,涉及家庭、工作单位、非正式群体、临时群体等各类群体,关注所有这些群体怎样对人的社会化产生影响和发挥作用,探讨这些群体是怎样演变的,以及社会大环境、大背景(如政治、经济、法律、传播媒介等)因素在人的社会化过程以及群体的演变过程中产生了什么作用等核心问题。因此,从社会学的角度来看,社会性是人的基本属性,社会性发展在一定程度上也可视为人的社会化程度。由此推演,人的社会性发展包括个体通过社会学习获得社会生活所必须具备的道德品质、价值观念、行为规范以及积极的生活态度和行为习惯;通过参与社会公共生活和实践形成相关的社会关系和社会属性并积累社会经验和社会资本;通过承担社会责任和社会角色形成交往技能和自我调节能力;等等。概括地说,社会性发展就是人的社会属性系统的不断完善和社会参与能力的逐步提高。

此外,教育学视角下,教育家基于心理学家所发现的个体社会化的规律,重视教育对婴幼儿社会化过程的影响作用,试图寻找有效的措施和训练、组织方法。综合来看,无论切入点如何,但其内容实质都是一致的,即如何学习与别人友好相处并适应环境的能力。所以,如果要对社会性下一个定义,可以这样描述:社会性是指个体在掌握社会规范、形成社会技能、学习社会角色的社会化过程中所产生的一种心理特征。婴幼儿的社会性发展指的就是由于这种心理特征的发生和发展,婴幼儿由自然人逐渐变为能适应生活环境、能与周围人交往并以自己独特个性对他人施加影响的社会人的过程。

三、婴幼儿社会性发展的内容

与社会性发展的概念一致,对于社会性发展的内容不同的视角会有不同的关注点。西方有些学者认为,人的社会性主要包括人的社会知觉和社会行为方式等。通过社会知觉,人们觉察他人的想法,向他人表达行为的动机和目的;通过对社会行为的学习,人们掌握约定俗成的举止、道德观念等,从而能够适应自己所生存的社会。我国学者则认为,社会性的内容包括运用语言的交际能力等,具体而言,社会性的内容包括六个方面:①运用语言交际的能力;②友好相处的能力;③自律的能力;④表现与理解的能力;⑤对环境的适应能力;⑥良好的生活、卫生、学习习惯。众所周知,人在不同的年龄阶段,其社会性要求也是不一样。我国《3—6岁儿童学习与发展指南》明确指出,人际交往和社会适应是儿童社会性教育的两大核心内容。人际交往包括四个方面:①愿意与人交往;②能与同伴友好相处;③具有自尊、自信、自主的表现;④关心尊重他人。社会适应包括三个方面:①喜欢并适应群体生活;②遵守基本的行为规范;③具备初步的归属感。总之,尽管对社会性的描述不同,但其实质内容都是一致的,即学习如何与别人友好相处并适应环境的能力。婴幼儿的社会性内容有哪些呢?结合婴幼儿的身心发展特点以及这一阶段的主要发展任务,可将婴幼儿的社会性发展与教育内容分为四个相互联系的方面,即社会认知、社会行为、社会情绪、社会关系。本书也将从这四个方面去探讨婴幼儿的社会性发展特点及其教育策略。

第二节　婴幼儿社会性发展的理论基础

婴幼儿社会性发展的机制是什么?促进婴幼儿社会性发展的动力在哪里?心理学家力求总结一些规律和原理来解释这类问题,以解密婴幼儿行为产生与发展的机制,进而预测、调节相应行为。婴幼儿社会性发展的视角丰富,涉及的理论较多,下面从四个主要相关的理论对婴幼儿社会性发展的心理机制进行阐释。

一、弗洛伊德的精神分析理论

弗洛伊德(Sigmund Freud)是 19 世纪末 20 世纪初奥地利著名的精神病学家和精神分析学派的创始人。在与精神病人的长期接触中,他发现许多人的心理疾病可以追溯到童年早期经验,因此极其重视早期经验对个人社会化和人格形成的作用。从儿童社会性发展的角度来说,弗洛伊德的理论对于人格的解读有重要作用。

弗洛伊德认为,人的个性由本我、自我、超我组成。本我是本能的心理能量储藏室,它是由一种先天遗传的本能冲动或内驱力所组成,代表人的生物主体,是一切驱动能量的来源。本我完全是无意识的,遵循快乐原则,寻求满足基本的生物需求。自我由本我发展而来,儿童为了满足自我的要求,逐渐懂得用某种方式或在某个地方比用其他方式或在其他地方能够更快、更有效地获得满足,结果是儿童会按照活动后果的体验来激活活动或抑制活动,也正是经过这样的过程,儿童的行为相较于出生的时候,盲目性大幅度减少。自我遵循"现实原则",调节外界与本我的关系,使本我适应外界要求,推迟本我能量的释放,直到真正能满足需要的对象被发现或产生出来为止。超我来自自我,又超脱自我,是道德化了的自我。超我由两部分组成,即"自我理想"和"良心",自我理想突出生活的道德标准,良心负责惩罚违反自我理想的行为。当儿童心目中的自我与父母的道德观念相吻合,即他的行为符合父母关于美的概念和标准时,父母就会给予奖励,从而就会形成儿童自我理想;当儿童心目中的自我与父母所摒弃的观点相一致时,即当这些观念和行为出现时,父母就要给予惩罚,从而使儿童在心灵上受到责备,行为上受到阻止。婴幼儿就是这样在与父母或其他成人的交往中,理解、甚至是接受了他们的要求,并作为自己的准则,从而发展起社会性。

二、埃里克森的人格八阶段论

埃里克森(Erikson)同样是精神分析学派的代表人物之一,但他认为弗洛伊德对作为外部和内部需要的中介并起调节作用的"自我"的理性认识过程重视不够。他提出在个人与环境相互作用之间有心理社会机制,儿童与其环境相互作用的行为是受不同发展阶段所特有的认识和性心理的能力所限制的。他将儿童行为的模式、心理社会因素和力比多投放的部位这三方面结合起来划分社会性发展阶段。他认为,人要经历八个阶段的心理社会演变,这种演变称为心理社会发展,每一个阶段有这些阶段应完成的任务,并且每个阶段都建立在前一阶段之上,这八个阶段紧密相连。他认为每一阶段发展的一些特定心理品质,发展得好就走向积极的一端,发展得不好就走向消极的一端,每个人的发展常常处在这两端之间,如信任对怀疑、自主对羞怯、主动创造对内疚、勤奋对自卑、一致性对角色分离等。

婴幼儿主要聚焦在前两个阶段,即婴儿期(0～1.5 岁)——基本信任和不信任的心理冲突;儿童期(1.5～3 岁)——自主与害羞(或怀疑)的冲突。具有信任感的儿童敢于希望,富于理想,具有强烈的未来定向。反之则不敢希望,时时担忧自己的需要得不到满足。埃里克森把这里所说的"希望"定义为:"对自己愿望的可实现性的持久信念,反抗黑暗势力、标志生命诞生的怒吼。"到了 2 岁左右,儿童掌握了大量的技能,他们开始有意志地决定做什么或者不做什么,埃里克森把这里所说的"意志"定义为:"不顾不可避免的害羞和怀疑心理而坚定地自由选择或自我抑制的决心。"这一阶段儿童会表现出第一反抗期的特点,儿童可能会反复用"不"来反抗父母等外界控制。因此,在这个阶段把握住"度"是保育教育的关键,也更有利于在儿童人格内部形成意志品质,养成自主的个性,从而形成和谐的社会发展。

三、皮亚杰的认知发展理论

皮亚杰(J. Piaget)是国际著名的儿童心理学家,谈到儿童,必须要谈到皮亚杰的理论,他创立了

"发生认识论",提出了"儿童认知发展阶段论"。皮亚杰的发生认识论聚焦于研究知识是怎样生长的,研究获取知识的心理结构,也就是俗称的认知结构,探讨知识发展过程中新事物构成的机制,即认知结构的机制。皮亚杰认为儿童心理或行为的发展是儿童的心理或行为图式在环境影响下不断通过同化、顺应两种路径从而达到平衡的过程,使儿童心理不断由低级向高级发展。同时,皮亚杰认为儿童的发展具有阶段性特征,他将儿童心理发展划分为感知运动阶段、前运算阶段、具体运算阶段和形式运算阶段,其中,婴幼儿主要处于第一个认知发展阶段,依靠动作、感知思考。

除了认知发展阶段论以外,皮亚杰在儿童道德发展方面的研究也值得学习。他认为儿童的逻辑思维能力和道德判断能力是一种蕴含关系,儿童的道德发展是认知发展的一部分,也是认知发展的一种自然结果,他开创了儿童道德认知发展研究的先河。主要通过"两难情境"中儿童的道德判断(诸如儿童对行为责任的看法、儿童的公正观念和儿童心目中的惩罚等),来探讨儿童道德认知发展规律,反复论证了儿童道德发展是由他律道德逐渐向自律道德过渡的。皮亚杰认为儿童道德发展也和思维发展一样,在发展的连续过程中表现出自己的阶段特点。儿童道德判断的发展阶段是与儿童智慧的发展相平行的,儿童道德发展阶段不能超过儿童思维发展阶段和心理结构水平,由此可见,认知发展对于道德发展具有重要意义。儿童的社会性发展依赖于认知的发展,儿童的社会认知影响着儿童的社会行为,父母、教师的约束和强制不能促进儿童智慧的发展和道德的成长。

四、班杜拉的社会学习理论

班杜拉(A. Bandura)是美国著名的社会学习理论研究者。虽然班杜拉是行为主义学派的一个代表人物,但他结合了行为主义观点和认知派观点,认为儿童的个性是由行为、个人认知因素和环境三者相互作用决定的。

他以人可被观察的外部行为作为研究的出发点,吸收了认知心理学所强调的内在认知因素在学习中的重要作用,以及人本主义心理学倡导的自我概念在人类学习中的积极意义,研究了大量儿童的社会行为,认为一个人行为的产生首先依赖于其对环境榜样的观察,同时也依赖于其自身对观察的榜样的认识,依赖于人活动的内部诱因。行为、个人认知、环境三因素在相互影响的过程中发挥作用,环境影响儿童,儿童的行为也会影响环境,儿童参与塑造了影响自身的环境。班杜拉修正、发展了米勒和多拉德的社会学习、模仿的理论,提出了观察学习的社会学习理论观。他认为人的个性和行为是在观察过程中形成的,在这个过程中,人们首先观察榜样的活动,观察的结果在人们的头脑中形成一种意向,正是这种意向指导人们在处于与榜样相似的情境中时,做出与榜样相似的活动。在进行观察学习过程中,人们可以不做出与榜样相同的外部反应,也可以不直接受到外部强化,只通过观察学习过程,人们就可以形成多种多样的行为,从而也就形成个性。因此,班杜拉十分重视榜样的作用,这对于培养婴幼儿个性和社会性的实际教育工作有重要意义。班杜拉还强调认知、自我调节、自我效能、替代强化在学习中的重要作用,认为人不是消极地接受环境刺激,而是积极主动地对这种刺激做出选择、组织和转化,以调节自己的行为,这种把人看成主动的人、发挥人的主观能动性的观点带给我们较大的启发,对于婴幼儿的社会性发展更是具有非常大的指导意义。

第三节　婴幼儿社会性发展的基本特点

婴幼儿社会性发展受年龄、生理、心理等因素的制约,呈现出阶段性特征。总体而言,婴幼儿的社会性发展遵循着由外向内发展、由被动向主动发展的规律。一方面,成人为婴幼儿创造接纳、关爱和支持的良好的环境,通过示范、熏陶、模仿,婴幼儿潜移默化地适应环境,内化规则。另一方面,婴幼儿与成人、同伴共同生活、交往、探索和游戏等,学习共同生活中的交往方法,在满足自己需要和目的的活动过程中,形成自己的社会性和个性。具体来说,婴幼儿的社会性发展具有以下四个方面的典型特点。

一、无意性和情境性

婴幼儿的社会性发展具有无意性和情境性,是指婴幼儿学习人际交往的方法、策略,以及适应集体生活、社会生活的规则大多都是随机发生的,并明显地受到环境的影响。比如,婴幼儿学习讲礼貌、爱卫生通常都是没有计划和目的的,而是在日常生活中,通过父母、老师所创设的礼貌、卫生的环境,耳濡目染地习得这些良好的行为习惯。

二、长期性和易变性

长期性和易变性体现为在婴幼儿社会行为的形成过程中,需要不断地强化和内化,且有起伏变化。比如,今天会用礼貌用语的婴幼儿明天不一定也会用同样的礼貌用语,今天能与同伴友好交往的婴幼儿明天也可能会出现攻击性行为。婴幼儿的社会性情感和行为是在活动和交往中反复体验和练习形成的。因此,教育者需要确立持久和耐心的教育态度。

三、情绪性和情感驱动性

情绪是婴幼儿社会表达的信号,情感则是婴幼儿与这个世界产生联系的纽带,婴幼儿常常是因为愉悦等情绪以及信任与爱等情感才愿意参与和学习生活中新奇的一切。皮亚杰曾说过,每一种行为背后都有着它的情感动因。婴幼儿做出分享、合作、助人等亲社会行为,往往是基于良好的情绪情感体验。因而,教育要注重良好情绪氛围的营造以及对婴幼儿内在动机的激发。

四、实践性和体验性

婴幼儿社会学习的内容大多是情境性与操作性的知识,只有通过亲身体验与实践的知识才能成为真知。比如,一个盲童因为自身的生理缺陷成为同班孩子嘲讽和捉弄的对象,教师没有简单地斥责和教训孩子,也没有苦口婆心灌输大道理,而是请孩子们戴上眼罩生活一天。这些孩子在亲身体验的过程中深刻体会到盲人的艰难和坚强,发自内心地感受到自己没有任何理由去嘲笑盲童。生活中这种例子比比皆是,需要把握的是教育要为婴幼儿提供充分的实践与学习机会,才能使这些知识与态度内化为婴幼儿自己的体验,从而达到事半功倍的效果。

第四节　婴幼儿社会性发展的教育原则和研究方法

一、婴幼儿社会性发展的教育原则

婴幼儿社会性发展有着自身独特的规律和特点,因此,婴幼儿社会性发展的教育也应遵循相应的指导原则。

（一）活动原则

正如前文所述，婴幼儿的社会性发展具有实践性和体验性，因此活动性原则就非常重要。活动性原则是指社会教育活动要为婴幼儿创设活动的机会与条件，引导其在各种活动中与人交往，积极主动地发展社会性。在婴幼儿的社会性形成过程中，社会道德规则的传递不能自动作用于儿童，也不能只靠间接传递于他们，而必须使他们在活动和交往中，亲身去感受、体验，才能逐渐掌握。对婴幼儿来说，由最初的接触父母、亲属、邻居，以后接触教师、同伴，逐步涉入社会，参与各种活动，自觉或不自觉地在这些活动和交往中吸取了道德认识，初步形成了辨别是非的道德观念，培养了爱、憎等道德情感，进而养成一些道德习惯。假若婴幼儿脱离社会活动，心理很难得到发展，社会性亦如此。

（二）操作原则

婴幼儿主要依靠感知与动作进行思考和做出行为，因此，要促进婴幼儿的社会性发展，就必须提供机会让其实践和操作。既要对婴幼儿进行社会认知观念和社会规则的教育，提高社会认知，又要指导婴幼儿的实践，把提高婴幼儿的社会认知和培养婴幼儿的良好社会行为结合起来，使婴幼儿的社会性得到发展。一个人处在某个社会制度和社会关系的社会群体中，就必须适应、内化和遵守社会规则。而这些任务的实现，则要求婴幼儿必须在实际生活和活动中进行实践、锻炼，这样才能把这些规则变为行动，尤其能在以后相应的情境中自觉产生相应的社会行为。

（三）强化原则

强化是行为主义学派提出的一个重要概念，对婴幼儿的行为塑造和发展有一定的指导意义。强化原则是指通过言语、动作或表情等方式，对婴幼儿的行为给予肯定或否定的评价，使之增强、消除某些行为，以便形成良好的行为习惯。强化对于婴幼儿的社会性教育相当重要。这是因为，婴幼儿的认知水平和整个心理的发展都处在比较低下的阶段，成人对他们言行的态度和反馈直接影响他们的言行。他们常常通过他人的评价来调整自己的行为。他们的一些行为如果得到成人或同伴的肯定、赞许，以后便还会做出相应的行为，这些行为会因积极、愉快的情感体验而得到巩固；若他们的行为受到他人的批评、否定，甚至惩罚等，这些行为就会减少，甚至受到抑制。因此，要恰当地运用强化。

二、研究与评估的常用方法

对婴幼儿社会性发展的研究与评估，主要采用自然观察法、检核法、情境测验法、同伴提名法及问卷调查法等，不同的发展内容，研究与评估方法有所不同。

（一）自然观察法

自然观察法是在日常生活中，在不影响婴幼儿正常活动的前提下，对婴幼儿的行为进行观察，并结合婴幼儿的表现、婴幼儿发展理论知识、教师的日常经验对婴幼儿的行为进行分析和判断的方法。自然观察法是一种十分常见的评价婴幼儿社会性发展的方法。比如，对婴幼儿自我控制能力的观察，教师可以采用自然观察法，记录他们在活动或游戏中的表现，并对照自我控制评估的指标，对其发展情况做出评价。

（二）检核法

检核法是观察法的一种，可以与自然观察法结合使用，即教师观察记录婴幼儿在日常生活中的表现，然后根据检核的具体指标进行评价，来判断婴幼儿的发展水平。比如，婴幼儿自我概念检核表、婴幼儿自我控制能力检核表、婴幼儿责任心检核表、婴幼儿社会性发展检核表等。

（三）情境测验法

情境测验法因其参与性、情境性等特点，是一种适宜于研究婴幼儿社会性发展的方法。例如，对婴幼儿观点采择能力或移情能力的评价，一种重要的方法就是情境测验法，即设计专门的问题情境，以婴幼儿对情境内容的理解为基础来判断其观点采择能力的发展。其中的情境可以自行设计，也可以参照已有研究中比较经典的情境设计。比如，可以通过给婴幼儿讲述一个关于攻击性行为的故事，并请他们回答故事中人物的心情、感受、原因等，来判断其对他人观点、情绪情感的感受能力。再如，为婴幼儿设置拼图或迷宫等相对复杂的任务，请其独立完成，以观察和评估他们在困难任务中的坚持性。

（四）同伴提名法

美国心理学家莫雷诺发明的同伴提名法，可以用于评价儿童人际交往中的同伴关系。同伴提名法，即让每个儿童根据研究提供的某种标准选择符合这种标准的同伴。比如，让儿童说出他最喜欢和最不喜欢的三个小朋友。通常，每种标准要提出三个同伴的名字（对于婴幼儿，可以采取照片提名的方式），根据儿童的正负提名情况，对所有儿童进行分类，正向选择得分越高，表明同伴关系、社会交往发展得越好；相反，负向得分越高，表明同伴拒斥度就越高。

（五）问卷调查法

问卷调查法可以用来调查婴幼儿的责任感、自我概念、社会行为等的发展情况，根据其社会性发展的指标来设计一些问题，或者根据已有的问卷或量表进行改编，请家长或教师根据婴幼儿的实际表现作答，从而对他们的社会性发展做出评价。对于婴幼儿来讲，主要的方式是后者，也就是基于对家长或其他成人的调查来反映婴幼儿的社会性发展。

第五节　婴幼儿社会性发展的影响因素和意义

一、影响婴幼儿社会性发展的因素

婴幼儿的社会化是个体在一定的社会环境中，通过与环境相互作用，不断地由一个自然人发展为一个社会人的过程。婴幼儿从一个生物个体到一个社会成员的转化，是由多种因素促成的，包括家庭因素、社区因素、教育机构因素以及婴幼儿自身因素等。对于婴幼儿来说，家庭因素、教育因素和婴幼儿自身因素在婴幼儿的社会性发展中起主要作用。

（一）家庭因素

1. 物质环境

家庭物质条件直接影响婴幼儿的社会性发展，实践证明，优越的物质条件可以使婴幼儿的各种需要得到尽可能多的满足（如玩具），并能创造更多的学习机会（如早教），因而产生积极情感的可能性就越大，这对于婴幼儿的自我意识、独立性的发展十分有益。而物质条件缺乏不仅会限制婴幼儿的思维和想象力，也会影响他们的情感发展。在实践中，须注意家庭物质条件不单纯只是家庭收入、生活水平等状况，更多的应是家庭为婴幼儿提供的教育环境和条件支持。

2. 亲子关系

父母和婴幼儿之间的亲子关系是婴幼儿最早建立的人际关系,亲子关系的质量直接影响婴幼儿的社会认知和社会行为。研究表明,亲子关系良好的儿童容易受到同伴的欢迎,而亲子关系不良的儿童常常不受同伴欢迎。家长和婴幼儿的关系及其所营造的家庭精神环境对婴幼儿的社会性发展影响较大。实践证明,如果生活在宁静愉快的家庭环境中,儿童往往会更有安全感,乐观、待人友善;如果生活在气氛紧张、冲突不断的家庭环境中,通常会缺乏安全感、焦虑。在亲子关系中,父母对婴幼儿的关爱显得尤其重要。在亲子关系中,母亲对婴幼儿的社会性发展会产生特殊的影响,可以说是影响婴幼儿社会性发展的关键因素。母子关系是婴幼儿社会交往的基础,是婴幼儿接触社会的媒介。缺乏母爱的婴幼儿容易形成不合群、孤僻、任性、冷漠等性格特点。父亲对婴幼儿性别角色的形成同样起着重要作用,缺乏父爱的婴幼儿在性别的社会化方面可能会产生缺陷。

3. 教养方式

家庭对婴幼儿社会性发展的影响主要是通过家庭的教养方式实现的,不同的家庭教养方式对婴幼儿社会性发展的影响也不同。教养方式主要有如下四种类型。

第一,民主型。在民主型教养方式下,父母会把孩子当成独立的个体,尊重他们的意见,允许孩子表达、表现自己,给予孩子充分的交往机会。孩子与父母的关系融洽,孩子的人际交往、独立性、主动性、自尊心、自信心等都发展较好。

第二,专制型。在专制型教养方式下,父母不允许孩子违背成人的意志,不容忍孩子有自己的想法,给予孩子的温暖、同情较少,教育孩子的方法简单、粗暴。孩子害怕父母,也容易变得顺从、压抑、退缩、自卑、情绪不安,亲子关系疏远。

第三,溺爱型。在溺爱型教养方式下,父母对孩子百依百顺、宠爱娇惯、过度保护;对孩子的不当行为也不加管束,甚至祖护纵容;对孩子的要求一味地满足,无原则地迁就。婴幼儿容易变得依赖性强,且任性蛮横或胆小怯懦。

第四,忽视型。在忽视型教养方式下,父母对孩子不关心、不热情,忽视孩子的需求,亲子关系不佳。孩子容易产生自卑、孤独、自闭等心理倾向,自主性发展较差。

(二) 教育因素

当前,越来越多的家长送孩子到早教或托育机构,婴幼儿不再局限于家庭环境教养中。早教机构对婴幼儿社会性发展产生的影响是多方面的,既有机构物质环境带给婴幼儿的影响,也有教师、同伴等构成的心理内在环境的影响。

1. 外在环境

早教或托育机构活动室、婴幼儿活动材料等构成了早教机构的物质环境,这些物质的选择、安排和布置等对婴幼儿的社会性发展起到了重要的辅助作用。研究表明,整洁、优雅的环境,恰当的空间组织方式会使婴幼儿情绪安定、亲社会性行为增多,并有助于婴幼儿积极地认知和探索;而脏乱、无序的环境,则会使婴幼儿出现浮躁、违规行为,攻击行为增多。活动空间的大小会影响婴幼儿的人际交往,如果活动空间过小,则婴幼儿发生争执、打闹的机会越多;活动空间过大,则婴幼儿的交往机会就会减少,不利于相互合作与交流。活动材料的性质和数量对婴幼儿的社会性行为也有很大影响。例如,类似于枪、炮、棍状的玩具容易使婴幼儿的攻击性行为增多,而积木、积塑等玩具则有助于婴幼儿的交流、合作和协商等行为的产生。

2. 心理环境

早教或托育机构的心理环境主要是指人际关系以及由此带来的心理气氛等,具体表现在教师与婴幼儿、婴幼儿之间、教师与教师之间的相互关系等。对于婴幼儿的社会性发展而言,精神环境的影响更为重要,婴幼儿只有在支持性强、适度控制、温暖和睦、宽容友好的精神环境中,才能放松精神、心情愉快,交往积极、主动,容易产生合作、帮助等良好行为。苛刻、冷漠、缺乏支持和关怀的精神环境则不仅抑制婴幼儿的主动认知，而且可能引发更多的人际冲突和不良的行为，如胆小、怯懦、缺乏同情心及缺乏交流与合作等。因此，机构营造的心理环境是影响婴幼儿社会性发展的主要因素。早教或托育机构会基于不同年龄阶段婴幼儿的发展特点，通过有目的、有计划、有组织的教育过程，对婴幼儿的社会认知、社会情感和社会行为产生影响。教师会根据婴幼儿的心理特点，通过直接指导、树立榜样、强化和暗示等多种手段与方法促进婴幼儿的社会性发展；同时，早教或托育机构中有年龄相仿的婴幼儿群体，为每一个婴幼儿提供了更多的交往对象，也有利于婴幼儿社会性的发展。

（三）婴幼儿自身因素

1. 气质类型

气质在一定程度上具有先天性特点，孩子从出生开始就会呈现出不同的气质特点，比如有的孩子爱哭闹、有的孩子喜好安静等。不同气质的婴幼儿在社会交往方面表现出了一定的差异。例如，在亲子交往方面，容易抚育的婴幼儿由于生活有规律、适应环境较好、哭闹少、易于教养等而容易给父母带来愉悦的情绪，父母也会给予其更多的关爱，因而亲子关系良好，婴幼儿的情绪和行为也更加积极；反之，抚育困难的婴幼儿由于经常哭闹、情绪不稳定、反抗行为较多、不易教养等给父母带来不愉快情绪的机会较多，容易使父母给予更多的禁止和警告，父母甚至会打骂孩子或者放弃管教，因而亲子之间的冲突也较多，从而对其个性、社会性产生不利影响。可以说，气质影响婴幼儿的行为表现，进而影响亲子关系和父母的教养方式，父母的教养方式又影响婴幼儿自身社会性的发展。从传统的气质分类角度来说，多血质的婴幼儿更喜欢参加各种活动，在人际交往上也多采取积极主动的态度，人际交往范围广，但交往对象易变，人际关系维持时间较短；胆汁质的婴幼儿主动交往多，但脾气急躁，容易出现攻击性行为和交往冲突；黏液质的婴幼儿沉静、稳重，不善于主动与人交往，但交往中较少与同伴发生冲突，人际关系较好；抑郁质的婴幼儿性情孤僻、胆小怯懦，人际交往不易主动，而且交往范围小，不易出现攻击性行为。不同气质类型的婴幼儿，在他们的人际交往、个性发展等方面会呈现出不同的特点，从而影响其社会性的发展。

2. 认知水平

一切外界影响，只有在婴幼儿注意并认识了其意义之后，才有可能转化为自己的观念和行为。婴幼儿的认知水平对于其了解社会知识与社会现象、遵守社会规则及产生相应的社会行为等有着直接影响。例如，教师对婴幼儿提出的"与小朋友友好相处"要求，只有在婴幼儿理解了与小朋友友好相处的意义，并且知道了如何与小朋友友好相处的基础上，才能够逐渐克服自我中心，做到与小朋友友好相处。否则，他们可能因为对这项要求不理解、不清楚而出现言行不一致的情况。守纪律、有责任心、遵守规则、积极合作等社会行为也都是婴幼儿接受与领会外部的社会要求后，逐步内化与表现出来的。

综上所述，婴幼儿只有通过与环境、父母、同伴、自我相互作用，参与各种活动，才能接受来自环境、他人、自我的影响，从而在概念形成、问题解决、社会交往、个性品质、社会道德、社会角色认同等方面获得良好的发展。

二、婴幼儿社会性发展的意义

（一）社会性发展的必要性

社会性发展是婴幼儿身心健全发展的重要组成部分，它与体格发展、认知发展共同构成婴幼儿的全面发展，促进婴幼儿社会性发展已经成为现代教育的重要目标之一。培养身心健全的人，重视社会性教育这一主题，已经成为体现现代教育观念转变的一个重要标志。

（二）社会性发展的关键性

儿童期是个体社会性发展的关键期，奠定了未来发展的重要基础。其中，0～3 岁是儿童社会性发展的起点,一定程度上奠定了其社会性发展的"底色"。社会认知、社会关系、社会情感、社会角色、社会行为等有关社会性发展的内容在此阶段都得到了迅速发展,并开始逐渐显示出较为明显的个人特点,甚至某些社会行为方式已经成为比较稳定的个性特征。

思考与实训

一、单选题

1. "狼孩"的案例说明人的社会性发展离不开(　　)。
   A. 遗传　　　　　　B. 自然环境　　　　　C. 社会环境　　　　　D. 大脑

2. 社会性是社会生活中(　　)的产物,人类在相应的活动中获得了社会性。
   A. 人际交往　　　　B. 生产劳动　　　　　C. 认知发展　　　　　D. 科技进步

3. 《3-6岁儿童学习与发展指南》明确指出,人际交往和(　　)是儿童社会性教育的两大核心内容。
   A. 感知觉　　　　　B. 亲子关系　　　　　C. 思维　　　　　　　D. 社会适应

4. 在与精神病人的长期接触中,弗洛伊德发现许多人的心理疾病可以追溯到童年,因此,他极其重视(　　)对个人社会化和人格形成的作用。
   A. 道德发展　　　　B. 认知经验　　　　　C. 早期经验　　　　　D. 生物基础

5. 超我来自自我,又超脱自我,是道德化了的自我。由两部分组成,即"自我理想"和(　　)。
   A. 本能　　　　　　B. 情感　　　　　　　C. 惩罚　　　　　　　D. 良心

6. 埃里克森认为,0～1.5岁阶段面临的主要任务是获得(　　)。
   A. 主动性　　　　　B. 自主感　　　　　　C. 怀疑性　　　　　　D. 信任感

7. 埃里克森认为,1.5～3岁阶段面临的主要任务是获得(　　)。
   A. 主动性　　　　　B. 责任感　　　　　　C. 同一性　　　　　　D. 自主性

8. 皮亚杰主要通过(　　)的方法研究儿童的道德判断。
   A. 两难情境　　　　B. 视觉悬崖　　　　　C. 问卷调查　　　　　D. 陌生情景

9. 认为儿童在社会生活中随时随地都在观察的心理学家是(　　)。
   A. 班杜拉　　　　　B. 维果茨基　　　　　C. 格塞尔　　　　　　D. 华生

10. (　　)是在日常生活中,在不影响婴幼儿正常活动的前提下,对婴幼儿的行为进行观察,并结合婴幼儿的表现、婴幼儿发展理论知识、教师的日常经验对婴幼儿的行为进行分析和判断的方法。
    A. 行为检核法　　　B. 自然观察法　　　　C. 同伴提名法　　　　D. 情景测验法

二、简答题

1. 简述婴幼儿社会性发展的影响因素。
2. 简述婴幼儿社会性发展的教育原则。
3. 简述婴幼儿社会性发展的基本特点。

三、实训题

选择一名婴幼儿,观察其社会性发展阶段,撰写一份观察报告,并提出教育建议。报告应包括观察主体、观察时间与地点、观察目标、观察方法、观察记录、观察结果、观察分析和应用。

第二章　婴幼儿性别角色的发展与教育

学习目标

1. 了解婴幼儿性别角色的基本概念,性别角色发展的三个重要阶段以及影响性别角色形成的影响因素,掌握性别角色发展的基本理论。

2. 掌握婴幼儿性别角色发展的评估方法,能够结合介绍的方法对婴幼儿的性别角色发展进行正确评估。

3. 能够将促进婴幼儿性别角色发展的方法运用到实际的教育与生活中(比如,设计促进婴幼儿性别角色发展的角色游戏)。

内容结构

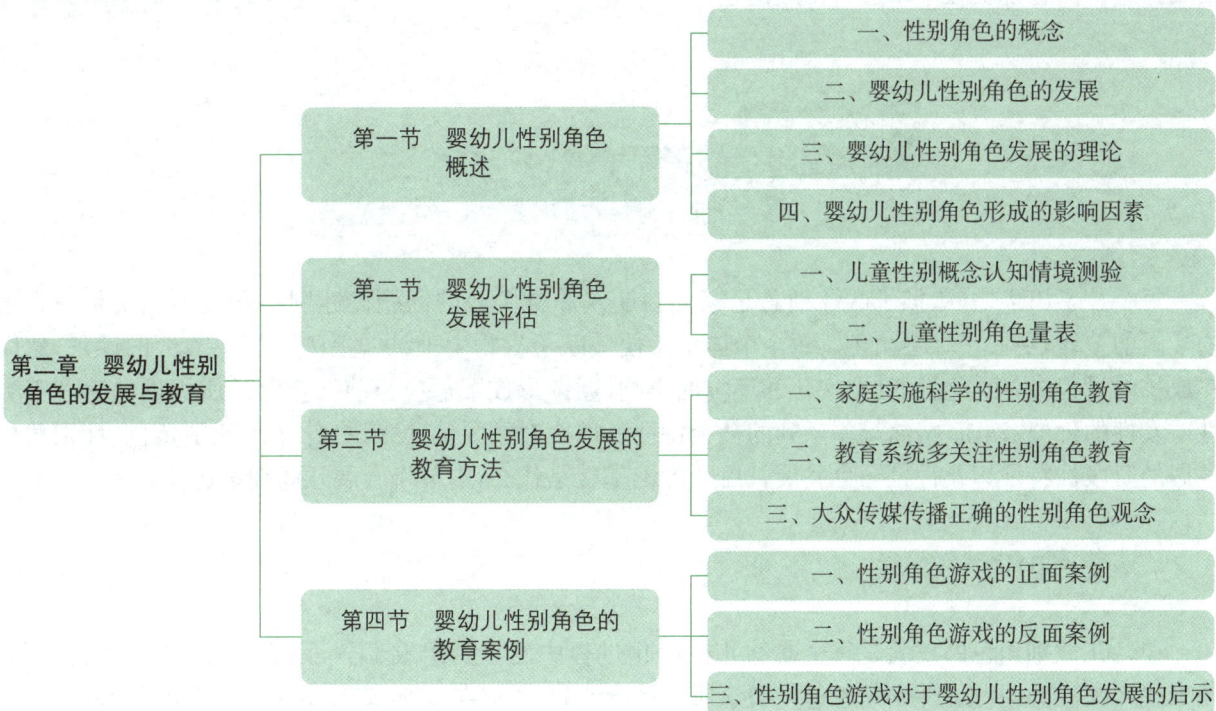

学习建议

本章在理论层面主要介绍了婴幼儿性别角色发展的基本概念、性别角色发展的三个阶段、性别角色形成的影响因素以及性别角色发展的基本理论,在实际操作层面介绍了婴幼儿性别角色发展的评估方法以及教育方法。在掌握基本理论和实践知识后,应注重知识的运用,将所学的内容渗透到实际学习、教育与生活中。

案例导入

在"娃娃家"游戏中,有一个女孩子正在扮演"妈妈"的角色。但是她并没有在厨房里面做饭,取而代之的是把椅子当作汽车并坐在椅子上,让椅子前进的同时嘴里嚷嚷着"我开车"。家长看见了,走过来问她:"妈妈应该怎么做?"旁边的孩子说:"妈妈不会开车乱跑。"家长说:"对了,妈妈有很多家务要干,比如买菜做饭、收拾房间、陪她的孩子等等,妈妈是不会这样开车子乱跑的。"在家长的引导下,刚刚那位玩椅子的女孩只好放下手中的"车子",开始干家务活了。

案例中的孩子正在进行角色游戏,女孩子扮演"妈妈"的角色,当扮演"妈妈"角色的女孩没有做饭而是开车的时候,在一旁观看和一起游戏的孩子的反应是值得引发思考的。显然,家长对于扮演"妈妈"的女孩的行为是反对的,家长认为被赋予"妈妈"这一角色的女孩应该去做饭,收拾房间,或者做一些其他的家务活,而不是开车子。在家长的性别角色认知中,女孩子就应该安安静静,做一些顾家的活。像开车子这类行为,是男孩子做的事情。此外,一旁的另一个孩子的反应是,"妈妈不会开车乱跑"。由此可见,家长对于性别角色的认知、评价以及家长本身树立的榜样,都会在潜移默化中传递给孩子。

婴幼儿的性别角色究竟是如何发展的?影响性别角色形成的影响因素和解释性别角色发展的基本理论有哪些?家长和教师应该如何评估婴幼儿的性别角色发展,以及如何促进婴幼儿性别角色的发展?这些内容都会在本章进行详细论述。

第一节 婴幼儿性别角色概述

每个孩子出生之际,孩子的性别总是家人和朋友非常关心的问题。性别实际上不完全是一个生物学上的差异,更关乎社会角色。每个个体出生便被赋予生物生理结构上的"男"或"女"的性别,然而在成长的过程中,由于受到社会文化和环境的影响,逐渐形成了适应当前社会背景所提倡的适合于男性或女性的价值、动机、情绪等一系列的社会特征。那么对于婴幼儿来讲,什么是性别角色,性别角色发展的阶段性特征以及性别角色发展背后的理论基础是什么,本节将会展开详细论述。

一、性别角色的概念

婴幼儿性别角色的发展是每个婴幼儿社会化过程中的重要组成部分,是婴幼儿发展与教育领域越来越多关注的问题。性别角色这一概念属于社会心理学范畴,其定义需要将生理维度与心理、社会维度相结合。国外研究人员认为,性别角色是特定文化认定的适合男性和女性的行为系统,还包括那些被认为是男性和女性的基本组成部分的态度和情感系统。国内学者盖晓松等对性别角色有类似的定义,他认为性别角色是由不同的生物性别产生的满足一定社会期望的品质和特征,包括男女不同的个性特征、态度、价值观和社会行为模式。这一概念的界定不仅将婴幼儿生物因素的影响考虑在内,而且将婴幼儿所处社会对性别角色的期望考虑在内。综合国内外学者对性别角色的概念界定,本书认为性别角色是人们基于个体的生物性别,在社会文化的影响下逐渐形成的一种稳定的态度、情感和行为模式。

二、婴幼儿性别角色的发展

婴幼儿性别角色认知发展的核心是性别概念的发展，也称为性别认同的发展，即婴幼儿能否分清楚自己是男孩还是女孩，并认识到性别是一种无法改变的特征。性别概念发展的第一步是区分男性和女性。

基于性别概念的发展，婴幼儿的性别角色逐渐得到发展。性别角色发展是指个体不断理解和获得性别角色标准的过程，主要包括性别角色刻板印象的发展和行为的性别定型模式的发展。前者是指婴幼儿形成关于男性女性应该是什么样子的看法，后者指的是婴幼儿喜欢相同性别的活动而不偏好另一性别活动的倾向。

（一）性别概念的发展

婴儿 4 个月的时候，在感知觉测验中能够将男性、女性的声音与男性、女性的照片进行匹配；在近1 岁的时候，可以区分男性和女性的静态照片（比如，他们知道长发的是女性，短发的是男性），并且这种能力是恒定的；2～3 岁，儿童能够正确地运用与性别有关的词语，首先是能够运用"爸爸"和"妈妈"，然后是"男孩"和"女孩"。

（二）性别角色的发展

婴幼儿性别角色是在社会和成人的期望下逐渐发展起来的，具体包括三个发展阶段。

1. 性别角色的萌芽及其基本形成阶段

研究者向 2.5～3.5 岁的儿童呈现一个名叫迈克的男孩布娃娃和一个名叫丽莎的女孩布娃娃，然后问被试这两个布娃娃中的哪一个会进行烹饪、缝纫、玩洋娃娃、玩卡车、玩火车、打架、爬树等活动。几乎所有 2.5 岁的儿童都具有与性别角色刻板印象有关的一些知识。研究表明，2～3 岁性别角色开始逐渐发展；3～4 岁能进行性别角色的选择，并能够理解与自己性别符合的相关行为特征；在 6 岁左右，就基本形成性别角色这一概念，主要表现在他们会选择符合自己性别的玩具、游戏、衣服和其他物品。

2. 性别角色的扩大和发展阶段

主要表现在儿童期，儿童对于哪些玩具、活动更适宜男孩或女孩有更多的了解，此外，男孩和女孩各自的优势学科也出现了分化。儿童的性别角色向行为方向、性格特征方向分化，儿童的行为更符合社会规范的性别行为，并逐渐接近成年人的行为。

3. 性别角色的重新形成阶段

主要表现在青春期，青少年出现第二性征。与女性性别角色特征相比，男性的性别角色特征更明确，而且男女青少年对男性性别角色的评价要比对女性性别角色的评价高；在两性自我理想与社会期望的性别角色行为之间的一致性方面，男性要比女性高。

三、婴幼儿性别角色发展的理论

婴幼儿的性别角色是如何发展的，不同的心理学家从不同角度做出了相应解释。目前，解释儿童（含婴幼儿）性别角色发展的理论主要有精神分析理论、社会学习理论、认知发展理论、信息加工-图式理论、群体社会化理论。

（一）精神分析理论

精神分析理论是弗洛伊德最早提出的性别理论之一。他认为，性别角色的发展始于孩子对父母的"性趣"。具体来说，弗洛伊德认为，当男孩被迫认同自己的父亲，放弃对母亲的幻想，减轻对阉割的焦虑时,他们继承了父亲的特征和品质,获得了性别认同,并内化了男性特征和行为。对于女孩性别角色的发展,弗洛伊德认为女孩将父亲作为情感依恋的对象,父亲通常鼓励女孩的女性行为。女孩热衷于内化母亲的女性气质,以取悦父亲。

(二) 社会学习理论

行为主义理论是社会学习理论的基础。费哥特和斯金纳都认为,就像其他社会行为一样,男孩女孩对于性别角色知识与行为上的差异,都是由强化或惩罚而逐渐形成的。这种学习方式,在斯金纳的理论中被称为直接强化学习。

但是,班杜拉提出的认知社会学习理论强调在行为形成的过程中,内部心理过程起着非常重要的作用。强化和惩罚不会脱离个体的心理过程生效,它们的效果是需要建立在个体期待上的。班杜拉提出了间接学习,间接学习包括模仿学习和观察学习两个过程。他认为注意、记忆、动机等因素会影响观察和模仿的结果。班杜拉的理论认为,在儿童性别角色发展的过程中,由于他们模仿同性别的行为不断受到正强化,因此他们会更注意和自己性别相同的同伴的行为模式。一旦这种行为模式被儿童加工并储存为他们的记忆,模仿同性别儿童的行为就依赖于他们行为复制能力和重复这一行为的内部与外部动机。

除了强化、惩罚以及个体的心理过程,社会学习理论还非常强调社会情境对于行为的制约性。也就是说,同一儿童在不同的情境下的行为表现也许是不一样的。例如,一个儿童可能在家里表现得非常具有攻击性,但在幼儿园却很少出现攻击性行为,这正是社会学习的结果。行为主义和认知社会学习理论认为,性别角色是一系列行为反应,男性和女性的行为是通过强化和惩罚形成的。但是,性别角色是基于社会环境而不是仅仅基于个体本身。因此,如果学习的社会环境发生变化,那么行为也可能出现相应的改变。

(三) 认知发展理论

科尔伯格提出的关于性别特征形成的认知理论,主要是源自皮亚杰的认知发展理论,这个理论是最早将皮亚杰的认知发展理论运用于性别角色研究中的。该理论强调性别认知在性别角色中的重要作用,并认为儿童首先形成关于性别的认知结构,才会表现出性别化行为。科尔伯格的主要观点:第一,儿童的认知发展是性别角色发展的基础,儿童在对性别特征形成有一定程度的认知之后才能够被社会经验所影响;第二,儿童是会积极主动地参与到社会化过程中的,并非只是被动地承受社会影响。

科尔伯格认为儿童充分理解两性性别特征内涵、获得性别认知结构,必须经过三个阶段。第一个阶段是基本的性别认同,即儿童能够肯定地将自己认定为男孩或女孩,这个阶段始于 3 岁左右。第二个阶段是获得对性别稳定性的理解,儿童在 4~5 岁进入这个阶段,这时儿童能够认识到随着时间的推移,性别是稳定不变的。也就是说男孩长大后一定是男性,女孩长大后一定是女性。第三个阶段是获得对性别恒常性的理解,儿童在 6~7 岁获得性别恒常性,能够认识到个人的性别是与内在的生理特征相联系的永恒属性,而不再根据头发的长短、衣服的样式等外部特征来判断性别。

(四) 信息加工-图式理论

信息加工-图式理论的基本单元是图式。该理论假设儿童和成人本身就具有关于性别的图式,这些图式能够直接影响他们的行为和思维。两种不同的性别图式在这个理论中被提出来,第一种是指两个性别的普通信息,第二种是指一些适合特定性别行为的详细信息。这两种图式发挥两个水平的功能:第一水平的功能主要是帮助儿童评价信息对于自己的性别是否合适,因此,在这一水平儿童不仅需要建立自己的性别图式,而且要建立男性和女性双方的性别图式;第二水平的功能主要是帮助儿童在一个合适的环境刺激中进一步对性别进行探索。

具体来说,性别图式具有三个方面的功能。①性别图式引导行为。根据图式处理理论,性别图式提供的信息使儿童的行为方式与传统的适合性别的角色相似。②性别图式组织信息。性别图式的第二个功能是提供信息组织结构。由于这种结构,符合性别图式的信息将比不符合性别图式的信息更加突出。性别图式使个体能够寻找特定的信息或接受与图式一致的信息,而那些与图式不一致的知觉信息则会被个体忽略或转化。③性别图式的推论功能。性别图式的第三个功能就是为个体提供一个信息库,信息库中的信息不仅可以用在熟悉的环境中,当信息缺失或模糊时也可以用来帮助个体更好地了解情况。一些研究发现,儿童会利用对性别的了解来推断他人的行为和偏好。

(五) 群体社会化理论

目前关于儿童性别角色发展的研究,群体社会化是比较新的理论观点。该理论认为相比于家庭对儿童性别角色的影响,同伴群体对儿童角色发展起着更加重要的作用。

群体社会化理论预测当环境中只存在同性时,那么相应的性别分化行为会减少。一项研究证明了这一预测,该研究结果显示男孩在场对女孩行为有重要的影响:当女孩单独玩球时她们会表现出很强的竞争性,但是当男孩加入后女孩的行为会发生很大的变化,她们会表现得比较害羞,并且竞争性也会下降。

早期的精神分析理论认为,儿童会把父母作为自己性别行为的主要榜样,儿童与同性的父亲或母亲的认同趋势会泛化到与自己性别相同的人,从而就把与自己性别相同的人作为模仿的榜样。但是,近期的社会学习理论和认知发展理论认为,儿童是会观察他们日常生活的环境以及大众传媒中的成人和儿童的行为来广泛地学习性别角色,没有认为儿童更可能模仿与自己同性别的人的行为。

四、婴幼儿性别角色形成的影响因素

(一) 遗传因素

遗传因素在胚胎时期已经被基因决定,遗传因素是决定个体生理性别的物质基础。对男女生理性别差异起决定性作用的物质是染色体,它是个体的生物学起点。个体成年后,染色体决定了性激素的分泌,由此就形成了男女之间生理性别的差异,这是性别角色行为分化的生理基础。在社会文化因素的影响下,随着年龄的增长,婴幼儿的生理差异会越来越明显。

(二) 家庭教养

当生理基础形成后,由于社会文化所形成的性别观念,父母对不同性别的孩子会有不同的育儿观念。在家庭中,父母对于孩子性别角色发展的影响主要通过两方面形成。一方面是父母的期望,婴幼儿会朝着父母预期的方向发展,这个过程父母不断矫正婴幼儿的行为,使这个期望成为婴幼儿自身对于性别角色的目标直到将其同化为自身的性别角色刻板观念。另一方面,父母自身的性别角色刻板观念以及对于性别的态度也会影响婴幼儿的性别角色观念。父母在婴幼儿出生前就已经在社会性别角色价值观的影响下对不同性别的孩子抱有不同的期待,或是父母根据他们的性别偏见将孩子之后的行为进行特定性别的行为设定。孩子一旦出生,就会由于他们生理性别不同受到不同的待遇,比如,父母准备的婴儿用品和服饰都是具备典型的性别差异的。此外,父母对婴幼儿的影响是润物细无声。如果父母长期受到传统社会观点的影响,并且所受的教育也是刻板的、传统的,那么他们在教育下一代的时候难免会潜意识根据婴幼儿的生理性别的差异而采取相应的刻板性别印象的教养方式和评价态度。其中就包括对婴幼儿日后发展的期望,为婴幼儿取名这件事情就很好地反映了父母对于不同性别婴幼儿未来发展的不同期待。父母对孩子进行性别角色教育时,无意识的强化也会促进婴幼儿性别角色的形成。比如,当婴幼儿表现出某种特定的性别活动倾向性时,父母可能会采取称赞或奖励的方式强化婴幼儿的这种性别活动倾向,婴幼儿会因为受到父母的鼓励而表现出符合父母观念的行为。但是,当婴幼儿表现出与父母期待或者观念相悖的性别取向或行为时,父母会制止或者劝退。在父母诸如此类的影响下,婴幼儿的性别分化行为愈加明显。

(三)幼儿园与教师

对于婴幼儿而言,教师这一角色具有非常特殊的意义。在荣格的理论中,他非常重视教师在婴幼儿发展和教育中的影响。婴幼儿将教师作为自己学习的榜样,倾向于模仿教师的行为,因为他们想要让自己发展成为教师期待的模样。所以教师需要对自身的言行、态度格外注意,他们对不同性别婴幼儿的评价,以及和不同性别婴幼儿的互动方式在很大程度上会影响婴幼儿性别角色发展。教师的日常教学活动中包含了大量指导婴幼儿性别角色和气质形成的信息,而教师对婴幼儿性别角色的期望的影响更为直接,无形中构建了婴幼儿的性别特征。比如,教师期望女孩活泼温柔、男孩勇敢独立,类似的期望贯穿于教学的过程,因此对婴幼儿性别角色的发展和形成起到非常重要的作用。教师因为自身对于婴幼儿性别角色发展的期待,会将这种期待渗透在日常的教学活动中。比如,对游戏角色的分类,对玩具的分配和对游戏的指导,这些教学活动都能将教师的性别角色观念和性别刻板印象体现得淋漓尽致,婴幼儿学习的过程即是服从和接受教师的性别角色观念和期待的过程。

(四)大众传媒

大众传媒则是影响婴幼儿性别角色学习的另外一个重要途径,包括影视、书刊等。这些都是传播信息的有效渠道,阅读材料中的人物是婴幼儿的学习榜样,其中体现的男性(比如刚强)以及女性(比如温柔)的性别特点与差异都会在潜移默化中影响婴幼儿的性别角色学习。

值得注意的是,婴幼儿对各种媒体所塑造的人物角色的理解并不是被动地接受。相反,他们会根据自己对性别角色的认识来理解和诠释这些形象。通过对传媒中塑造的人物形象的观察,他们会在其中选择一些角色,并认同这些角色。当他们对某一特定的人物认同之后,他们便会开始模仿这一人物的行为模式。这种行为通过重复出现相同的内容而得到加强,这就叫作婴幼儿自身的性别化行为。

第二节　婴幼儿性别角色发展评估

对婴幼儿性别角色发展进行评估的方法有很多,如操作法、访谈法、情境测验法和量表法。目前比较常用且有较高信效度的评估方法是情境测验法和量表法,本节将对这两种方法进行介绍。这两种方法不仅仅适用于婴幼儿,还适用于更大范围的其他年龄阶段的儿童。因此,这两种方法被称为儿童性别概念认知情境测验以及儿童性别角色量表。

一、儿童性别概念认知情境测验

儿童性别概念认知情境测验主要包括艾默里克(Emmerich)的图片实验材料和刘青青编制的儿童性别概念认知调查问卷。整个情境测验是通过图片测查与问卷口语报告相结合的方式进行的,即评估者一边向儿童呈现相关的图片,一边向儿童提出问题,并且将儿童的回答记在事先准备好的记录表里。情境测验进行的地点一般是选在儿童熟悉的某公共活动室内。为保持环境安静,会对无关人员清场,但为防止儿童在施测中怯场,通常是允许儿童熟悉的一个人在旁边陪伴。为了让儿童更好地理解每个问题的含义,评估者需要站在儿童的角度并用儿童熟悉的方式提出问题,比如用"你是怎么知道的"替代"为什么"。必要的时候,用一些手势语或比较形象的动作加以辅助。

其中,艾默里克的图片实验材料包含两组图片。一组用于测试儿童的性别认同和性别稳定性。照片上是一个单身男孩和一个单身女孩,他们都有相对标准的发型和服装。男孩留短发,穿 T 恤和短裤,而女孩留长发,穿裙子。另一组用于测试儿童性别恒常性,将第一组男孩和女孩的图片沿着颈部水平切开,分成上下两部分。通过上下配对,发型和衣服可以在孩子面前进行组装和改变,通过观察儿童的反应来测量儿童性别恒常性的发展。

儿童性别概念认知调查问卷由三部分组成。第一部分考察儿童性别同一性发展,主要衡量儿童对自己性别和他人性别的认知。有两个小题,每题两问,每问 0.5 分,共 2 分。第二部分考察儿童性别稳定性的发展,分别考察儿童对自己的性别和他人的过去性别和未来性别的认知。共 4 题,每题有两问,每问 0.5 分,共 4 分。第三部分考察儿童的性别恒常性,主要考察儿童在图片中主角的发型和服装转变为异性时的性别认知。一共有 4 题,每题两问,每问 0.5 分,共 4 分。儿童性别概念认知调查问卷详见表 2-1。

表 2-1 儿童性别概念认知调查问卷

第一部分	
问题 1	你是男孩还是女孩? 为什么?
回答	
问题 2	这个小朋友是男孩还是女孩? 为什么?
回答	
第二部分	
问题 1	你还是小宝宝的时候是男孩还是女孩? 为什么?
回答	
问题 2	你长大了是做爸爸还是做妈妈? 为什么?
回答	
问题 3	这个小朋友还是小宝宝的时候是男孩还是女孩? 为什么?
回答	
问题 4	这个小朋友长大了是做爸爸还是做妈妈? 为什么?
回答	
第三部分	
问题 1	如果你梳个辫子,你是男孩还是女孩? 为什么?
回答	
问题 2	如果你穿上连衣裙,你是男孩还是女孩? 为什么?
回答	
问题 3	如果这个小男孩梳个辫子,他是男孩还是女孩? 为什么?
回答	
问题 4	如果这个小男孩穿上连衣裙,他是男孩还是女孩? 为什么?
回答	

二、儿童性别角色量表

性别角色量表由贝姆(Bem)开发,之后国内外众多学者结合本土文化特点,针对此量表进行了相关研究和修订。我国学者张晗通过研究发现,经修订后的贝姆性别角色量表在对儿童性别角色类型进行测量时具有较高的信度和效度。汉化版的儿童性别角色量表结合跨文化因素对量表进行了适当的删减和保留。汉化版量表主要解决了因不同国家间的文化差异可能导致测量不准确的问题,使该量表能更科学地运用于我国的研究,也为中国儿童性别角色的测量提供了一个标准的量表。汉化版的量表一共有 46 个测量条目,都是针对个体性格特征方面的描述,有 14 个男性化特征描述条目,分别为自立的、坚守自己信念的、独立的、武断的、个性强的、有力的、分析能力强的、有领导能力的、爱冒险的、果断的、有立场的、进取的、有竞争心的、有雄心的,还有 12 个女性化特征描述条目,分别为有感情的、受人赞赏的、忠诚的、有同情心的、对他人的需求敏感的、善解人意的、怜悯他人的、乐于抚慰受伤害情感的、热情的、文雅的、爱小孩的、温柔的。此外,还有 20 个中性化特征描述条目,是作为干扰项存在的,分别为自我信赖(出现 3 次)、个性坚强的、不可捉摸的、可信赖的、守口如瓶、忠厚老实、有支配力的、积极的、庄严的、友好的、轻信的、无能的、幼稚的、适应性强的、个人主义的、不讲粗俗话的、冷漠无情、老练得体的。每一条目用 1~7 这 7 个数字来表示儿童对该性格特征的符合程度,其中"1"代表"完全不符合","7"代表"完全符合"。先分别计算男性化特征得分,即 14 个男性化特征条目的平均数,以及女性化特征得分,即 14 个女性化特征条目的平均数。之后,将结果与中位数进行比较。性别角色类型分为四个结果,分别为:未分化个体,男性化特质得分和女性化特质得分均低于中位数 4;双性化个体,男性化特质得分和女性化特质得分均高于中位数;男性化个体,男性特质得分高于中位数 4,且女性化特质低于中位数 4;女性化个体,男性化特质得分低于中位数 4,且女性化特质得分高于中位数 4。

多项研究表明,贝姆性别角色量表具有较高的信度和效度。自测和他测的结果一致性较高,但是鉴于儿童认知能力的局限性,一般建议采用他测。施测对象为儿童的父亲或母亲,文化程度要求在高中以上,测试时间为 20 分钟左右。儿童性别角色量表详见表 2-2。

表 2-2　儿童性别角色量表

姓名:　　　　　性别:　　　　　年龄:

感谢您用时用心填写本量表,本次调查采取匿名方式进行统计,请根据儿童实际表现勾选符合实际情况的分数。

序号	表现词语	完全不符合	不符合	比较不符合	不确定	比较符合	符合	完全符合
1	自我信赖	1	2	3	4	5	6	7
2	温柔的	1	2	3	4	5	6	7
3	自我信赖	1	2	3	4	5	6	7
4	坚守自己信念的	1	2	3	4	5	6	7
5	独立的	1	2	3	4	5	6	7
6	有感情的	1	2	3	4	5	6	7
7	武断的	1	2	3	4	5	6	7
8	自我信赖	1	2	3	4	5	6	7
9	个性坚强的	1	2	3	4	5	6	7
10	忠诚的	1	2	3	4	5	6	7
11	不可捉摸的	1	2	3	4	5	6	7
12	有力的	1	2	3	4	5	6	7
13	可信赖的	1	2	3	4	5	6	7
14	分析能力强的	1	2	3	4	5	6	7
15	有同情心的	1	2	3	4	5	6	7
16	有领导能力的	1	2	3	4	5	6	7
17	对他人的需求敏感的	1	2	3	4	5	6	7

（续表）

序号	表现词语	完全不符合	不符合	比较不符合	不确定	比较符合	符合	完全符合
18	爱冒险的	1	2	3	4	5	6	7
19	善解人意的	1	2	3	4	5	6	7
20	守口如瓶	1	2	3	4	5	6	7
21	果断的	1	2	3	4	5	6	7
22	忠厚老实	1	2	3	4	5	6	7
23	自立的	1	2	3	4	5	6	7
24	乐于抚慰受伤害情感的	1	2	3	4	5	6	7
25	个性强的	1	2	3	4	5	6	7
26	有支配力的	1	2	3	4	5	6	7
27	积极的	1	2	3	4	5	6	7
28	受人赞赏的	1	2	3	4	5	6	7
29	进取的	1	2	3	4	5	6	7
30	怜悯他人的	1	2	3	4	5	6	7
31	庄严的	1	2	3	4	5	6	7
32	有立场的	1	2	3	4	5	6	7
33	友好的	1	2	3	4	5	6	7
34	轻信的	1	2	3	4	5	6	7
35	无能的	1	2	3	4	5	6	7
36	热情的	1	2	3	4	5	6	7
37	幼稚的	1	2	3	4	5	6	7
38	适应性强的	1	2	3	4	5	6	7
39	个人主义的	1	2	3	4	5	6	7
40	不讲粗俗话的	1	2	3	4	5	6	7
41	冷漠无情	1	2	3	4	5	6	7
42	有竞争心的	1	2	3	4	5	6	7
43	爱小孩的	1	2	3	4	5	6	7
44	老练得体的	1	2	3	4	5	6	7
45	有雄心的	1	2	3	4	5	6	7
46	文雅的	1	2	3	4	5	6	7

第三节　婴幼儿性别角色发展的教育方法

　　早期的性别教育对于婴幼儿性别角色发展起着重要作用,促进婴幼儿性别角色发展是需要社会各个层面的人员共同努力的,本节将从家庭教养、教育系统、大众传媒三个层次梳理具有指导意义的教育方法。

一、家庭实施科学的性别角色教育

家庭是儿童在0～3岁阶段生活和学习的主要场所,家庭实施科学的性别角色教育对婴幼儿灵活、健全人格品质的发展和形成有着非常重要的作用。父母是第一个会对婴幼儿性格发展和形成产生重要且持续影响的人,父母的言传身教、对婴幼儿人格发展的期望,以及在家庭中的地位和责任分工都会以直接或间接的方式影响婴幼儿的人格特质。鉴于家庭对婴幼儿性别角色发展的重要作用,在家庭中对婴幼儿进行科学合理的性别教育是非常有必要的。

(一)摆脱传统性别定型观念

在观念上,家长要更加科学地了解和认识性别差异。传统家庭仍然存在重男轻女现象,在家庭赋予男性和女性不同期望的前提下,给男孩和女孩贴上了不同的标签。一般期望男孩是强壮、勇敢、事业有成、聪明、足智多谋、好胜的,而希望女孩则是温柔、善良、敏感、多情、有爱心、以家庭为导向的等。这些性别刻板印象在许多家长的观念和意识中不知不觉地生根发芽。在家长不同的性别期待下,婴幼儿往往会朝着更符合父母期望和接受的方向发展。然而,父母对于性别的刻板观念会不利于婴幼儿形成完善的性别角色。婴幼儿的生理性别的区别是由基因决定的,科学的性别角色教育的前提是得先承认这种生物学上的性别差异,但是,除了这种由基因决定的生理差异,男性和女性在性格特征上并不是截然分开、完全不同的。在理解男性、女性在性格上是可以相互融合的前提下,家长应该给婴幼儿提供广泛的选择和发展空间。比如,在日常生活以及游戏时,让婴幼儿获得不同的角色体验。尤其是在玩具、游戏、服饰等方面,应该尽量让婴幼儿了解、体验不同性别的活动。

(二)父母共同参与性别角色教育

父母都应该参与婴幼儿日常教育与生活,无论是父亲还是母亲,双方在婴幼儿人格形成过程中都扮演着不可或缺的角色,发挥着重要作用。母亲无微不至的关怀、父亲的耐心陪伴都可以帮助孩子形成不同的优秀人格品质。

父母除了共同参与婴幼儿的性别角色发展教育,还要言传身教,为婴幼儿树立良好的性别榜样。婴幼儿在日常生活中会模仿家长的行为方式,因此,父母应该在生活中为婴幼儿树立明确的性别榜样,以身作则,积极引导婴幼儿的性别角色行为,为婴幼儿创设明确的性别认同环境。

(三)将性别角色教育融入日常生活

在家庭中家长要树立正确的性别角色教育观念,比如可以通过游戏的方式对婴幼儿进行性别角色发展的教育。此外,家长必须要经常参与婴幼儿的活动,将对婴幼儿进行的性别角色教育渗透在日常生活的方方面面。同时,婴幼儿独立自主的品格是不容忽视的,家长需要有意识地培养婴幼儿的这种品格。比如说,孩子感兴趣的活动家长可以鼓励他们积极参与,在活动中发现自己孩子的优势。另外,家长还需要引导孩子积极主动参与各种形式的社会活动。尤其是涉及同伴交往的集体活动,在孩子能与同伴正常交往的前提下,鼓励和促进他们与异性伙伴之间的游戏和交流活动,使其能够通过同龄人之间的游戏活动,跨越自身性别的约束,习得异性心理特征的优势行为。

通过丰富孩子的社会经验,父母也可以减少文化带来的角色调整倾向。父母可以经常带孩子去参观非传统性别分工的工作场所。例如,在医院,让孩子们通过观察,用自己的双眼去发现除了众所周知的"护士姐姐",在医院中还有"护士哥哥"的存在,当然,除了"医生叔叔"还存在"医生阿姨"。让孩子通过实地观察学习,拓宽他们的视野,让他们知道职业选择是不受狭隘性别角色限制的。引导孩子认识到选择工作是因为个人能力和兴趣,与生理上的性别是无关的。这样做,有助于孩子长大后更多地从兴趣和能力出发选择职业,进而减少受传统性别角色观念的限制。

(四) 选择展现双性化人格的书籍和动画

婴幼儿在日常生活中经常接触到的书籍和动画,更能使他们对不同性别角色的行为特征和规范有初步的了解,处于发展中的婴幼儿也会对其中的人物角色的性格特点进行模仿和学习。因此,大众传媒对婴幼儿性别角色的发展具有重要的作用。家长在为孩子选择相应的书籍和影视动画时,应该突破传统的性别角色的限制。可以选择一些融合了男性和女性人格特质的人物作品,比如人物既有男性的聪明勇敢等特点,又结合了女性的温柔善良。目前市面上的《威廉的洋娃娃》《纸袋公主》《顽皮公主不出嫁》等绘本,不再赋予刻板的男性、女性形象,突破传统性别角色观念的限制,能够促进生活在追求性别平等的现代的婴幼儿双性化人格的发展。

(五) 正确认识性别认同障碍

在性别角色的发展过程中,有性别认同障碍的婴幼儿可能会出现在心理上对自己性别的认定与生理解剖上的性别相反的情况。当家长怀疑自己的孩子出现性别认同障碍时,一定要采取科学的方法应对。首先,务必带孩子到医院检查,通过科学的检测方法确定孩子是否存在先天性的生理缺陷。如果没有器质性的生理缺陷,可以进行心理治疗,比如通过认知行为治疗加以矫正。需要对孩子进行正确的性别教育,尊重、接受孩子的性别特征。其次,还需要帮助孩子选择与其性别相一致的玩具和衣物,鼓励孩子的同性别行为,有意识地给孩子创造机会与同性别孩子接触,对孩子性别认同的心理体验进行不断强化。在日常生活中有意识地随机教育,即将性别教育渗透到生活的点滴之中,尤其需要注意的是家长教育的前后一致性。

二、教育系统多关注性别角色教育

不少婴幼儿的家长都会将孩子送入早教机构,一些达到上幼儿园条件的孩子在这个阶段也会进入幼儿园学习,无论是早教机构还是幼儿园,婴幼儿在学习的过程中会接触到具有专业教育水平的成人,即教师。由于教师角色的特殊性,其言行举止是婴幼儿模仿的重要对象。同时婴幼儿也具有取悦教师的心理趋势,因此教师对婴幼儿的性别角色社会化会产生重要影响。

科学地理解男性与女性之间的差异是教师关注性别因素的重要前提,应在理解男性、女性之间的性别差异下,将两性的优秀品质特征结合在一起。也就是说男性是阳刚的,但是刚中有柔是值得推崇的;女性是阴柔的,但是柔中有刚也是值得鼓励的。另外,教学环境应鼓励婴幼儿天性的发挥与舒展。对于男孩来讲,户外活动更容易发挥男孩的探索力和想象力,但是也可以增加一些能发挥男孩耐心、细心的器具。室内的环境创设应该具有可操作性,有助于发挥婴幼儿的动手能力、想象力和创造力。

(一) 提高教师培养力度

1. 提高男性教师比例

目前大多数早教机构和幼儿园教师都是以女性为主体。教师群体中男性教师的缺失对婴幼儿性别角色的发展是一种缺憾,因为这种现象减少了男性教师的榜样作用。男性教师带来的男性品质如果断、独立、竞争等都是女性教师营造的教育环境无法完全替代的。男性教师为婴幼儿性别角色发展提供了有异于女性教师的教育方式和模仿对象,使婴幼儿的性别发展有了直接具体的参照。因此,通过政策改革提高男教师比例,并根据男教师的特点安排专项教学活动,如体育、武术等,显得尤为重要。

2. 定期开展有关性别教育的培训

幼儿教师要主动积极地吸收、学习和借鉴国内外先进的性别角色教育观念，并结合实际情况形成适合自己的、本土化的性别教育理念和方法。目前，在职培训是提高教师性别角色意识，帮助教师摆脱性别刻板印象，并提高性别角色教育能力的重要手段。托幼园所可以和相关单位合作研究婴幼儿性别发展与教育，为婴幼儿设计合适的性别角色教育方案，开展合适的性别角色认同教育，促进婴幼儿形成正确的性别角色。

（二）提升教师性别角色理念

1. 使用同样的评价标准和奖惩措施

婴幼儿常常通过观察、模仿来学习并获得认知及行为的发展，性别角色的发展也是如此。当婴幼儿的某一行为受到强化，或者观察到榜样的某一行为受到强化后，婴幼儿这一行为的出现频率就会增加，而不恰当的行为受到惩罚或者忽视时，这一行为的出现频率会减弱或消退。因此教师要对婴幼儿出现的适宜性别角色行为及时评价和表扬。

此外，教师需要用平等的方式去教育不同性别的婴幼儿。不能因为是男孩犯错就严厉批评，也不能因为是女孩犯错则惩罚比男孩轻。否则会使婴幼儿产生一种男女不平等的印象，有意或无意地强化了男女性别角色的差异性，可能会对婴幼儿性别角色的发展产生阻碍作用。所以，教师要在男女平等的基础上对婴幼儿进行教育，对不同性别的婴幼儿采取同样的评价标准和相同的奖惩措施，让婴幼儿可以形成正确、科学的性别图式，以促进婴幼儿性别角色的发展。

2. 结合游戏对婴幼儿进行双性化教育

游戏是婴幼儿非常喜欢的，也是占他们生活主导地位的活动。在游戏中，同伴互动、师生互动是婴幼儿获得情感体验、认知发展和社会性发展的重要方式。特别是在角色游戏当中，虽然我们当前提倡以婴幼儿为中心，关注婴幼儿的兴趣和发展水平，但由于婴幼儿的年龄小、心智发展不成熟，教师对角色游戏的内容、角色的分配及场景的布置具有绝对的控制权。教师往往会有意识或者无意识地把自身存在的性别角色刻板观念应用到具体的游戏活动当中，对婴幼儿的性别角色观产生潜移默化的影响。在角色游戏中，会让男孩子扮演男性角色，如医生、警察等；让女孩子扮演女性角色，如护士、售货员等。

若教师对婴幼儿有双性化的性别角色期待，婴幼儿会希望自己能成长为教师期待的样子。因此，在游戏过程中，教师要充分促进婴幼儿学习异性的好的品质。例如，既让婴幼儿扮演自己同性的角色，又让婴幼儿扮演异性的角色；既要鼓励男性婴幼儿进行具有温柔、细致、感情性等的游戏活动，如角色游戏、音乐游戏，又要鼓励女性婴幼儿进行具有领导性、竞争性、创造性的游戏活动，如体育游戏，建构游戏。经过长时间的锻炼和教育，婴幼儿会渐渐改变自身的性别角色刻板印象，为形成科学的、正确的性别角色双性化观念和完美人格打好坚实的基础。

3. 考虑性别角色的环境创设

在环境布置上，婴幼儿的性别因素是需要被充分考虑的，应注意环境对婴幼儿性别角色的暗示作用。环境创设中物品的选择既要符合婴幼儿的年龄特点和发展水平，又要体现婴幼儿性别角色发展的特点，从而向婴幼儿传达不同的"男性化"和"女性化"信息。

除了物理环境的创设，还涉及心理环境，即环境氛围。要营造和谐的性别文化氛围，促进婴幼儿性别角色认同的健康发展。特别当婴幼儿与同性或异性交往的过程中，应帮助他们了解和形成性别平等的观念，学习异性之间如何交流与合作，形成正确的性别角色认同，为塑造健全的人格奠定坚实的基础。

三、大众传媒传播正确的性别角色观念

婴幼儿的性别角色发展不仅受到家庭成员和教师的影响，大众传媒传播的信息也会对婴幼儿性

别角色发展产生潜移默化的作用,如动画片、儿童绘本、童话故事等,这些作品中塑造的形象都有可能成为婴幼儿性别角色发展过程中的榜样。性别角色规范和标准通过类似的媒体对婴幼儿起作用,并对婴幼儿性别角色的形成产生重大影响。当整个社会群体都存在性别偏见时,通过大众传媒传播的性别角色意识和观念大概率也是带有偏见的。在传统的大众传媒中,男性角色多为理性、聪明、坚强、勇敢、好斗的,而女性角色多为温柔、迷人、善良、无竞争力的。社会群体的观念往往会体现在大众传媒传播的内容中,而大众传媒所传播的内容又反过来强化了这种观念。

因此,大众传媒应发挥重要作用,传播性别平等的价值观念,积极引导婴幼儿性别角色的形成。要加强对性别角色的认识和了解,避免性别角色刻板印象,多塑造兼具男女优秀人格特征的人物和形象,在潜移默化中影响婴幼儿的性别角色观念。

第四节　婴幼儿性别角色的教育案例

家长和教师,是影响婴幼儿性别角色发展的重要他人。由于婴幼儿会以身边的重要他人作为学习的榜样,因此,家长和教师在日常生活中的一言一行都会对其性别角色发展起到引导作用。在婴幼儿性别角色的教育中,性别角色游戏发挥着重要作用,因此在本节中,将从正反两方面介绍婴幼儿性别角色游戏相关的案例。性别角色游戏是婴幼儿通过角色扮演来模仿、想象、创造性地反映现实生活的一种游戏。在游戏中,婴幼儿模仿和想象的原型来自现实生活,来自社会性别文化构建的男女行为标准和性别特征。婴幼儿先体验真实角色的感受,然后内化到自己的体验中,加深对真实角色的理解,进一步强化自身对性别角色行为的意识。

一、性别角色游戏的正面案例

案例 1

在"公交车"游戏中,一名男孩在教师的指导下正在扮演一名公交车上的"孕妇",车上的人都争着给"她"让座。突然间,这个"孕妇"要生孩子了,于是"她"在大家的帮助下被送进了医院。最后在"医生"的帮助下生下孩子。在游戏中,男孩表现得很笨拙,但在老师的引导和鼓励下,没有任何羞涩和勉强,他觉得很有趣。

游戏本身的目的是让婴幼儿学习在公交车上给老人和孕妇让座的传统美德。在性别角色互换的安排设计中,老师不仅让男孩体验当孕妇的感觉,让婴幼儿了解自己来自哪里,还帮助他们在角色游戏中消除性别刻板印象。

案例 2

在"娃娃家"活动中,佳佳和莹莹都抓着娃娃不放手,这时教师走过来询问原因,说:"你们这样抓着娃娃不放,娃娃会疼的。"佳佳听到老师的话赶紧放了手,说:"我是爸爸,我想给宝宝穿衣服。"莹莹把娃娃抱在怀里说:"我是妈妈,我要给娃娃喂饭。"教师思考了一会儿,说:"在家里,爸爸和妈妈是相亲相爱的一家人,爸爸给宝宝穿衣,妈妈喂饭,但我们早上起来都是先穿衣服,然后才能吃饭啊。"莹莹听了老师的话,立马把娃娃给佳佳,说:"爸爸先给宝宝穿衣服吧,不然会感冒,我一会儿给宝宝喂饭。"两人在"娃娃家"做着各自的事情,随后两人还带宝宝上街了。

在这个案例中,教师的介入并没有按照以往的方式,建议"妈妈"应该做什么,"爸爸"应该做什么,而是说出按照常识应该是怎么做,让婴幼儿了解情况后自己商量如何解决问题。这样不仅解决了婴幼儿在游戏过程中发生的争执,也让他们通过游戏知道,不是性别决定了应该做的事情,而应该按照常识安排事情的先后顺序。

二、性别角色游戏的反面案例

案例1

坤坤和茜茜是一起长大的好朋友,这一天他们又聚在一起玩耍,他们蹲在修理箱旁边争着拿里面的工具,两人嘴里还喊着:"我要当修理工,我先跑到这边的。""是我先跑到这边的,这个锤子是我的。"尽管箱子里面还有其他玩具,但是坤坤和茜茜都只对这个锤子感兴趣,并且谁都不让谁。茜茜的力气没有坤坤大,眼看着就要失去锤子了,她就着急打了坤坤一下。坤坤也很着急生气,就还手了。这时茜茜的妈妈看见了就跑了过来,哄好茜茜之后对她说:"你是女孩子,修理工是男孩子玩的,你去'娃娃家'或者'美容院'玩吧。"听了妈妈的话,茜茜无奈地去了"美容院"。

案例2

在"娃娃家"游戏中,客人妈妈和爸爸抱着宝宝来看望主人家生病的孩子,主人妈妈说:"你们和宝宝玩吧,我把家里打扫一下。"客人妈妈把宝宝放在小床上睡觉,便和宝宝爸爸、主人爸爸一起陪生病的孩子玩插花。这时候,在旁看着孩子玩游戏的家长看到主人妈妈一个人在打扫,便对客人妈妈说:"你是妈妈,主人妈妈在打扫卫生,你也赶紧帮忙打扫呀。"

案例1和案例2说明,家长在孩子游戏的过程中往往会无意识地表现出一定的性别刻板印象,从而影响婴幼儿的性别角色认同。基于传统性别文化对两性的刻板印象,家长对婴幼儿的游戏进行了协调,但是这种协调却忽视了他们在游戏中的需求。在成人的逻辑里,女孩子只能去"娃娃家"或者"美容院","妈妈"似乎应当从事家庭领域的活动,婴幼儿在家长的引导下只能放弃自己的兴趣爱好,认同了带有社会性别刻板印象的性别角色。

案例3

在"医院"区域的角落里,男孩奇奇跑过来说:"我想当医生,我想给病人打针。"并试图加入"医院"游戏中。医院里已经有一名男医生和两名护士,男医生听到奇奇的话,说:"我是医生,你不能是医生。"奇奇说:"我要给病人打针。"一名护士说:"李老师说了医生是负责看病的,护士才是给病人打针的。"奇奇又兴奋地说:"那我当护士,我打针。"话音刚落就开始抢这位护士手里的针管,两人就开始争抢起来。这时一位教师赶紧过来阻止了这场争执。男医生和另外一位护士向教师说明了这一切。教师在医药箱里找了支体温计对奇奇说:"奇奇,你给宝宝量体温吧,你是男孩子,男孩子可以当医生,医生可以量体温。"奇奇很不情愿地点头答应了,之后奇奇在玩的过程中一点儿也不开心。除了自己没有办法实现打针的愿望,其他两位先加入的护士都排斥他,总认为游戏材料都是她们的,不让奇奇使用。不一会儿,奇奇失望地离开了"医院"区角。

在这种情况下,老师及时介入,解决了游戏中的冲突。然而,教师干预的作用只是使得游戏继续下去,但这种干预在一定程度上是无效的。因此,干预没有让奇奇体验到游戏的乐趣。事实上,当游戏材料不足时,孩子是可以假装游戏的,他们能够以物代物,一物多用,而不必局限于提前准备的材料。而且教师也没有考虑到在游戏中让婴幼儿进行性别角色互换,让他们尝试与传统观念不一样的性别角色。这也是因为教师在游戏指导过程中受到刻板性别角色的影响,导致不能进行正确、有效的性别引导。

对婴幼儿角色游戏进行及时有效的指导不仅可以丰富他们的游戏体验,还可以以游戏为载体对他们进行教育。但是,家长和教师对游戏的指导普遍较低,他们通常只是为了解决孩子在游戏中的冲突,并保证游戏顺利进行,很少意识到孩子的性别偏见和性别刻板印象。

婴幼儿在角色游戏中,根据性别进行角色分配和角色认知的现状被认为是性别刻板印象的表现。家长和教师可以通过多种方式进行有意识的引导,弱化这种刻板印象,以帮助婴幼儿形成多样化的性别角色认同,这需要家长和教师的敏锐感知与及时干预。

三、性别角色游戏对于婴幼儿性别角色发展的启示

婴幼儿在角色扮演中的性别角色认同如果传递出强烈的性别刻板印象,将不利于其完善的性别角色的形成。此外,游戏反映了社会性别文化,但作为婴幼儿的一种生活方式,游戏不能完全按照传统社会性别文化的约束进行,如果完全这样会加剧婴幼儿的性别角色刻板印象。因此,应该以性别双性化的理论作为角色游戏的指导理论,尽量消除婴幼儿在角色游戏中的性别刻板印象,对婴幼儿进行积极的性别角色教育。

首先,家长和教师应该突破自身性别角色的局限,树立正确的性别观念。家长和教师可以在婴幼儿生活和学习上给予性别双性化的引导,消除已有的性别刻板意识,在行动上把性别双向化理念运用于日常生活和学习中。比如引导男生更加细心、体贴,引导女生更加勇敢、有创意。经常组织一些户外活动或游戏,让婴幼儿在活动中体验到力量和安全感,从而弥补在教学环境中由于缺乏男性教师指导的缺憾,使他们顺利地实现性别角色的发展。

其次,以角色游戏为载体实施性别双性化教育,消除婴幼儿对性别角色的刻板印象。第一,家长和教师可以设置多样化游戏区角、丰富游戏材料。在设置游戏区角的时候,家长和教师可以更多地设计适合男孩、女孩一起玩、没有明显性别差异的游戏区角,如"画室""银行""奥运会场"等,让更多的孩子能够有机会参加游戏,并在游戏中发挥自己的优势,满足不同的需要。在材料的选择上,要努力克服自身的性别刻板印象,为婴幼儿提供更多中性的游戏材料,减少材料中隐含的性别偏见意识。丰富而不死板的游戏材料让孩子们有平等的机会去玩更多的角色。第二,家长和教师可以鼓励婴幼儿在游戏中进行性别角色转换。在游戏中,如果男孩、女孩的角色扮演意识已经固化,比如男孩倾向于选择需要体力的角色,如消防员、警察、司机等,而女孩更喜欢安静、有爱心的角色,如护士,那么家长和老师在游戏中发挥各自的重要作用,适当地分配孩子在游戏中的角色,并有意识地鼓励孩子多做角色互换帮助他们丰富角色体验。第三,在游戏过程中,家长和教师要注意语言强化的作用。游戏过程中的分享活动是教师与婴幼儿沟通的重要环节。教师应避免在与婴幼儿的交流中无意识地强化其性别刻板印象。如家长或老师可以说"不要害怕""不要淘气",但不要强调男孩不应该怎么样,女孩不应该怎么样,比如"男孩不要那么胆小""女孩不能那么淘气"。此外,还应有意识地运用言语强化来削弱婴幼儿对角色的性别刻板印象。当提到"女警"时,可以说:"今天某某人很勇敢,很果断,太棒了!"当谈到"男服务员"时,可以说:"今天餐厅来了很多客人,因为某某人的热情周到的服务,餐厅生意火爆。"这将增加孩子们对反刻板形象的兴趣,减少对彼此的偏见。第四,家长和教师可以鼓励婴幼儿与异性合作。由于成人教育和社会文化的影响,婴幼儿倾向于形成同性群体活动。事实上,家长和老师可以帮助婴幼儿取消这种仅仅和同性组成游戏群体的倾向性,帮助他们建立不同性别的同伴群体。鼓励

婴幼儿进行相互合作,在游戏中引导孩子观察对方,了解对方的人格品质,尽量消除性别角色刻板印象的不良影响,获得双性化的人格特征。

思考与实训

一、单选题

1. ( )是婴幼儿性别角色认知发展的核心。
   A. 性别标准的发展　　　　　　　　　　B. 性别概念的发展
   C. 生物性别　　　　　　　　　　　　　D. 性别恒常性

2. 婴幼儿在哪个阶段能够正确地运用性别相关的词语?( )
   A. 4个月　　　　　　　　　　　　　　B. 半个月到12个月
   C. 2～3岁　　　　　　　　　　　　　　D. 4岁

3. 以下哪个阶段不属于性别角色发展的阶段?( )
   A. 性别角色的萌芽期及其基本形成阶段　B. 性别角色的扩大和发展阶段
   C. 性别角色的重新形成阶段　　　　　　D. 性别角色失衡阶段

4. 弗洛伊德最早提出了( )来解释性别的发展。
   A. 精神分析理论　　　　　　　　　　　B. 社会学习理论
   C. 认知发展理论　　　　　　　　　　　D. 信息加工-图示理论

5. ( )认为儿童获得性别认知结构,必须经过基本的性别认同、性别稳定性理解、性别恒常性理解三个阶段。
   A. 科尔伯格　　　　　　　　　　　　　B. 班杜拉
   C. 华生　　　　　　　　　　　　　　　D. 谢弗尔森

6. 儿童性别角色量表是由( )编制的。
   A. 皮亚杰　　　　B. 鲍勃　　　　C. 贝姆　　　　D. 艾默里克

7. 儿童性别概念认知调查问卷不包括以下哪个选项?( )
   A. 考查儿童性别同一性发展　　　　　　B. 考查儿童性别统一性发展
   C. 考查儿童性别稳定性的发展　　　　　D. 考查儿童性别恒常性的发展

8. 婴幼儿性别角色形成不会受到以下哪个因素的影响?( )
   A. 遗传　　　　　　　　　　　　　　　B. 家庭教养与学校教育
   C. 大众传媒　　　　　　　　　　　　　D. 食物

9. ( )是社会学习理论发展的基础。
   A. 行为主义理论　　　　　　　　　　　B. 精神分析理论
   C. 格式塔理论　　　　　　　　　　　　D. 人本主义理论

10. 认识到他人的性别不随年龄、情境、外表等的变化而改变,这表明儿童获得了( )认知。
    A. 性别化　　　　　　　　　　　　　　B. 性别认同
    C. 性别稳定性　　　　　　　　　　　　D. 性别恒常性

二、简答题

1. 简述婴幼儿性别发展的信息加工-图式理论。
2. 简述婴幼儿性别角色形成的影响因素。

3. 简述婴幼儿性别概念情境测验。

三、实训题

请设计一个促进婴幼儿性别角色发展的实训游戏。

第三章　婴幼儿自我意识的发展与教育

学习目标

1. 了解婴幼儿自我意识的基本概念以及自我意识发展的影响因素。

2. 掌握婴幼儿自我意识发展的评估方法,能够结合介绍的方法来对婴幼儿的自我意识发展进行正确评估。

3. 能够将促进婴幼儿自我意识发展的方法运用到实际的教育与生活中(比如,设计促进婴幼儿自我意识发展的团体辅导方案)。

内容结构

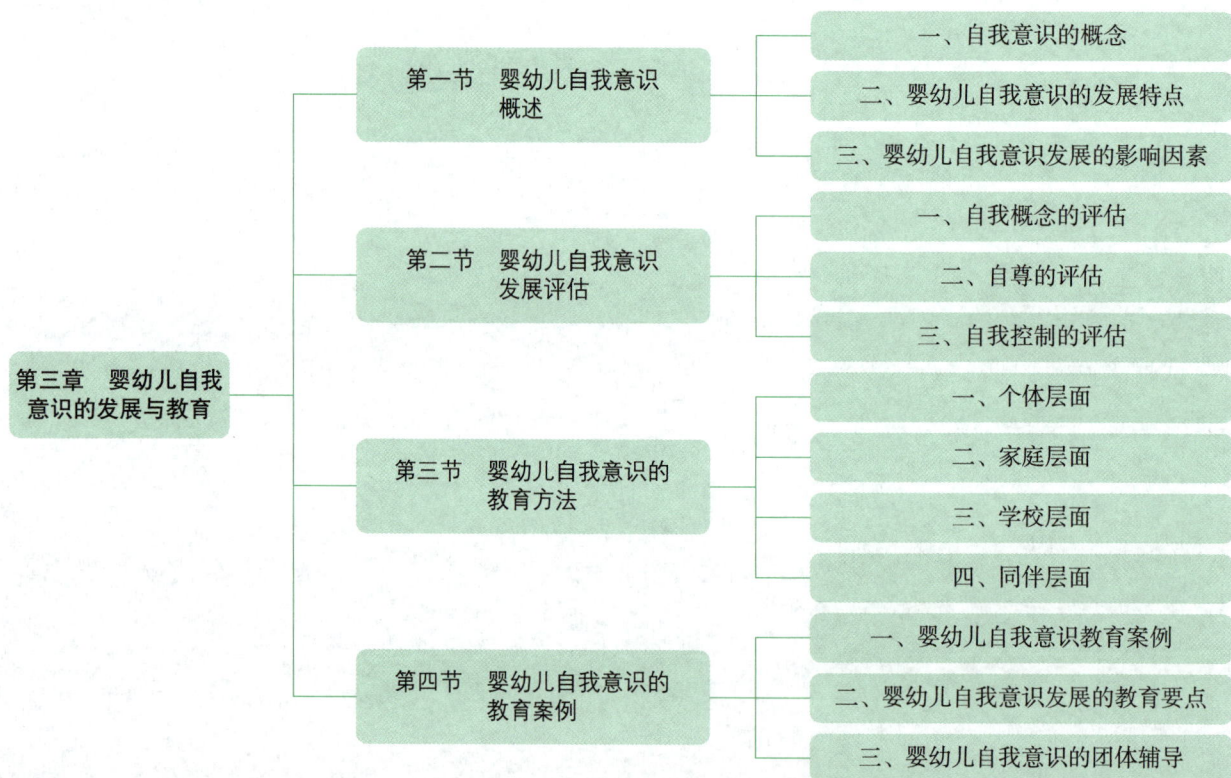

学习建议

本章在理论层面主要介绍了婴幼儿自我意识发展的基本概念和自我意识发展的影响因素,在实际操作层面介绍了婴幼儿自我意识发展的评估方法以及教育方法。在掌握基本理论和实践知识后,应注重知识的运用,将所学的内容渗透到实际教育与生活中。

2 岁的丽丽在日常生活中对"你""我""他"表现出非常明显的区分。总是清楚地告诉周围的小朋友以及爸爸妈妈和爷爷奶奶,"这个东西是我的,不是你的"。同时,越来越多不顺从和执拗的行为开始出现,丽丽的这些变化让丽丽的爸爸妈妈非常诧异。

案例中的丽丽正处于自我意识的敏感期,所有让丽丽爸爸妈妈非常诧异的行为表现其实是丽丽自我意识发展的一个结果。自我意识敏感期是婴幼儿成长道路上一个必经的过程,不用过分担心与焦虑。非常执着地分清"你""我""他"这种所属权问题是处于自我意识敏感期婴幼儿的显著特征,在这个时期,对于成人的夸奖和批评婴幼儿几乎都能理解,同时他们也非常热衷于表现自己,常常出现不停问问题的行为表现。这是因为,处于这个时期的婴幼儿渴望得到他人的关注,并且强烈地想得到他人的认同、接纳或喜欢,因此他们会想尽办法表现自己,通过言语、身体姿态、面部表情等方式来展示自己。

希望通过这章的学习,学习者能够学会把握婴幼儿自我意识敏感期,对婴幼儿自我意识的发展进行合理评估,并利用科学的方法支持与促进婴幼儿自我意识的发展。

第一节　婴幼儿自我意识概述

自我意识是人格的主要组成部分,是衡量人格成熟度的标志,是整合和统一人格各部分的核心力量,是促进人格发展的内在动力。自我意识是一个动力系统,由知、情、意三方面构成。"知"即自我认知,包括自我概念和自我评价等;"情"即个体的自我情绪体验,包括自我感受、自尊等;"意"即个体的自我控制,包括自我控制和自我调节等。其中,自我概念、自尊和自我控制是个体自我意识系统最主要的三个方面。

自我意识具有两个基本特征,一是将自己与他人区分开来的"分离感",也就是指个体意识到自己是一个独立的个体,在生理、认知和情感方面都具有与众不同的独特性;二是跨时间、跨空间的"稳定的同一感",也就是说个体是知道自己是长期并且持续地存在的,不会随着环境及自身的变化而否认自己是同一个人。自我意识发展的本质特征在于能够使人更为主动、积极地调节自己。自我意识的发展比一般认知的发展更为复杂。那么对于婴幼儿,他们自我意识的知情意三个成分分别是什么,不同年龄的发展特征以及支持他们自我意识发展阶段性特征的著名实验是什么,还有影响婴幼儿自我意识发展的主要因素有哪些,在本节中都会展开详细的论述。

一、自我意识的概念

对于自我意识的概念,不同心理学家的理解有所不同。常见的定义如下:自我意识就是关于自我的意识;自我意识是一个人对自己与他人关系的观念体系;自我意识就是自我;自我意识是一个人对自己所有身体和精神状况的意识。总而言之,自我意识是个体的自我意识,包括身体、心理和社会关系,它是一个多维度、多层次的综合心理系统,不仅体现在认知(自我认识)上,还体现在情感(自我体验)和意志(自我控制)上。它不是与其他心理活动平行或独立的,而是引领着个体整体的心理和行为,并渗透其中,对人们的心理和行为起着调节作用。因此,自我意识是对人的生理、心理和社会关系的认知、体验和调节。它渗透到整个心理和行为中,是一个具有调节作用的综合性系统。

(一) 自我认识

自我意识中的认知成分是自我认识,它是指个体对自己身心和活动特征的认知方面的评价,包括自我觉知、自我观察、自我概念和自我评价等,其中自我概念和自我评价是自我认知主要的两个方面。自我认识相对而言属于自我意识中的理性、客观部分,主要涉及"我是谁或我是什么""我为什么是这样的人"等内容。

(二) 自我体验

自我体验是自我意识中的情感成分,是个体对自己所持的一种情绪体验,包括自尊、自信、自卑、自豪感、内疚感等,其中自尊是主要方面。自我体验相对而言属于自我意识的非理性、主观部分,主要涉及"我是否满意自己或能够接纳自己"等内容。

(三) 自我调控

自我调控是自我意识中的意志成分,是个体对自己认知、情感和行为的调节与控制,包括自理、自主、自律、自我调节、自我控制等,其中自我控制是主要方面。具体表现为个体对自己行为的监督和调节,使之达到自我的目标,涉及"我应该怎样做或该如何表现"等类似内容。

二、婴幼儿自我意识的发展特点

婴儿出生后的前6个月主要忙于调节他们的生理和情绪状态,这反映在他们与照顾者的互动中。婴儿可以从这种有规律而可信任的互动中形成两个概念——自我恒定性和他人恒定性,这在自我意识产生之前就会出现。可以说这两种成分的出现,使得婴幼儿拥有了前自我意识,它是婴幼儿对自己身体永久性、自己身体与他人的分离以及人际关系规律的早期模糊认识。

6个月后,婴儿通过发出信号,逐渐让照料者满足其需求。如果婴儿成功地控制了他们的照料者,他们会产生一种最初的自我效能感,这时婴儿的自我系统就开始形成了。这期间婴儿表现出的分离焦虑,也反映出他们认识到自己与他人,即照料者是分离的。依恋能够给婴儿带来安全感和乐观,这在之后的章节中会详细介绍。因此,婴儿把照料者作为一个安全基地的象征,由此对外界环境进行探索,最初的自我价值感就产生了。此外,在视觉悬崖实验中,母亲的面部表情会影响孩子对情境的反应,比如他们是否会爬过悬崖。婴儿通过母亲的反馈做出的反应调整,被研究者们称为是一种"社会参照"的反应,这进一步说明了婴儿能够意识到自己与他人是分开的。

1岁以后,认知发展开始在自我系统的发展中起重要作用,这反映在个体逐渐建立的联合注意能力上。婴幼儿指向物体,并朝他的同伴看,以便让他们的注意力都集中到该物体上,这一过程就反映了他们意识到自己和他人看到的并不总是相同的东西。最重要的是,在18个月左右时,儿童看到镜子里的自己会出现自我识别。著名的"点红"实验就证明了儿童自我识别能力的发展。

婴幼儿的自我识别出现后,他们的自我评价、自尊也开始出现。自我识别也表明婴幼儿开始发展有意识的自我意识,随着语言的发展,他们开始进行自我描述。相应地,他们也就形成了分类自我,即他们会按照年龄、性别或其他可见的特征把自己归为不同的社会类型,明确什么"像我"、什么"不像我"。在18个月大的时候,儿童就能通过性别或年龄来区分自己和其他人,但不能通过照片来区分,直到他们2岁的时候才会这样做。在18~24个月之间,大多数儿童至少在他们独特的外表、性别和年龄方面清楚地知道自己是谁。

此外,23个月、25个月的儿童被要求模仿一系列涉及玩具的较为复杂的行为时,他们会哭起来,而他们模仿较为简单的行为系列时则没问题。这表明他们意识到了自己缺乏完成困难任务的能力，并且对此感到不高兴，这一反应正好清晰地反映了自我意识。综上，婴幼儿的自我意识逐渐得到发展，对自我意识发展的简单概括可以参见表3-1。

表3-1　婴幼儿自我意识的发展

年　龄	自我发展的方面	表　　现
0～6个月	前自我	在婴儿和照料者的互动中，自我恒定性和他人恒定性开始萌芽
6～12个月	有意图的自我	对照料者发出有意图的信号，社会参照、自我效能感开始萌芽，把照料者作为安全基地，自我价值和信任感开始萌芽
12～24个月	客体自我	自我识别，早期的自我控制，早期的自尊，自主感
24个月以后	自我监控的自我	自我描述，自我意识情绪，自我调节

（一）自我认识的发展

2岁之前的婴幼儿很难用言语表达他们的观点，也不能理解复杂的指导语。研究者通过婴幼儿自身形象的方式测量他们的视觉自我识别。母亲在婴幼儿的鼻子上点一个红点，观察者观察婴幼儿隔多久触碰自己鼻子一次。然后，将婴幼儿放在一面镜子前面，观察婴幼儿触碰鼻子的次数是否增加。这个实验的思路是，如果婴幼儿照镜子后试图触碰或擦掉红点，那么该婴幼儿就意识到镜子里的人像是他（她）自己，但事情又有点不对劲，因为鼻子上多了个红点。研究发现，1岁以下的婴儿不能认出镜子里的自己。在15～18个月，出现自我识别的儿童比例有所增加。约2岁时，大部分儿童都能辨认自己。这是一项国外的研究，我国学者也重复了这一研究，研究结果基本与该结果一致。研究发现，18～24个月借助镜子立即去摸自己鼻子的人数迅速增加，表明这个年龄阶段的儿童在自我认识上出现了质的飞跃。

此外，之前的内容提到自我概念和自我评价是自我认知成分中最主要的两个方面，接下来将会围绕这两个方面对婴幼儿自我认知的发展特点进行描述。

1. 自我概念的发展

婴幼儿的自我概念是非常具体的，让他们对自我进行描述时，他们通常提到的是一些可以观察到的特征，比如名字、身体外貌、拥有的财务、日常行为、家庭成员的数目等，他们也会提到一些具体的技能。同时他们的自我描述并不是现实的，往往会言过其实，无法区分自己所想与所行。对于婴幼儿来讲，他们仅仅会对身体特征、年龄、性别和喜爱的活动等方面进行描述，暂时还不会描述自己内部的心理特征。

2. 自我评价的发展

自我评价能力在3岁儿童中还没有得到充分的发展，自我评价开始发生的转折年龄大约是儿童处于3.5～4岁，此年龄段的发展速度较4～5岁时要快，5岁儿童绝大多数已经能进行自我评价。

儿童自我评价发展的特点与阶段是：从轻信成人的评价到自己独立评价；从对外在行为的评价到对内在品质的评价；从比较笼统的评价到比较细致的评价；从主观情绪强烈的自我评价，到最初的客观评价；开始对道德行为的准则进行评价。

由此可见，婴幼儿的自我评价能力还很差，成人对婴幼儿的评价在其个性发展中起着重要作用。因此，对婴幼儿的行为做过高或过低的评价对他们都是有害的，成人必须善于对婴幼儿做出适当的评价。

（二）自我体验的发展

自我体验在3岁以前的婴幼儿中虽然开始逐渐萌芽，但还不明显。自我体验的转折点在4岁，5～

6 岁的儿童大多已经表现出自我体验。儿童的自我体验从与生理需求相关的情感体验（快乐和愤怒）到社会情感体验（委屈、自尊和羞愧）一直在深化和发展，同时又表现出易受暗示性。

在儿童自我体验中，最重要的是自尊。自尊是自我意识的一种具有评价意义和属性的情感成分，它始于需要与自尊相联系的自我态度的体验，也是心理健康的重要指标之一。自尊需要得到满足，会使个体感到自信，体验到自我价值，由此产生积极的自我肯定。研究表明，高自尊与未来生活满意度和幸福感有关，低自尊与抑郁、焦虑、学校生活和社会关系失调有关。

儿童在 3 岁左右自尊便开始萌芽。主要表现在，如果他们犯了错误会感到羞愧，害怕被嘲笑，不想在公共场合挨骂等。当儿童的身体、智力、社交技能和自我评价在发展时，他们的自尊也在发展。

（三）自我调控的发展

自我控制是自我调控中最主要的方面，指的是对优势反应的抑制和对劣势反应的唤起能力。所谓优势反应是指对婴幼儿具有直接、即时吸引力的事物或活动所引起的想要获得该事物或参加某活动的冲动趋向。劣势反应与此正好相反，是婴幼儿不想进行某活动的回避倾向。例如，3 岁的坤坤想要看动画片，但是他需要先去洗澡。这时候他能够压制自己想看动画片的冲动趋向（优势反应），而先听妈妈的话去洗澡（劣势反应），那么他就是使用了自我控制，对优势反应进行了抑制，同时唤起了劣势反应。

1. 自我控制的发展

大多数研究者认为，自我控制最早发生于婴幼儿出生后 12～18 个月，此时婴幼儿开始意识到照料者的希望与期望，并愿意遵守照料者的简单命令与要求，即对父母指示的服从。也有一些研究者认为自我控制可能出现得更早些，是伴随着注意机制的成熟而出现的。注意机制的成熟是自我控制发生和进一步发展的重要基础。婴幼儿 12 个月时保持注意力的能力可以被用来预测他们在 24 个月时的自我控制水平。婴幼儿自我控制能力的发展必须有一定的认知基础：首先，婴幼儿必须有能力将自己视为独立、自主的个体，这是婴幼儿控制自己行为的基础；其次，婴幼儿必须具备一定的表征和记忆能力，能够将照料者的知识和要求内化到自己的行为中。

在 2 岁左右，随着婴幼儿认知能力的提高，特别是心理表征能力的发展，婴幼儿的自我控制能力也逐渐得到发展。这让婴幼儿在没有外界监督的情况下依然遵从父母的要求，并能根据他人的要求延缓自己的行为。大约从 3 岁开始，婴幼儿逐渐获得了自我连续性和自我同一性认识能力，并开始将自己的行为与父母的要求相联系。婴幼儿能够意识到，当他们在家里、操场或亲戚家时，可以在哪里玩，不能在哪里玩；可以碰哪些东西，不能碰哪些东西。由于这些能力的发展，这时候婴幼儿有可能根据自己的动机进行自我调节。

2. 延迟满足研究范式

对婴幼儿自我控制的研究，延迟满足已经成为最经典的研究范式。研究者通常会设计一些典型的实验情境来评估婴幼儿在实验情境中的行为，从而衡量婴幼儿的自我控制水平。目前关于延迟满足的实验研究，主要有两种典型的研究范式，分别是礼物延迟范式和自我延迟满足范式。

礼物延迟范式的具体实验程序如下。实验者一边给婴幼儿展示一个由包装纸包装的神秘礼物，一边用惊喜的语气说"你看我发现了什么？这是给你的一个礼物！我在猜想它是什么东西呢？我现在先把这个礼物放在这儿（一边说着一边将礼物放在婴幼儿的右手边，并且婴幼儿不能轻易够到这个礼物），但是你得先完成这个拼图才可以拿到这个属于你的礼物"。于是，实验员就开始描述这个拼图，并帮助婴幼儿顺利完成拼图任务（将拼图的时间控制在 4 分钟内）。值得注意的是，在婴幼儿做拼图游戏时，礼物依旧放在婴幼儿的右手边，并且处于婴幼儿的视线内。当拼图完成后，实验者没有马上让婴幼儿去拿礼物，相反，实验者继续忙于整理自己的文件纸（90 秒）。实验者在整理材料的这 90 秒就是延迟期限，如果在这 90 秒的延迟期限内，婴幼儿依旧选择等待并且没有主动去拿右手边的礼物，实验者就会告诉婴幼儿："好了，你现在可以拿礼物了。"在整个实验过程中，包括整个拼图的 4 分钟时间以及在完成拼图后的 90 秒延迟时间里,婴幼儿所有指向礼物的言语行为和身体行为都会被实验者详细地记录下来。延迟分数由四个标准化的行为指标组成,它们分别是延迟时间、指向礼物的言语行为、指向礼物的身体行为、打开礼物时的延迟行为(立即打开或回幼儿园的路上打开,或把礼物放到柜子里带回家)。礼物延迟满足的衡量标准是婴幼儿对不去拿礼物的抗拒和打开礼物时的冲动控制。

自我延迟满足的经典实验范式如下。首先,实验者和被试在实验室里玩一些热身游戏。然后,他们会看到两种不同的奖励,比如一颗或者两颗软糖,并要求他们在两种不同数量的奖励中做出选择(阶段 1:延迟选择)。实验者告诉被试他有事情要做,需要离开房间一会儿,并说:"如果你能等我回来,你可以吃这个(指着被试选择的奖励:两颗软糖);如果你不想等,你可以按门铃给我回电话。但如果你按门铃,你就不能吃这个,你只能吃这个(没有被选择的奖励:一颗软糖)。"在确定被试理解后,实验者离开房间,通过单向玻璃观察记录孩子的延迟时间和延迟等待策略(阶段 2:延迟维持)。实验者在 15 分钟后回来,或者在孩子按门铃(或违反规则)后回来。在这个场景中,孩子们面临着悲伤的困境:一方面,他们必须抵挡诱惑,进行等待,以获得自己选择的奖励;另一方面,他们不必等待,可以及时获得他们没有选择的奖励。也就是说,只要等待一段时间后,他们就能得到自己想要的奖励。但如果他们无法等待,可以立即得到自己没有选择的奖励。

三、婴幼儿自我意识发展的影响因素

婴幼儿的自我意识是在与社会环境的动态互动过程中形成的一种相对稳定的心理结构。自我意识的形成和发展受到很多因素的影响,如自身因素、家庭环境、机构环境、同伴等,这些因素在自我意识发展的过程中都起着非常重要的作用。

(一) 自身因素

自身因素如年龄、性别和个体健康状况都会对自我意识的发展产生影响。自我意识发展的曲线是起伏变化的,0~6 岁个体的自我意识呈现出随着年龄逐渐增加而显著上升的特点,9~15 岁逐年下降,但青春期后显著上升。一般来说,婴幼儿自我意识的发展是随着年龄的增长而增长的,但这个发展过程不是线性的、恒定的。此外,不同性别的婴幼儿在自我意识的发展上也存在差异,女生自我意识在各个分量表上的得分高于男生得分。另外,个体的健康状况也会产生一定影响,慢性病婴幼儿在自我意识的各个分量表上的得分都低于健康的婴幼儿。

(二) 家庭环境

自我意识的发展受家庭环境的影响。家庭环境是指家庭的物质生活条件、社会地位、家庭成员之间的关系以及家庭成员的语言、行为和情感的总和。研究表明,在评估家庭环境的各个方面时,自我意识得分高的人比自我意识得分低的人做得更好,城市婴幼儿的总分均高于农村婴幼儿。此外,父母满意度、教育兴趣、对待婴幼儿的态度和方式与婴幼儿的自我概念显著相关。例如,父母对孩子情感和注意力的积极态度可以提高孩子的自信心,这有利于他们更好地发展。婴幼儿的自我意识与父母对情感温暖和理解的采纳呈显著正相关(民主型父母),与惩罚、严厉和拒绝呈显著负相关(严厉型父母)。

(三) 机构环境

婴幼儿虽然没有正式进入学校环境,但是不少家长会让孩子进入早教机构进行学习。早教机构中教师对待婴幼儿的态度与方式、师生关系及婴幼儿的表现对儿童自我意识的形成与发展也具有非常重要的影响。师生关系作为社会交往的重要形式,是影响婴幼儿学习和减少问题行为的关键因素。在师生交流的过程中,婴幼儿对自己的体验和评价会受到教师对他们的评价、情感反应和行为的影响,尤其是自我意识和自尊受教师的影响非常大,师生关系冷淡或者有冲突的婴幼儿自我意识发展水平低于师生关系亲密的婴幼儿。

(四) 同伴关系

同伴在婴幼儿个性的形成和发展中起着重要作用。儿童期和青春期是个体参与人际交往和互动的高峰期。在此期间,他们会根据同龄人的观点和反应来反思自己、重新定义自己、评估自己。研究表明,在同龄人的互动中,婴幼儿获得了别人如何看待他们的信息,在此基础上,婴幼儿不断认识和评价自己,使得他们的自我概念得到了充分的发展。如果婴幼儿发现他们受到同伴的关心和欢迎,将有助于他们形成积极的自我评价。

第二节 婴幼儿自我意识发展评估

针对婴幼儿自我意识发展的评估,主要采用观察法、访谈法、问卷调查等,不同成分的自我意识发展的评估方法有所不同。观察法是指研究者根据一定的研究目的、研究大纲或观察表,利用自己的感官和辅助工具直接观察被研究对象,以获取数据的方法。访谈法是通过访谈者与被访谈者面对面的交谈来了解被访谈者的心理和行为的一种基本心理学研究方法。问卷法是一种通过收集一系列问题组成的问卷数据来衡量婴幼儿自我意识发展的研究方法。在本节内容中,将会对婴幼儿自我意识的认知成分(自我概念)、情感成分(自尊)和意志(自我控制)成分的评估方法进行介绍。

一、自我概念的评估

对婴幼儿自我概念的评估可以采用个别谈话的方法。评估的内容和指标主要参考白爱宝编写的《幼儿发展评价》一书中"自我认识评价实施指南",其评估的内容和指标包括"幼儿是否知道自己的姓名、性别和年龄""幼儿是否知道自己的爱好""幼儿是否知道自己的优缺点"。详细的访谈提纲参考表3-2。

表3-2 幼儿自我概念访谈表

访谈对象	年龄	性别
问　　题	回答及表现记录	
1. 你知道自己的名字吗?		
2. 你是男孩还是女孩?		
3. 你几岁了?		
4. 你最喜欢做什么事呢?		
5. 你最喜欢玩什么游戏?		
6. 小朋友喜欢和你一起玩吗?		
7. 你是好孩子吗?		
8. (接上一个问题)为什么?		

通过访谈,可以发现婴幼儿的自我概念发展情况。一个自我概念发展较好的婴幼儿,能够清楚地

说出自己的名字、性别和年龄。当问到他的爱好时,也能够说出自己最喜欢的事情和最喜欢玩的游戏。婴幼儿在回答比较抽象的问题或者对语言组织有更高要求的问题时,诸如"小朋友喜欢和你一起玩吗?""你是好孩子吗?"和"为什么?",会出现沉默或者用身体语言来回答,这可能是由于婴幼儿对问题不理解、对概念不清晰导致的。另外,有可能与婴幼儿自身的人格特征有关,比如比较害羞或者不自信的婴幼儿在回答这些问题时,可能由于和问问题的人不太熟悉,害羞和腼腆会导致其不愿意多说。

二、自尊的评估

对婴幼儿自尊发展水平的评估主要采用的是观察法,在此也可称为自尊发展检核表的方法(参考表3-3),需要评估者根据婴幼儿的表现,在婴幼儿表现正常的项目"结果"里打"√",在婴幼儿表现不符合描述的项目"结果"里打"×",在没有机会观察的项目"结果"里写"N"。在"依据"一栏填上判断结果的具体例子,如在对项目"和主要照料者分离时没有问题"的判断结果是"√",在依据一栏写上具体的事例"早晨妈妈送坤坤来到早教机构,坤坤和妈妈说了再见,自己就和早教机构里面的其他小朋友一起玩耍等待上课"。在日期一栏写上观察的具体日期。

表3-3　婴幼儿自尊发展检核表

姓名		年龄		
项　　目	结　果	依　　据		日　期
和主要照料者分离时没有问题				
与教师形成安全依恋				
能成功地完成一项任务				
选择活动时无需教师指导				
能主动去寻找同伴一起玩				
在表演游戏中,能自信地扮演角色				
能维护自己的权利				
自己做事时充满热情				

如果婴幼儿的自尊发展水平比较好,一般来说其是能够独立选择游戏活动,成功完成老师交给的任务;能够在家长和教师不在场的情况下独自探索新环境,尝试自己去玩各种材料和游戏;能够和同伴比较友好地相处,但可能在冲突解决以及其他方面的发展仍有欠缺。

三、自我控制的评估

对婴幼儿自我控制发展水平的评估主要有问卷法和观察法。由于受认知发展水平的限制,婴幼儿还不能较好地理解题目并对题目做出准确的回答,因此一般问卷调查的评估对象是教师,即对了解婴幼儿自我控制能力发展水平的教师进行调查,从而对婴幼儿的自我控制水平进行评估。而观察法的对象就是婴幼儿,通过观察能够对反映婴幼儿自我控制发展水平的相关活动进行评估。

(一) 问卷法

3～5岁幼儿自我控制问卷由杨丽珠、董光恒于2005年编制,施测对象为幼儿教师,该问卷被证明具有较高的信度和效度,可以作为科学地分析和了解幼儿自我控制能力的测量工具。该问卷包括自制力、自觉性、坚持性和自我延迟满足四个维度。其中第 1、2、8、9、15、16 题是与自我控制的第一个维度自制力相关的,第 3、10、17、18 题是与自我控制的第二个维度自觉性相关的,第 4、5、11、12、19、20 题是与自我控制的第三个维度坚持性相关的,第 6、7、13、14、21、22 题是与自我控制的最后一个维度自我延迟满足相关的。其中,第 17 题和第 21 题是反向计分题。每一条目用"1～5"这 5 个数字表示幼儿对该性格特征的符合程度。其中"1"表示"完全不符合","5"表示"完全符合",数字越大表示越符合。最后计算各个维度平均分及总量表的平均分,即可知道幼儿的自我控制发展水平。详细的问卷内容可参见表 3 - 4。

表 3 - 4　幼儿自我控制问卷

尊敬的老师,请根据下列描述客观地对幼儿进行评价。仔细阅读句子中的内容与正在被评估的这名幼儿的实际情况是否相符,并在恰当的数字上打"√"。"1"代表完全不符合,"2"代表不太符合,"3"代表有些符合,"4"代表比较符合,"5"代表完全符合。答案不存在对错之分,所以请您根据幼儿的实际情况回答。衷心感谢您的合作!

姓名		性别		班级			年龄		
题号	**项目内容**			1	2	3	4	5
1	当发现自己的行为违反了日常规范时,能立马改正							
2	当老师开始讲话时,能停下手中正在做的事去听							
3	别的小朋友带来新玩具,可老师要求上课时不准看,能做到不看							
4	当许诺做自己力所能及的事时,能履行							
5	当意识到自己提出的要求要等一段时间后才能被满足时,能等待							
6	与同伴相处融洽,小朋友愿意跟他玩							
7	老师告诉小朋友每做一件好事可以得到一朵小红花,得到 3 朵时老师就可以给一件玩具玩;如果不要玩具,再坚持 2 朵花,就可以自己挑一件喜欢的玩具,选择等待							
8	老师要求听故事时保持安静,老师离开时也能做到							
9	午睡时,老师不让说话,当别的小朋友与其说话时,能不理睬							
10	遇到自己开始做不好的事时,能坚持,直到做好为止							
11	举手回答问题时,能等到叫自己的名字后才回答							
12	在接受教育活动时,能将简单的故事或画册内容听/看到最后							
13	当游戏结束后,老师要求儿童将玩具重新摆好,摆得最好的小朋友下一次可以优先玩,会努力将玩具摆到最好							
14	午餐时老师分给每个儿童一个苹果,但是有一个比较小,老师说谁吃这个小苹果下次就可以吃最大的苹果,会选择吃小苹果							
15	当老师不在时,在游戏中也能遵守游戏规则							
16	在玩排队等待的游戏时,玩完后能自觉排在队后							
17	在做一件事情时,总是需要再三提醒后才能完成							
18	当发现正在做的任务挺困难时,仍会努力坚持做下去							

题号	项目内容	1	2	3	4	5
19	在玩猜谜游戏时，老师说猜出来的人会有奖励，但每个人只有一次回答机会，会努力思考一会儿，得出比较满意的答案					
20	对老师要求完成的工作，即使不喜欢也能完成					
21	当发现老师发给自己的香蕉比其他小朋友的小时，就表现出不高兴，老师答应下次可以给吃两个，仍不高兴					
22	在许多幼儿园中午都是儿童自己摆碗筷，尽管值日时会比其他同学晚一点吃饭，但仍会认认真真地做好，因为能够得到老师的表扬					

（二）观察法

除了问卷法，另外一种常用的评估方法是情境观察法。用情境观察法来评估儿童的自我控制发展时，着重评估儿童的坚持性，即儿童在困难情境中，是否会为了达到某一目的而不懈地克服困难，在评估过程中是否会表现出坚持到底的行为倾向。在情境观察中，需要用到七巧板一副，目标图形有两类（一类是很容易完成的，如图3-1；另外一类是很难完成，如图3-2）。

图3-1　七巧板组合目标图形1

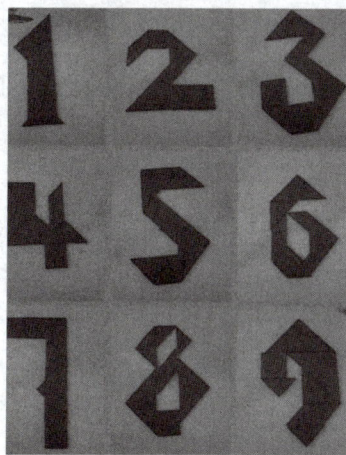

图3-2　七巧板组合目标图形2

在情境观察开始前，评估者问："你以前玩过七巧板吗?"若儿童回答"没有"，则带领儿童玩简单任务（图3-1），目的是让儿童能了解游戏规则；若儿童回答"玩过"，则直接进行困难任务（图3-2）。之后，评估者给出指导语："我们来拼一个复杂的图形（图3-2）。请你在这张图形上面任意选择一个数字，然后用七巧板拼出来，注意每一块七巧板都要用到。如果你能完成任务，就能得到一个漂亮的小贴纸。"如果儿童在进行困难任务的过程中感到十分困难并表示要放弃时，由评估员呈现困难任务中复杂图形的简单版，即带有七巧板轮廓的数字1～9（图3-3），观察儿童是否愿意继续做任务以及在坚持性上的表现。

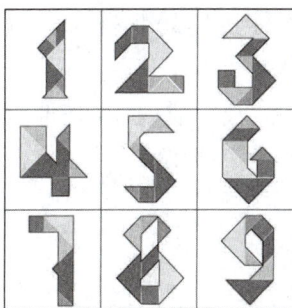

图3-3　数字轮廓

在这个情境观察中主要观察：儿童坚持完成困难任务持续的时间；是否具有一定的抗干扰能力，即在一定的干扰情况下还能集中注意力，开展自己的活动；能否按照自己对目标任务的理解，有目的地按照一定的步骤开展活动，如能够把目标图形进行拆分，拼出数字的一到两个部分；是否害怕挫折,比如即使在拼图过程中失败了(没有完整无误地拼出目标图形),也能够继续尝试;在活动过程中遇到问题时,是否会主动寻求帮助,是否愿意接受别人的建议和帮助。

第三节　婴幼儿自我意识的教育方法

自我意识的发展是婴幼儿人格发展的基础。良好的自我意识可以促进婴幼儿对世界形成正确的认识,并使婴幼儿积极地与周围环境相互作用,从而确保婴幼儿身心健康地发展。下面主要从个体层面、家庭层面、学校层面和同伴层面梳理促进婴幼儿自我意识发展的方法。

一、个体层面

良好的自我意识发展,应该在自我认识、自我体验和自我调控方面都有所体现。在自我认识方面,应该体现出全面、深刻、准确的特征;在自我体验方面,应该体现出丰富、积极、健康、稳定的特征;在自我调控方面,应具有可控性和灵活性。个体自我意识的发生和发展主要来源于三个途径,分别是个体与参照物的相互作用,个体认知能力的发展和他人对个体的评价。

(一) 增加与婴幼儿自我意识相互作用的参照物

婴幼儿与参照对象的互动是其自我意识发展的重要途径。与婴幼儿相互作用的对象可以是人,也可以是物。"以铜为鉴,可以正衣冠;以人为鉴,可以明得失;以史为鉴,可以知兴替。"在"铜""人""史"的参照下,通过与他人的相互作用和相互比较,尤其是在与相似的人的相互作用下,婴幼儿可以对自己的生理自我、心理自我以及社会自我产生更深刻的认识。正如社会心理学家费斯主张的,婴幼儿对自己数学能力的评价不会受到他们自己的父亲做数学题又快速又准确表现的影响,而是更多地取决于对同伴的观察和比较。

(二) 提升婴幼儿的认知能力发展

婴幼儿的认知发展制约着婴幼儿自我意识的发展,对于婴幼儿来说,他们的认知发展仍处于感知运动阶段和前运算阶段,是一种具体的形象思维。婴幼儿的自我概念往往是一种"物理概念",他们很难区分自我特征的外在状态和内在状态。观点采择能力和社会比较能力这两种认知能力对婴幼儿自我意识的发展有重要影响。婴幼儿的观点采择能力是在婴幼儿的社会交往中发展起来的,这种能力有助于提高婴幼儿自我认知的准确性。社会比较能力也会随着婴幼儿的整体智慧水平的增长而不断提高,它对婴幼儿自我意识的发展会随婴幼儿年龄的增长而逐渐增大。因此,可以增加婴幼儿社会交往的机会,提升婴幼儿观点采择能力和社会比较能力,从而促进婴幼儿自我意识的发展。

此外,还可以让婴幼儿通过语言表达促进自我意识发展。可以让婴幼儿说"我",说说"我是谁",引导婴幼儿从姓名、性别、年龄开始,逐渐扩展到自己更多方面,比如说"我是××""我是女孩子(男孩子)""我3岁了"等等。

(三) 增加对婴幼儿的积极评价

他人的评价对婴幼儿自我意识发展的影响虽然依赖于婴幼儿的认知发展,但是对婴幼儿自我意识的发展也具有非常重要的影响。他人的评价是婴幼儿自我意识得以发展的另一个途径。来自他人积极的评价,是婴幼儿形成自尊的基础。如果长时间得不到他人的认可,就算一个非常有自信的孩子,也容易一点点丧失自信,尤其是对于自我评价具有依附性的婴幼儿来说,更是如此。

二、家庭层面

(一)家长合理调整自己的期望

在当今经济科技高速发展的时代,几乎每一位家长对孩子的未来发展都有着无限的期许。但是家长对孩子的期望,有时候是激励孩子向前的动力,而有的时候又会成为阻碍孩子进步的绊脚石。若家长对孩子抱有过高的期望,会让孩子觉得自己怎么做都达不到家长的要求,不能令家长满意,从而对自己的能力产生怀疑,自然自我意识水平就会比较低。有研究发现,当对孩子提出"你觉得你聪明吗?"这样一个问题时,有的孩子会回答"我觉得我不聪明"。而对这一回答进行追问时,孩子往往会表示这是因为"爸爸妈妈说我很笨"。如果家长给孩子设立了过高的期望标准,当孩子没有办法达到时,就会用负面的词语来评价孩子,而家长对孩子的每一个评价都在一定程度上影响孩子的自我认识,影响到他们自我意识的水平。除了受到家长外在评价的影响之外,孩子自身也会认为自己的表现不好,达不到自己和他人的期望,对自我的评价降低,认为自己"不聪明""不漂亮""不合群""行为不好""易焦虑""不幸福"等等,导致自我意识水平较低。

而如果家长能够给孩子设立合理的期望,认识到孩子出色的一面,不否定他们在某些地方存在的劣势和不足,以孩子的表现设定和调整自己的期望,而不是根据自己不合理的期望去要求孩子,可使孩子认为自己能够通过努力达到家长的期望,对自己各方面产生贴近实际情况的较为客观的评价,进而获得较高的自我意识水平。

(二)家长增强教育孩子的内控性倾向

在教育孩子的过程中,家长需要更加肯定自己的努力和能力,对教育孩子取得的成果进行自我认可,而非"谦虚"地认为这只是运气或他人帮助的缘故。而对于在教育孩子中遇到的困境,也不能一味否定自己的能力,否定自己的付出,更不能认为"我有这么一个不听话的孩子真是运气不好",从而自暴自弃,陷入恶性循环。应该理性地分析出现困境的原因,进而根据原因找出对策,无论是自己解决还是寻求他人帮助,都应清晰地认识到自己在孩子教育中的可控性。同时,相比父亲,母亲在对待命运、机遇的看法上更加外控,因而父母都应该参与到孩子的教育过程中,并增加交流,促进父母亲双方的内控性。

如果家长在子女教育上抱有信心,且自我效能感高,肯定自我而降低对外在客观因素的依赖,使心理控制源更倾向于内控,那么就可能获得更好的教育效果,也会对孩子的自我意识水平产生积极、正向的影响。

(三)家长提升育儿科学知识

家长应通过学习教育学、心理学相关知识,丰富自己的育儿知识,知晓儿童自我意识发展的特征,从而能够更加科学从容地面对具体年龄阶段儿童表现出的自我意识特点。可通过书籍、讲座、多媒体等多种方式进行学习,扩大知识储备,并与教师进行交流,提升育儿的科学性,为儿童自我意识的提高做好铺垫和准备。

例如,随着孩子年龄增长,其主观能动性也会提高,他们不再是被动地听任成人的指示和安排,对成人的指示和安排有越来越大的选择性。特别是2岁左右的儿童,他们开始"闹独立",经常说"我自己来……"。这表明儿童正处于独立性的萌芽阶段,若父母管得过于严厉、过多,孩子自己想干,偏偏不让孩子自己去干,则会使得孩子刚刚萌芽的独立性在父母过度干预和过多的压制下夭折。因此,家长需要鼓励孩子并且多创造机会让孩子"自己来……",否则,过了独立性发展的关键期,儿童会逐渐对独立活动失去积极性,养成懒于思考和动手的不良习惯,长此以往,孩子做事也会越来越缺乏自信心。但是,给予孩子足够的自由度并不意味着让其随心所欲。家长首先就应该教育孩子懂得初步的是非观念以及行为规范,并且让他们逐渐控制、约束自己的行为,这样才能更好地培养孩子的独立性。

(四) 家长接纳不同自我意识水平的孩子

婴幼儿的发展存在个体差异,在自我意识上也是如此,有的自我意识水平较高,有的自我意识水平较低。对于那些自我意识水平较低,容易紧张、焦虑,认为自己"不聪明""不漂亮""不合群"也"不快乐"的孩子,家长一方面容易感到棘手,另一方面更加容易忽视和失去耐心。所以,在尊重和理解孩子的基础上,家长首先需要做的是接纳不同自我意识水平的孩子,尤其是自我意识水平较低的孩子。在发现孩子不足的同时,家长也要善于发现他们出色和独特的一面。虽然家长心目中的"理想的孩子"往往是完美的、标准化的,但在实际生活中,每个孩子都是独一无二的,家长不能拿着标准化的期望去要求他们完全实现,也不能以别人家的孩子为模板进行无理对比。更何况,每一个标准都有其两面性,一个谨慎的孩子可能会被认为是胆小的、缺乏激情的,但也可以被认为是细致的、周全的。所以,不要苛刻地要求孩子,要改变心态,多肯定、接纳孩子。

此外,家长需要对孩子予以适当的关怀和鼓励。无论自我意识水平高或低,每个孩子都会遇到属于自己的成功,也会遭遇属于自己的失败。而在此时,家长应能以适当的方式表达出对孩子的关怀或肯定,在孩子遭遇失败时进行一定的情绪安抚并进行鼓励,让孩子不会因为暂时的挫折而失去信心。在孩子获得成功时也需要给予一定的鼓励,并对其表现予以具体、有针对性的肯定,以使其明确自己在哪个方面做得不错,进而更加认可自己的努力和付出,更加肯定自己。

三、学校层面

(一) 树立良好的教师榜样

榜样的力量是强大的,对于婴幼儿来讲,他们虽然还没有接受正式的学校知识教育,但早教机构的活动其实也是一种学校活动。对于刚刚接受教育的婴幼儿来讲,教师的权威是毋庸置疑的。为婴幼儿树立良好的榜样,引导婴幼儿向榜样学习,对其自我意识的发展是非常重要的。

(二) 提出正确的评价

婴幼儿大都会想得到家长、老师和同伴的信任与尊重,因此,在教育活动中,教师如果对婴幼儿的行为及时做出适当、正确的评价,将会促进他们自我意识的发展。婴幼儿在学习的过程中经历了自己的成功和失败,将会做出努力来迎接新的挑战。在这个过程中,他们逐渐学会了独立、批判地评价他人和自己。教师经常对婴幼儿提出适当正确的评价,对于婴幼儿自我评价能力的培养和自我意识的发展是非常重要的。婴幼儿做了好事,有了好的成绩应该给予表扬,做错了事情,出现问题要给予批评。教师要始终坚持科学分析问题的方法,通过正确的评价唤起婴幼儿自我教育和自我完善的需要,从而促进其自我意识的发展。

(三) 提高婴幼儿自我评价能力

学校应创造良好的环境,帮助婴幼儿认识自己、了解自己,婴幼儿需要在相互平等、尊重和信任的环境中学习与生活。对于那些自信心弱、胆小、缺乏上进心以及存在沟通问题的婴幼儿,教师需要给予更多的关心和关爱。为了帮助婴幼儿正确认识自己,教师可以引导其说出自己及同龄人的名字,从而说明两个名字的区别;也可以引导他们对着镜子,说出自己的主要特征(性别、年龄、外貌、衣着等)。

学校还可以帮助婴幼儿在游戏活动中学会自我评价。通过开展一些活动,让婴幼儿认识到自己是独特的,认识到"我"有许多优点,当然也有些缺点,不过,经过努力,"我"能改正自己的缺点,做个好孩子。"我"与别人相比既有相同之处,又有与众不同之处。当婴幼儿在知道"我"的同时,也可以纠正对"我"的理解偏差,并可以尝试想象自己的未来。

四、同伴层面

同伴交往对婴幼儿自我意识发展也有一定影响,有研究表明,婴幼儿的自我意识与同伴接纳显著正相关。

婴幼儿的自我意识是在社会交往中逐渐发展起来的,在交往过程中,他们通过他人的评价认识自己、了解自己并评价自己,从而使自我意识得到一定程度的发展。社会心理学家库里和米德的"镜像自我"理论提出,婴幼儿通过"镜映"形成"镜像自我",从而逐渐促成自我意识的形成。也就是说,婴幼儿把同龄人当作一面镜子,通过他人的表情、态度和评价来了解、界定自己,最终形成相应的自我意识。一些研究者已经讨论了同伴交流和婴幼儿自我意识之间的关系,他们认为,同伴交往促进了自我概念的形成和发展,同时也促进了自我控制和自我调节能力的发展。

在同伴交往中,婴幼儿有更大的自主权和自由,教师应该让其在各种社会活动中体验成功,培养合作意识。婴幼儿在交往中多以自我为中心,容易与同伴发生冲突,教师应抓住教育契机,不轻易将婴幼儿之间的冲突看作坏事,可利用冲突培养婴幼儿理解相互尊重、互相谦让的重要性。教师应以引导者的身份,积极帮助婴幼儿学会在冲突中寻找积极的沟通方式,比如讨论、轮流、分享、妥协等方式。教师还应帮助婴幼儿逐渐发展自我调节能力,积极引导婴幼儿懂得该做什么;抓住教育机会,引导婴幼儿将自己的想法与他人的想法进行比较,试着体会他人的感受,理解他人的想法,站在他人的角度思考问题,提高共情能力。

第四节　婴幼儿自我意识的教育案例

本节通过剖析婴幼儿自我意识发展案例,呈现处于自我意识敏感期的婴幼儿的行为表现特点,并结合自我意识的教育方法给出具体的教育建议。此外,在本节中还将介绍一种特殊的促进婴幼儿自我意识发展的教育方法,即团体辅导法。

一、婴幼儿自我意识教育案例

(一)案例1

有一天,大宝妈妈正在给一岁半的大宝喂午饭,午饭进行得非常顺利。接着,大宝妈妈无意识地在给大宝喂饭时吃了一口大宝碗里的鸡肉。这时候,大宝立马就从乖巧宝宝变成了"不讲道理"的哭闹宝宝。一直大哭大闹,妈妈刚开始不知道怎么回事,后来意识到有可能是吃了大宝碗里的鸡肉。这时候,大宝妈妈赶紧重新夹一块鸡肉给大宝,但是大宝依旧大哭大闹,丝毫没有要停下来的意思。无论大宝妈妈做什么,都不能安抚他的情绪。

这个案例反映的情况是非常典型的,也是大多数家庭会发生的却非常容易被忽视的问题。其实在这个案例中,站在大宝的角度,他认为是妈妈抢走了自己的东西。因为这个时候的大宝已经有所属权的意识了,认为东西(特指碗里的所有东西)都是"我的",不允许别人去碰触,对自己的东西表现出强烈的占有欲。这种占有欲对成年人来说似乎是过度的,但它有助于婴幼儿培养适当的所有权意识。

(二)案例2

> 2岁妞妞的妈妈逐渐意识到,妞妞近来总是把"不"挂在嘴边。妈妈让妞妞今天穿裙子,妞妞说"不"。妈妈让妞妞吃完午饭再喝牛奶,妞妞说"不"。妈妈让妞妞去洗澡,妞妞说"不"。除此之外,妞妞的脾气变得很差,想要的东西不被允许得到就会大声哭喊。妞妞再也不是曾经的"天使宝宝"了。

案例中的妞妞正处于自我意识敏感期,由于自我意识的发展,导致了妞妞经常说"不"来表达自己的想法,从而向外界证明自己是有思想的独立个体。同时,由于语言认知发展的有限性,在表达自己的想法的时候,通过大声哭喊的形式呈现,也是一种自我意识发展的结果。这时,家长不要一味地对孩子进行惩罚,可教育孩子通过其他方式而不是哭喊来表达自己的诉求。例如,当婴幼儿因不满而哭闹时,父母可以说:"你是个大孩子了,别哭了,告诉妈妈你想要什么。"在这种鼓励下,婴幼儿会努力用语言或动作表达自己的需求。

二、婴幼儿自我意识发展的教育要点

(一)把握自我意识发展的敏感期

1.5~3岁是儿童自我意识的敏感阶段,处于这个阶段的儿童的主要特征是区分我的和你的,清楚我和你之间的界限,并对他人说"不"。在这个年龄段,儿童把自己的东西看作是自己的,不喜欢和别人分享。这些行为在家长的眼里是不正确、不礼貌的,但这是孩子建立你、我、他之间的关系,建立物权关系的重要过程以及表现,并且他们逐渐开始判断和确定自己的人际交往方式。在这个过程中,他们是需要得到尊重的。这个时候,父母也会发现,如果他们孩子的需求没有得到满足或目前的情况不符合他们的喜好,他们就会哭喊。此外,父母可能会注意到一些细微的变化,比如孩子开始喜欢照镜子,在照片中看到自己时说出自己的名字,变得更加情绪化。总之,婴幼儿自我意识敏感期的特点是以自我为中心,将自己与他人、事物区分开来。自我意识的敏感期主要包括四个方面:自我认识、自我情感体验、自我所有权意识和自我控制。

(二)依据自我意识敏感期的特点,开展有针对性的教育

家长应先判断孩子是否已进入自我意识敏感期,然后耐心引导。婴幼儿大多是在日常生活中认识周围的人、与周围人的关系以及自己的身体部位,所以,家长可以在日常生活中教会孩子区分自己和别人,比如教孩子认知自己的身体部位,可和孩子一起照镜子、一起制作家庭相册,让孩子了解自己和其他家庭成员,这些可以帮助孩子认识、了解自己。当涉及所有权时,孩子往往是"自私的",这也是

一种自我意识,家长不应该强迫孩子分享。较好的方法是家长帮助孩子区分什么是自己的,什么是别人的,然后耐心地引导孩子分享他的玩具或零食,让他明白分享并不意味着"抢"他的东西。在情绪方面,家长应该关注孩子在不同环境下的情绪,适当的鼓励和批评有利于孩子形成正确的自我评价。例如,当孩子做错事情时,父母一定要指出来,让孩子明白什么是错的,孩子可以在适度的羞愧或内疚的情感体验中对自己形成正确的评价。

三、婴幼儿自我意识的团体辅导

家长和教师除了了解处于自我意识敏感期婴幼儿的行为表现以及教育方法外,还可以了解一种能有效促进婴幼儿自我意识发展的心理团体辅导方法。自我意识的三个心理成分是递进关系,故本书介绍的团体辅导活动的设计也是遵循这种思路进行设计的,每一次活动都是一次由知到意的过程。每次活动侧重点不同,主要涉及认知自我、认识他人、控制情绪与行为、团结合作、培养自信等方面,最终目的是促进婴幼儿的自我意识发展。整个团体辅导活动分为三个时期——初期、中期和后期,一般一周一次,一次 90 分钟,具体方案参见表 3-5。

表 3-5　团体辅导活动方案

小组阶段	主题	目标
初期	自画像	1. 相互认识、建立规范、签订小组契约 2. 描绘并正视自己的形象、正视他人的看法,学会欣赏自己
	镜中我	1. 促进建立信任关系,处理小组成员角色问题 2. 通过他人表达与自我陈述,全面地了解自我
中期	我的小情绪	1. 处理冲突与次小组的问题,促进小组走向成熟 2. 体验积极和消极的情绪,感受其带来的影响,尤其是相关行为,识别不良行为
	情绪魔法瓶	1. 处理突发事件及安抚情绪 2. 探讨控制情绪的方法
	行为小管家	1. 引导组员相互合作、支持组员自我约束 2. 识别不良行为,探索管理的方法
	我最棒	1. 巩固组员的心理成长成果 2. 使组员感受自己的改变,增强自信
后期	大丰收	1. 兑现承诺,增强能力感,做后测问卷 2. 现场购物,强化小组所学,处理离别情绪

(一) 小组初期活动

为达到提升组员自我认识目的,在小组初期设计了两次活动,旨在通过参与者对自己外貌、优缺点的认识促进婴幼儿的自我认识,促使组内婴幼儿形成自豪、自信的情绪体验。第一次活动的主题是"自画像",组员们需要进行互动,让其他组员能够对自己有一个正确的认识。此外,在他人对自己描述的基础上,建构自我印象,从他人赞美的情境中产生积极的情绪体验,产生自信感,详细活动过程见表 3-6。第二次活动承接第一次活动主旨,以"优点大轰炸"为主题的活动进一步加深全体组员对自我的认识,这是对优点和缺点进行靶向认识,引导婴幼儿对自己以及他人的内在品质进一步挖掘,由此产生更深层次的积极的情绪体验,如自信、自豪等,有助于婴幼儿全面认识自我,详细活动过程见表 3-7。

表3-6 第一次活动过程

活动步骤	目 标	内 容	时间	所需物资
契约树	相互认识,建立小组规范	1. 主持人提前准备好契约树,让儿童们在卡片上写契约及要求 2. 组织成员讨论小组契约,重视契约	10分钟	相机、卡片、契约树的卡纸
自画像	提高活动气氛,将孩子慢慢引入活动主题中	1. 每人发一张白纸与一支笔 2. 每人开始画自己 3. 每人分享自我形象 4. 主持人给予积极引导,促进孩子自我意识向积极方向发展	20分钟	白纸、笔
分享环节	引导孩子开始思考自我	1. 分享画画时的想法 2. 分享自己为什么这么画 3. 说一说自己是不是那种形象 4. 积极思考,悦纳自己 5. 悦纳他人	20分钟以上	相机

表3-7 第二次活动过程

活动步骤	目 标	内 容	时间	所需物资
回顾上次活动	承上启下,引出本次活动主题	1. 上次活动内容回顾 2. 表达上次活动的感受,引出本次活动主题	5分钟	—
优点大轰炸	建立较好的信任关系	1. 主持人举例说明 2. 当一名组员站起时,所有人均对他进行优点描述,越多越好	10分钟	相机、白纸、笔
分享环节	引导孩子认识自己,从主观和客观多角度认识	1. 分享被轰炸时的想法 2. 说一说自己是不是那种形象 3. 积极思考,悦纳自己,体验自尊感与自信感	20分钟以上	相机

(二) 小组中期活动

小组中期包括两个阶段,每个阶段各有两次活动,一共四次活动。其中中期活动的第一个阶段承接第一、第二次活动,主要目的是促进婴幼儿自我体验与自我调节。第三次的活动将组员引向情绪自我控制的过渡环节,详细活动参考表3-8。第四次活动让组员产生情绪的控制感,从而产生良好的自我体验,详细活动参考表3-9。中期活动的第二阶段包括第五次和第六次活动,主要目的是促进婴幼儿自我调节。第五次活动承接第四次活动,探讨不良情绪引发的不良行为,从而让组员明白控制情绪的重要性,引发对行为控制方法的思考,详细活动参考表3-10。第六次活动加强组员对自我的认识,并学会自我控制,详细活动参考表3-11。

表3-8 第三次活动过程

活动步骤	目 标	内 容	时间	所需物资
人身活动	回应上次活动	1. 回顾自己的情绪产生的体验 2. 表情传递人身活动	10分钟	相机、A4 纸
真心话	提高活动气氛,引入主题	1. 组员围坐,主持人给每个组员发放问题卡,也可以自己写一些想问的问题(仅限于情绪方面的) 2. 主持人抬起一只手,充当指针,然后原地转动,随机停下来,被手指着的儿童起来回答问题 3. 组员轮番提问,直到组员不想问为止	30分钟	白纸、笔

(续表)

活动步骤	目　标	内　容	时间	所需物资
分享环节	思考不同情绪带来的感受	1. 大家提问时的感受 2. 被主持人点中的感受 3. 被大家尊重与接纳的感受	20分钟以上	相机

表3-9　第四次活动过程

活动步骤	目　标	内　容	时间	所需物资
鉴别情绪	回应上次活动内容	上次活动中,大家都产生了哪些情绪,哪些是好的,哪些是不好的,为什么?	10分钟	相机、A4纸
可怜的小猫	提高活动气氛,引入主题	1. 其中一人自告奋勇地当一只小猫 2. 所有人围成一个圈,"小猫"蹲在中间 3. "小猫"挨个到组员面前"喵喵"叫,组员要用手摸,"小猫"逗组员笑,组员笑了,就当下一个"小猫",尽量让每个人都当过"小猫" 4. 主持人给予积极指导,促进孩子了解游戏中自己的情绪变化,学会控制情绪	30分钟	白纸、笔
分享环节	引导孩子开始思考自我的情绪变化	1. 分享当"小猫"时的感受 2. 分享被别人戏弄的感受 3. 分享摸"小猫"的感受 4. 整个游戏中你学到了什么 5. 接纳他人,接纳自己	20分钟以上	相机

表3-10　第五次活动过程

活动步骤	目　标	内　容	时间	所需物资
不良行为的炸弹	回应上两次活动内容	1. 引导大家回想由于自己不好的行为而招致的麻烦事情,好的行为引起的高兴的事情 2. 引导孩子们认识自己的行为,比如生气了就会招惹别人等,而招惹别人就会被他人讨厌等	10分钟	—
行为大考验	提高活动气氛,引入主题	1. 组员围圈而坐,主持人站中间 2. 鼓励组员自告奋勇,与主持人站一起 3. 中间的成员接受他人的缺点轰炸 4. 鼓励客观对待他人缺点,不发脾气、不打人	30分钟	相机
分享环节	引导孩子思考方法	1. 分享听到他人不好言论时的感受 2. 如何控制自己的行为比较有效 3. 控制行为有哪些方法	20分钟以上	相机

表3-11　第六次活动过程

活动步骤	目　标	内　容	时间	所需物资
我就是我	回顾前几次的活动	1. 回顾自己的情绪产生的体验 2. 听主持人回顾大家的优缺点,加深自我认识 3. 回顾组员共同探讨出来的控制情绪与行为的方法	10分钟	相机、A4纸

（续表）

活动步骤	目　标	内　容	时间	所需物资
诺亚方舟	加强团结合作的意识	1. 大家是一群受困的蚂蚁军团，发现一片树叶，站上树叶后发现有毒 2. 任务：15分钟内将树叶翻个面（团结、不松手） 3. 做任务期间进行讨论并合作，完成翻面即可	30分钟	报纸
分享环节	引导孩子关注自我成长	1. 分享团结合作的感受 2. 分享参加活动以来自己的成长体验 3. 为自己写成长日记	20分钟以上	相机

（三）小组后期活动

为了巩固小组初期和中期的效果，在小组末期继续在加强组员自我体验方面设计活动。一方面，处理离别情绪，另一方面巩固组员已经产生的自信感、自尊感、能力感，详细活动参考表3-12。

表3-12　第七次活动过程

活动步骤	目　标	内　容	时间	所需物资
回顾前几次活动	回顾活动，促进组员在寻"果实"时的情绪体验	1. 主持人回顾上几次活动，给予儿童鼓励与肯定 2. 颁发给儿童一定的物质奖励	50分钟	相机
大丰收	使组员获得成就感、能力感	1. 讨论自己的心情及原因 2. 说一说如何保持好心情 3. 谈一谈奖励自己的感觉	15分钟	—
分享环节	引导孩子关注自我成长，肯定自我	1. 分享寻礼物的感受 2. 分享喜悦的心情 3. 主持人鼓励组员保持良好心态，认真学习，与同伴友好相处	10分钟	—

思考与实训

习题测试

一、单选题

1. （　　）是衡量人格成熟的标志。

　　A. 自我认识　　　　　　B. 自我意识　　　　　　C. 自我体验　　　　　　D. 自我感受

2. （　　）是自我意识中的认知成分。

　　A. 自我认识　　　　　　　　　　　　　　B. 自我体验

　　C. 自我调控　　　　　　　　　　　　　　D. 自信

3. 婴幼儿在（　　）左右，自我识别的能力得到发展。

　　A. 6个月　　　　　　　　　　　　　　　B. 12个月

　　C. 18个月　　　　　　　　　　　　　　　D. 36个月

4. (　　)是被用来研究婴幼儿自我控制发展的经典范式。

    A．"点红"实验   B．习得性无助

    C．延迟满足   D．双生子爬楼梯

5. 对婴幼儿具有直接、及时吸引力的实物或活动所引起的想要获得该事物或参加该活动的冲动趋向被称为(　　)。

    A．优势反应   B．劣势反应

    C．直觉反应   D．知觉反应

6. 自我控制最早出现的时间是(　　)。

    A．0～6个月   B．6～12个月

    C．12～18个月   D．18～24个月

7. 自我概念的评估不包括以下哪个选项？(　　)

    A．性别和年龄   B．爱好

    C．优缺点   D．体重

8. 对儿童自尊发展水平的评估主要采用的是(　　)。

    A．访谈法   B．问卷法

    C．实验法   D．观察法

9. 儿童自我控制问卷的维度是(　　)。

    A．自制力、自觉性、坚持性和自我延迟满足

    B．自制力、自查性、坚持性和自我延迟满足

    C．自制力、自觉性、逻辑性和自我延迟满足

    D．自制力、自觉性、坚持性和自我满足

10. (　　)提出了镜像自我理论。

    A．华生   B．皮亚杰

    C．贝姆   D．库里和米德

二、简答题

1. 简述自我意识的两个基本特征。

2. 简述婴幼儿自我意识的发展。

3. 简述婴幼儿自我意识发展的影响因素。

三、实训题

请设计一个促进婴幼儿自我意识发展的团体辅导方案。

第四章　婴幼儿亲社会行为的发展与教育

学习目标

1. 了解婴幼儿亲社会行为的基本概念、亲社会行为发展的三个重要阶段以及亲社会行为形成的影响因素,并能够掌握婴幼儿亲社会行为发展的基本理论。

2. 掌握婴幼儿亲社会行为发展的评估方法,能够结合相应方法来对婴幼儿的亲社会行为发展进行正确评估。

3. 能够将促进婴幼儿亲社会发展的方法运用到实际的教育与生活中(比如,设计促进婴幼儿亲社会行为发展的游戏),并为婴幼儿的亲社会行为发展树立良好的榜样。

内容结构

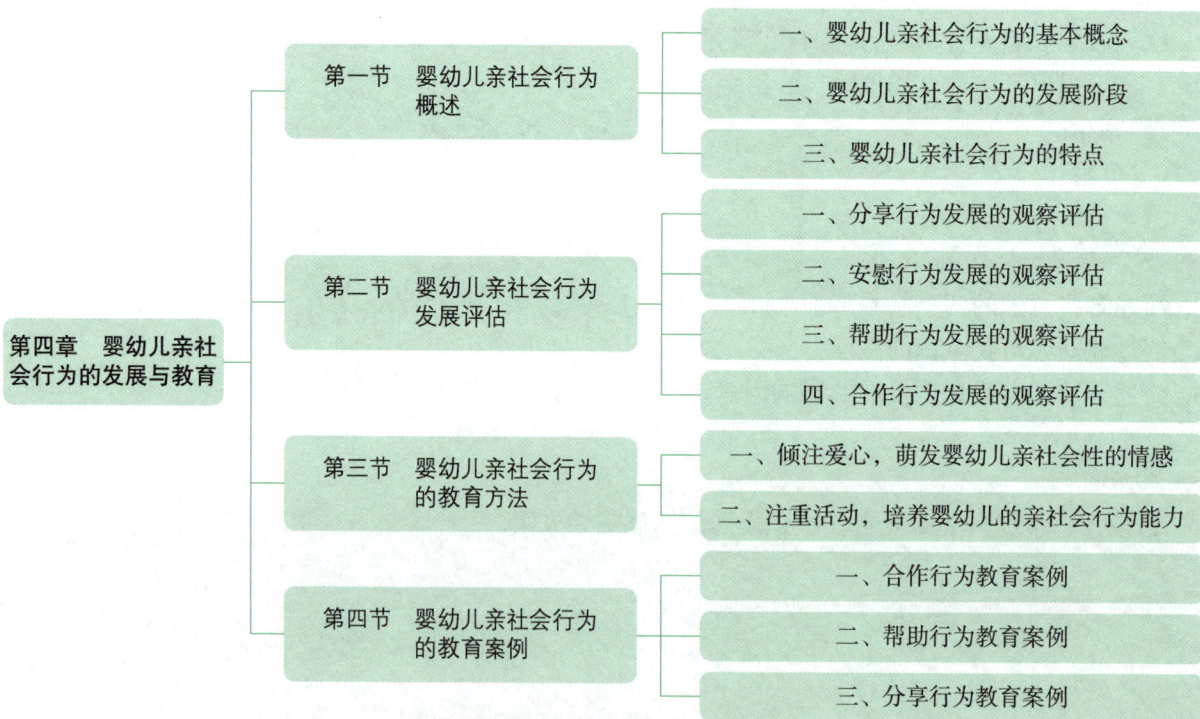

学习建议

本章主要介绍了婴幼儿亲社会行为的规律及特点、影响婴幼儿亲社会行为发展的因素、婴幼儿亲社会行为观察的要点与评估标准以及促进婴幼儿亲社会行为发展的教育方法,学习时应关注婴幼儿亲社会行为发展的基本特点,学会用合适的教育方法促进其亲社会行为的发展。

案例分析

　　萱萱是一个活泼开朗的孩子,特别喜欢帮助其他小朋友。有一次,佳佳的衣服没有穿好,萱萱站在一边看看老师又看看佳佳,好像在问:"我能帮他吗?"这时,老师走到萱萱身旁轻轻地说:"你看,佳佳皱着眉头那么着急,怎么了? 是不是有困难呀?"萱萱说:"我去问问他吧!""你怎么了?"萱萱关切地问道。佳佳说:"我的衣服怎么也穿不好。"萱萱便蹲下身帮佳佳把衣服塞进了裤子。佳佳高兴地说:"谢谢萱萱。"萱萱不好意思地说:"不用谢。"

　　上述案例是在现实生活中经常看到的一种情景,孩子会对同伴做出合作、分享、谦让、同情、助人等行为,这就是亲社会行为。婴幼儿已开始出现帮助行为,并随着年龄的增长而增加。但婴幼儿的帮助技能还比较缺乏,他们的帮助行为往往受到情境和成人的暗示。具有亲社会行为的婴幼儿可以从对他人的帮助中获得满足感和成就感,并基于此形成积极的群体意识。我们需要做的是通过恰当的教育方法,掌握观察和评估的手段与标准,促进他们亲社会行为的发展,进而推动他们的身心健康成长。

第一节　婴幼儿亲社会行为概述

　　亲社会行为又称为积极的社会行为,是人们在日常社会交往中表现出的合作、分享、谦让、帮助、安慰,甚至为了他人利益而做出自我牺牲等一切有利于社会和谐的一种行为及心理倾向。亲社会行为按照其发生的实际情境主要可以细分为以下两类:紧急情境下的亲社会行为和一般情境下的亲社会行为。从人的动机出发,亲社会行为还可以分为无私的、不求他人回报的亲社会行为和自私的、期望能够得到他人奖赏的亲社会行为。亲社会行为属于社会性行为这个大范畴,是衡量人类个体社会化发展的一个重要指标。相关研究结果表明,婴幼儿期就已经出现了亲社会行为的初始萌芽,这个时期是个体发展亲社会行为的重要时期,亲社会行为的培养对健全人格、良好道德品质以及未来人际关系的发展具有重要指导意义。

一、婴幼儿亲社会行为的基本概念

　　亲社会行为一词由美国社会心理学家艾森伯格(Eisenberg)于 1972 年首次提出,主要指与侵犯等否定性行为相对立的,可以让他人乃至整个社会获得益处的行为,如分享、捐款、同情、协助、救助和自我牺牲等。虽然这些行为表现有所不同,具体情境也有所差异,但他们基本的目的是一致的,即让他人乃至整个社会都获得益处。

　　一般而言,婴幼儿身上能够观察到的亲社会行为有分享、合作、帮助、安慰等利他行为。分享指个体与同伴或老师共同享用属于自己的东西,互惠是婴幼儿产生分享行为最主要的动机;合作指两个或两个以上个体为达到共同目标而协调进行的活动,婴幼儿的合作行为通常发生在游戏过程中;帮助指个体在他人需要帮助时主动给予帮助,婴幼儿很早就出现了帮助行为,如帮洋娃娃洗脸、帮爸爸妈妈做简单的家务;安慰指在他人遭受心理或生理伤害时给予语言或行动上的安抚,以使他人摆脱消极情绪,重获积极情绪。

亲社会行为具有如下特征:亲社会行为与侵犯、攻击等攻击性行为相对应;从行为实施者本身来讲,虽然不同学者对亲社会行为动机的观点各执一词,有的认为亲社会行为要完全将利益指向对方,甚至抛弃自身利益,也有的认为要使双方利益达到某种平衡,但几乎所有的学者都认同亲社会行为将有利因素指向他人或群体。亲社会行为不是指单独的、特定的某一种行为,而是包含着如帮助、分享、谦让、互助、合作等一系列利他性质的行为。从这个意义上讲,亲社会行为是一个连续体,很难规定亲社会行为就是某种行为,只能根据某种行为发生的特点来分析它是否属于亲社会行为。

二、婴幼儿亲社会行为的发展阶段

亲社会行为的发展在0～3岁早期教养阶段中具有十分重要的作用,它是人的生命个体从自然实体转为社会实体的开端,是个体心理发展一个极为重要的方面。奥立克将儿童早期亲社会行为界定为:“亲社会行为是任何与他人分享,帮助他人,亲昵地接触他人身体的行为。”根据这一界定,婴幼儿“喜欢友善的身体接触”“愿意与他人分享食物、玩具”“乐意向他人提供帮助”等行为皆可称为亲社会行为,这些行为被看作个体亲社会行为萌芽的开端。刚出生的婴儿在听到别的婴儿哭的时候也会跟着哭,这预示着婴儿早期的情绪反应。到18～24个月时,儿童会直接针对在困境中的人做出更为主动的亲社会行为。而2～3岁之间的儿童,比先前更容易帮助他人,表现出了大量增长的亲社会行为。因此,亲社会行为的发展可以从很小的年龄找到它的根源,并且同道德发展一样,亲社会行为也是随着年龄的增长而不断发展起来的。具体来说,婴幼儿亲社会行为的发展可以从以下四个方面来分析。

(一) 分享

分享是指个体将自己所拥有的物品拿出来与其他人共享,从而使他人受益的行为。分享的特点是使交往双方共享一方所拥有的资源,在互相分享过程中使得双方受益。婴儿在12个月时就已经表现出指向动作的分享行为,如他们会把某种物体放在人们的手上或大腿上,然后继续操纵这个物体,这意味着分享行为开始萌芽。伴随着婴幼儿活动和认知能力的发展,他们与陌生人、同伴的交往慢慢增多,与此同时,会对陌生人表现得更加友好,也会和同伴产生一些分享的行为,如相互交换玩具等。研究认为,婴幼儿往往通过分享真实物品来保持与他人的积极交往,当他们能够以其他方式与他人交往时,分享行为就不突出了。所以,12～24个月儿童的分享行为随年龄增加而增长,24～36个月儿童的分享行为则随年龄的增长而减少。

(二) 合作

合作是指两个以上的个体为了实现共同的目标,相互密切协调,一起完成任务的行为。合作的个体通过相互之间的协调活动来共同实现目标,并共同获得某种奖赏或利益。1岁的儿童几乎没有真正意义上的合作,大多是平行或独自进行活动和游戏,他们不知道如何进行配合,也不知道相互协作会带来怎样的益处。18～24个月是儿童合作行为迅速发展和不断分化的开始,这个时期大多数儿童在游戏中表现出与同伴合作的行为。同时,他们也表现出更多的与成人合作的倾向。2岁以后,交往中的同伴开始能够围绕共同的游戏主题一起进行游戏角色间的转换和实现角色间的轮流,能重复性地解决合作中的问题,能依据不同任务采取相应的相互配合行为。随着婴幼儿年龄的增长、交往合作经验的不断增多,婴幼儿间合作的目的性、稳定性逐渐得到增强,他们往往能够为实现共同目标而努力。另外,他们的合作范围也在不断扩大,逐渐由两人间的合作发展到三、四人之间乃至更多人之间的共同合作。

(三) 帮助

帮助行为通常分为非紧急情境下和紧急情境下的帮助行为。非紧急情境下的帮助行为通常出现在日常生活中不需要救助者付出太多的人力、财力、物力和精力时,如公共汽车上为他人让座、主动帮忙打扫公共卫生、搀扶老人过马路等。紧急情境下的助人行为则有一定的危险性和急迫性,如抢救失足落水者、发生火灾时实施救援、关键时刻见义勇为抓捕小偷等,其结果可能使救助者的财产受到损失、生命遭到威胁,甚至还需要较长时间去承担责任。根据婴幼儿的年龄特征,更主要的是实施非紧急情境下的帮助行为。有研究表明,儿童在很早就能表现出非紧急情境下的助人行为,研究者曾观察三组儿童(年龄为 18、24、30 个月)在家里帮助父母做家务(如整理杂乱的书籍、扫地、抹家具、摆放玩具)的情况,发现 65% 的 18 个月的儿童和所有的 30 个月的儿童能够并且愿意帮助父母做这些家务。因此,研究者认为助人行为起源于儿童时期。儿童通过实施上述帮助活动不但能够得到成人的认可,也可以学会与成人打交道并在此过程中练习自己的活动技能。

(四) 安慰

安慰行为指个体觉察到他人处于消极的情绪状态,如烦恼、哭泣等,试图通过自己的语言或行为使他人消除这样消极的情绪,变得高兴起来的亲社会行为。知觉到他人的消极情绪并通过一定的技巧使他人的消极情绪得到改善是安慰行为的两大要素。研究发现,8 个月至 1 岁的婴儿已具有安慰行为的倾向。婴儿开始注意与他们自身安全有关的抚养者的情感、情绪反应,他们会通过使自己变得忧虑作为对他人忧虑的反应。在儿童出生的第二年初,当别人表现出明显的难过时,他们不仅能够以相似的情绪做出哭泣的反应,而且还会为对方提供如拥抱或轻轻拍打的行为来试图安慰对方。在第二年中期,儿童的这种行为不仅在频率上增加了,而且在表达方式上也更加丰富了。随着婴幼儿年龄的增长,安慰行为变得越来越复杂,如果他人的痛苦和悲伤是个体自己造成的,那么安慰行为就较少;反之,安慰行为较多。有研究者认为,婴幼儿随着年龄的增长,安慰行为的质量和数量都有增加的趋势,而且女孩比男孩的安慰行为更加明显,这也许与个体所认同的性别角色期望有关。

三、婴幼儿亲社会行为的特点

婴幼儿的发展受到生理发展和认知、动作、情绪等各个心理领域发展的影响,发展处于初级阶段,相比于其他更高的年龄段,这一阶段的亲社会行为发展表现出不同步性、情绪性、不稳定性、自我中心及社会模仿的特点。

(一) 不同步性

婴幼儿的亲社会行为发展受到不同因素的相互影响,因此,亲社会行为各个方面的发展不是同步的。12 个月以前的婴儿会将自己的行为指向有趣的事物、分享有趣的事物、能够对他人消极的情绪做出反应;12~18 个月儿童出现的安慰行为主要为轻拍、拥抱、靠近、给安抚物等;18 个月以后的儿童帮助行为主要有言语安慰、行为帮助(具体且有指向性)、寻求外界帮助,能在游戏中表现出合作。总的来说,在学前儿童的各个亲社会行为中,合作行为发生频率最高,占亲社会行为的 50% 左右;分享行为和助人行为次之,分别约占 19.8% 和 18.4%;公德行为和安慰行为则较少出现。

(二) 情绪性

1 岁前婴儿的亲社会行为主要表现在与周围人的沟通上,但由于受到语言和动作发展的限制,通常是一种情绪性的沟通,沟通的手段也多表现为哭泣、抓握、拍打等。1 岁后的儿童虽然有了一定的语言和动作技能,但其亲社会行为仍带有浓重的情绪色彩。一般情况下,愉快的心境有利于亲社会行为发生。当婴幼儿处于高兴、愉悦的情绪中时,它更加愿意和他人分享自己心爱的玩具,乐意和他人一起合作完成某个游戏,也能更多地对他人表现出帮助、安慰等行为。而挫折感、焦虑、烦躁等消极情绪则容易诱发攻击行为,当婴幼儿处于消极情绪中时,很少出现亲社会行为,相反,会更多地对他人表现出语言、肢体上的攻击。

（三）不稳定性

婴幼儿亲社会行为的发展不是一个平稳上升的序列。亲社会行为的发展受认知和自我意识的影响，在2岁之前，婴幼儿自我意识尚未成形，他们的行为很容易受成人的指挥和控制，因此，常会依照成人的指令表现出较多的分享行为。而2岁之后，儿童的所有权意识逐渐增强，对物品的占有欲也随之增强，他们很多时候不再愿意将属于自己的东西拿出来与他人共享，表现出的分享行为与前一阶段相比反而减少，亲社会行为发展似乎显现出"倒退"的假象。在0～3岁阶段，亲社会性并没有成为个体个性中的稳定成分，也就是说，亲社会行为在儿童0～3岁时期的可变性很大，具有一定的可塑性。

（四）自我中心

皮亚杰认为儿童显著的特点是思维的"自我中心性"，即儿童完全从自己的角度来看待世界，他们对自己和别人的思想无法做到区分。随着儿童的成长，其认知能力会逐步得到发展，自我中心性会逐渐消失。因此，婴幼儿的亲社会行为会受到较大的限制，需要家长进行积极正确的引导。2岁儿童处于自我中心移情阶段，能认识到自己与他人的不同，但不能充分地将别人的内部状态与自己的内部状态相区分。儿童对他人做出的帮助性行为、帮助方式常常是不恰当的，他们很难区分哪些方法可以减轻自己的忧虑、痛苦，哪些能减轻他人的忧虑、痛苦。此时儿童的亲社会行为表现不是真正的亲社会行为，而是亲社会行为的萌芽。

（五）社会模仿

美国心理学家班杜拉倡导的社会学习理论认为，儿童是通过观察和模仿来学习的。儿童可塑性大，模仿性强，榜样在儿童亲社会行为形成中占有相当重要的地位。儿童置身于社会之中，无论是现实生活中家庭、学校的人，还是大众传媒（电影、电视）中的人物或故事中的人物，都是儿童学习模仿的对象。如果儿童多次看到他人亲社会行为的发生，那么他更易于产生亲社会行为的倾向。其中，父母和教师对儿童行为的发生最具有影响力，因此，父母与教师应特别注意自己的一言一行。父母之间的相亲相爱、教师之间的谦让互助等善举都能够使儿童进行模仿学习，使儿童的亲社会行为得到发展。

第二节 婴幼儿亲社会行为发展评估

婴幼儿的亲社会行为在其情绪表达、依恋行为和游戏活动中都有所表现。比如，1岁前的婴儿会表现出这样一些亲社会行为：用手来指点自己所熟悉的亲人，用亲昵的姿势显示自己和谁更亲近，或是同自己喜欢的人分享玩具和食物等。到了一岁半左右，儿童不仅会对周围的人表达自己的喜欢和依恋，还出现了一些助人行为。比如，看到别人的玩具坏了会把自己的玩具给别人玩，看见家人受伤了会帮别人吹一吹。当然，这样的一些助人行为可能是针对特定的对象，如有困难的人、需要帮助的人，而且是在他能力范围之内的。2岁以后的儿童会在游戏中表现出合作，如共同搭建积木等。儿童的亲社会行为会伴随着年龄的增长而发展变化，但儿童在语言、思维、独立活动能力等方面存在明显的局限性。本节将探讨如何观察婴幼儿分享、安慰、帮助及合作四个维度亲社会行为发展的过程。

一、分享行为发展的观察评估

（一）案例观察

> **案例**
>
> 　　A. 有一天，爸爸带着11个月大的洋洋在小区里玩，手里拿着一个新的小恐龙玩具。经常逗洋洋玩的阿姨过来对洋洋说："洋洋，把你手里的恐龙给我玩一下，好吗?"爸爸也说："洋洋，把恐龙给阿姨玩玩。"洋洋看一看阿姨，把恐龙递给了阿姨。
>
> 　　B. 18个月的芳芳带着自己的玩具娃娃下楼玩，看到有几个小伙伴拿着自己的玩具在一起玩，芳芳来到这群小伙伴的旁边。在旁边看着这些小伙伴玩了一会儿，她把自己的玩具娃娃递了过去，小伙伴们拿着芳芳的玩具娃娃玩了起来，而芳芳捡起地上小伙伴们的玩具，自己玩了起来。
>
> 　　C. 爸爸给30个月大的苗苗买了一个新的滑板车，苗苗带着滑板车到小区玩。滑了半天，玩累了，苗苗把滑板车放在一旁，到亭子的长凳上休息。这时，另一个小朋友走过来被苗苗的滑板车吸引，他刚把脚放在滑板上，苗苗跑过去把自己的滑板车推走了，爸爸对苗苗说："你现在不玩，把滑板车给弟弟玩一下嘛。"苗苗说："不要，这是我的。"说着，骑着滑板车走了。

思考

A. 为什么洋洋把手里的玩具给阿姨玩?

B. 为什么芳芳不玩自己的玩具，而是把自己的玩具给别人，然后去玩别人的玩具?

C. 为什么苗苗不愿把自己的滑板车给弟弟骑?

分析

A. 10个月后儿童对于"交流"更加熟练，能够听从成人的指令和要求以得到表扬。此时儿童的分享行为也多是在家长的指令下进行，是对成人的服从。但此时若强行将儿童手里的东西拿走，儿童会很不高兴。

B. 12个月后的儿童与同伴的交往逐渐增加，与同伴的分享行为也大量增加，儿童之间会相互给取玩具，通过分享真实物品来保持与他人的积极交往。

C. 儿童在2岁之前，自我意识尚未成形，会依照成人的指令有较多的分享行为，2岁之后所有权的意识增强，对物品的占有欲增强，分享行为反而减少。

（二）分享行为年龄段特征

　　儿童12个月大时就已表现出指向动作的分享行为，例如，他们会把物体放在人们的手上或腿上，然后继续操作这个物体，这是分享行为的萌芽。此时儿童的分享行为多是在家长的指令下进行，是对成人的服从。12个月后的儿童与同伴的交往逐渐增加，与同伴的分享行为也大量增加，儿童之间会相互给取玩具。研究者认为，婴幼儿会通过分享真实物品来保持与他人的积极交往。2岁之后儿童所有权的意识增强，对物品的占有欲增强，且他们开始以其他方式与他人交往，所以24～36个月儿童的分享行为会随年龄增长而减少。

（三）分享行为发展观察方法举例

1. 10～12个月婴儿分享行为观察与评估

　　目标：观察在养育者的指示下，婴儿能否把手中的物品分享给他人。

　　环境：婴儿清醒状态下，由熟悉的养育者带着，周围环境也熟悉。

方法:观察一周内婴儿分享行为的次数及内容(表4-1)。

表4-1　10~12个月婴儿分享行为的观察与评估

观察维度	食物	玩具	其他
记录1	1		1
记录2		1	
记录3	1		
记录4	1	1	

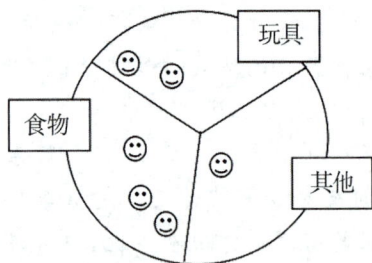

图4-1　10~12个月婴儿分享行为分布图

记录表的分析:将分享行为发生的次数以笑脸的形式贴在相应的空白区域内(图4-1)。

2. 13~24个月儿童分享行为观察与评估

目标:观察在与同伴交往时,儿童能否主动把手中的物品分享给他人。

环境:儿童由熟悉的养育者带着,与同伴接触时。

方法:观察一周内儿童在与同伴交往中分享行为的次数及内容(表4-2)。

表4-2　13~24个月儿童分享行为的观察与评估

观察维度	主动分享			家长示意		
	食物	玩具	其他	食物	玩具	其他
记录1	1		1		1	
记录2		1		1	1	1
记录3	1					1
记录4				1	1	

记录表的分析:将分享行为发生的次数以爱心和笑脸的形式贴在相应的空白区域内,爱心表示主动分享的次数,笑脸表示家长示意下分享的次数(图4-2)。

3. 25~36个月儿童分享行为观察与评估

目标:观察在与同伴交往时,儿童在哪些情况下出现分享行为及相应次数。

环境:儿童与同伴一起玩时。

方法:观察一周内儿童在与同伴交往中分享行为出现的次数及内容(表4-3)。

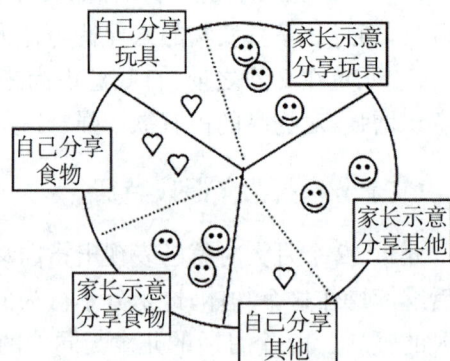

图4-2　13~24个月儿童分享行为分布图

表4-3　25~36个月儿童分享行为的观察与评估

观察维度	陌生的伙伴		熟悉的伙伴	
	对方有自己感兴趣的东西	对方没有自己感兴趣的东西	对方有自己感兴趣的东西	对方没有自己感兴趣的东西
记录1				

（续表）

观察维度	陌生的伙伴		熟悉的伙伴	
	对方有自己感兴趣的东西	对方没有自己感兴趣的东西	对方有自己感兴趣的东西	对方没有自己感兴趣的东西
记录2				◆
记录3			■	
记录4		▲		

注：儿童主动将自己的东西给对方，不索要对方的东西记为"◆"；儿童主动将自己的东西给对方，并索要对方的东西记为"■"；对方给儿童东西，儿童拒绝将自己的东西给对方记为"●"；对方不给儿童东西，儿童拒绝将自己的东西给对方记为"▲"。可利用数据分析图进行统计。

二、安慰行为发展的观察评估

（一）案例观察

案例

A. 飞飞是一个11个月大的婴儿，她看到了一个7个月大的孩子在哭，她看着这个孩子，显得很伤心，眼泪在眼眶里打转，小嘴一噘，终于，她也哭了起来。她不停地大声哭着，爬到妈妈身边让妈妈抱。

B. 兰兰为一个18个月大的女孩，她在玩跳鞍马的游戏，她跳的时候鞋子突然飞了出去并打到了妹妹，妹妹哭了。23个月的文文过来，用手轻轻地帮妹妹揉了揉，并把自己最心爱的玩具递给了妹妹。兰兰也过来着急地看着妹妹，并拍拍她的头。

C. 妈妈削水果时，不小心把手割伤了。36个月的甜甜见了，连忙跑过来，问道："妈妈，疼吗？你擦点药吧。"说完，立马把家里的急救箱抱来，帮妈妈拿出了碘伏、棉签和创可贴。在妈妈处理伤口的过程中，甜甜不停地给妈妈吹吹，边吹边说："妈妈疼不疼，妈妈轻一点。"

思考

A. 为什么飞飞看到别人哭，自己也跟着哭了起来？

B. 为什么妹妹哭了，文文把自己最心爱的玩具递给妹妹，兰兰只是拍拍妹妹的头？

C. 为什么见到妈妈把手割伤了，甜甜问妈妈疼不疼，还帮妈妈拿药箱？

分析

A. 1岁内的婴儿不太分得清自己和其他人，当他们看到别人难受时并不清楚到底是自己还是别人在难受。所以，当11个月的飞飞看到别人哭时，自己也跟着哭起来，并向妈妈寻求安慰。

B. 1～2岁时，儿童会开始想办法主动接近处在困境中的人。最开始，他们会通过拍一拍进行安慰。18～24个月时，他们会直接对对方做出更多主动的行为。此时儿童开始意识到他人与自己是不同的独立个体，并能够体会到他人表现出的痛苦进而试图安慰，但这种安慰是建立在自我感受基础上的，他们还不能区分自我与他人的内心世界。因此，兰兰安慰妹妹的方式是将自己最心爱的玩具给她。

C. 儿童到了3岁，自我意识逐渐形成。随着身体和心理各项机能的发展，能做出的安慰行为更加丰富，如语言安慰等。安慰行为也能从他人出发，表现得更加恰当。

（二）安慰行为年龄段特征

1岁左右的儿童开始安慰他人，但在1岁前他们是不太分得清自己和其他人的，所以说当他们看

57

到别人难受的时候也搞不清楚到底是自己还是别人在难受。14 个月的儿童可以对同伴表示关心,知道可以用哪些方式让同伴高兴、让同伴喜欢自己,并以自己特有的方式向同伴提供安慰。2 岁左右,儿童的自我意识开始萌芽,他们对他人的反应有了不同的认识。例如,当儿童面对处于痛苦的人时,他们能够明白这是别人的痛苦,不是自己的痛苦。正是基于这种认识,儿童可以将注意力从自身的关心转移到对别人的安慰上。但这种安慰是建立在自我感受的基础上,还不能区分自我与他人的内心世界。2.5～3 岁时,儿童更容易出现安慰他人的行为,并且形式多样,如言语方面"你会好的",协助攻打攻击者,给东西或者寻求帮助,等等。

(三)安慰行为发展观察方法举例

1. 10～12 个月婴儿安慰行为观察与评估

目标:观察在有同伴哭泣时婴儿的反应。

环境:婴儿清醒状态下,由熟悉的养育者带着,对周围环境熟悉。

方法:记录此时期婴儿在面对他人痛苦时的行为表现(表 4-4)。

表 4-4　10～12 个月婴儿安慰行为的观察与评估

事件序列	发生时间	不理睬	注视对方	烦躁/拍打/哭泣	高兴
事件 1			√		
事件 2					
事件 3					
……					
事件 N					

注:可利用直方图统计婴儿不同行为发生的频率。

2. 13～24 个月儿童安慰行为观察与评估

目标:观察在他人受到伤害表现出痛苦时,儿童能否表现出安慰等亲社会行为。

环境:儿童情绪较好的情况下,日常生活情境中。

方法:记录此时期儿童在面对他人痛苦时的行为表现,记录亲社会行为的发生比例(表 4-5)。

表 4-5　13～24 个月儿童安慰行为的观察与评估

事件序列	发生时间	具体内容	行为归类
事件 1		例:用手轻轻拍拍对方	◆
事件 2			
事件 3			
……			
事件 N			

注:对他人的安慰等亲社会行为记为"◆",对他人的痛苦漠不关心记"■",对他人的痛苦表现出相反的情绪(如高兴等)记为"●",以标记形式计入"行为归类"一项中,以方便做数据统计。

　　例如,从统计图(图 4-3)可以看出,13～24 个月大的儿童当面对他人表现出痛苦的情境时,绝大多数会表现出安慰的亲社会行为,而且随着年龄的增长,亲社会行为会逐渐增多。

13~24个月儿童安慰行为统计图

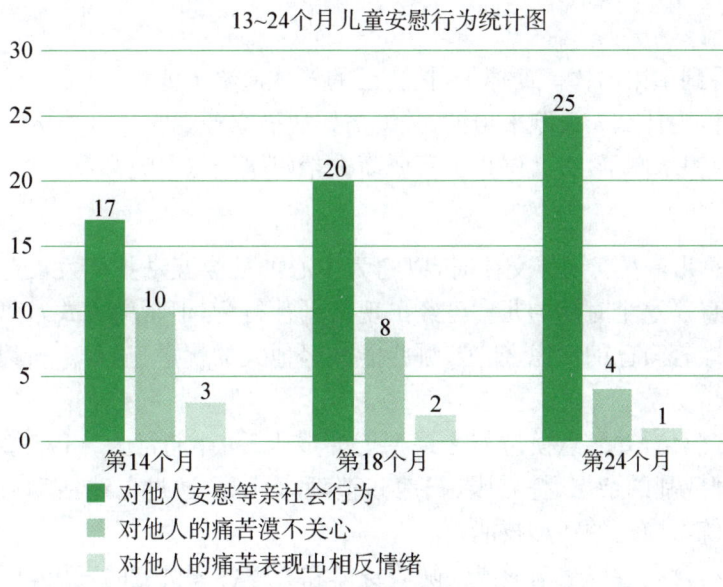

图4-3　13~24个月儿童安慰行为统计分析图

3. 25~36个月儿童安慰行为观察与评估

目标:观察儿童在不同情境下别人表现出痛苦时的行为。

环境:不同日常生活情境中。

方法:记录此时期儿童在面对他人痛苦时的行为表现(表4-6)。

表4-6　25~36个月儿童安慰行为的观察与评估

事件序列	发生时间/人物	事件起因	儿童行为
事件1			
事件2			
事件3			
……			
事件N			

三、帮助行为发展的观察评估

(一) 案例观察

> **案例**
>
> A. 妈妈带着15个月大的丽丽到小区玩,丽丽被一阵哭声吸引,她走过去看到一个小弟弟在哭,原来小弟弟的棒棒糖掉到地上了。丽丽见状,把自己手里的气球递给了弟弟。
>
> B. 吃完饭后,妈妈在收拾房间。20个月的天天见妈妈擦家具,急忙说:"天天来擦,天天帮忙。"妈妈给了他一块小毛巾,他照着妈妈的样子擦自己的玩具。过了一会儿,妈妈拿来了扫把和簸箕,他赶紧跑过去,帮妈妈拿簸箕,跟在妈妈后面走。
>
> C. 35个月的文文到好朋友妞妞家去玩。妞妞拿出了自己的积木和文文一起玩,正玩得高兴,妞妞搭的积木不小心倒了,散落了一地。文文停了下来,帮妞妞把地上的积木捡起来,还帮着妞妞把积木搭成了之前的样子。

思考

A. 为什么丽丽看到弟弟的棒棒糖掉了,把自己的气球递给了他?

B. 妈妈做家务时,为什么天天跑来帮忙,并模仿妈妈做家务呢?

C. 为什么妞妞的积木倒了,文文停止了玩耍而去帮妞妞捡积木呢?

分析

A. 13~18 个月的儿童在与同伴交往时,以物为中心的社会互动技能发展起来,他们经常利用物品接近对方和传递信息。这个时期的儿童已经出现帮助性行为,但帮助方式常常是不恰当的,他们无法区分哪些方法可以减轻自己的忧虑、痛苦,哪些能减轻他人的忧虑、痛苦。所以,丽丽的帮助方式是把自己的气球给弟弟。

B. 儿童天性喜好模仿,并愿意模仿与之最亲近的成人、同伴的行为。19~24 个月的儿童愿意帮助成人做家务,如整理散乱的杂志、叠衣服、扫地和整理床铺等,通过上述活动可以得到成人的认可,可以与成人打交道并练习自己的活动技能。

C. 儿童到了 3 岁,自我意识逐渐形成。随着身体和心理各项机能的发展,儿童的帮助行为随年龄增长而增加,他们能够在同伴需要帮助时,提供相应的帮助。

(二)帮助行为年龄段特征

婴幼儿很早就出现了助人行为,相关研究表明,1 岁多的儿童就愿意,也能够帮助他人。但这个时期儿童的帮助方式常常是不恰当的,他们无法区分哪些方法可以减轻自己的忧虑、痛苦,哪些能减轻他人的忧虑、痛苦。因此,常常通过拿出自己的东西给对方以达到帮助对方的目的。18 个月后儿童能够帮助成人做家务,比如会应妈妈的要求去帮忙拿一张餐巾纸,会在妈妈做家务时学着妈妈的样子帮忙。到了 3 岁,儿童面对他人需要帮助的情境时,能够做出帮助的行为,可以帮助同伴完成某项任务,在同伴需要帮助时提供帮助。婴幼儿的帮助行为随年龄增长而增加,但他们帮助的相关技能还较缺乏,往往受到情境和成人的暗示。

(三)帮助行为发展观察方法举例

1. 13~18 个月儿童帮助行为观察与评估

目标:观察儿童在游戏环境中的帮助行为。

环境:在游戏环境中,儿童清醒的状态下。

方法:用轶事记录法记录下儿童在游戏环境中的行为表现,可将每次的观察记录做成卡片(图 4-4),记录一段时间内儿童的行为变化。

观察记录卡

观察时间:＿＿＿＿＿＿＿＿

观察记录人:＿＿＿＿＿＿＿＿

1. 环境(发生的情境)＿＿＿＿＿＿＿＿＿＿

＿＿＿＿＿＿＿＿＿＿＿＿＿＿＿＿＿＿

2. 人物(和谁在一起)＿＿＿＿＿＿＿＿＿＿

3. 事件(发生了什么)＿＿＿＿＿＿＿＿＿＿

＿＿＿＿＿＿＿＿＿＿＿＿＿＿＿＿＿＿

图 4-4 观察记录卡

2. 19～24 个月儿童帮助行为观察与评估

目标:观察儿童在家中的帮助行为。

环境:在家中,有大人陪伴。

方法:用轶事记录法记录下儿童在家中的行为表现,可将每次的观察记录做成卡片,记录一段时间内儿童的行为变化(图 4-5)。

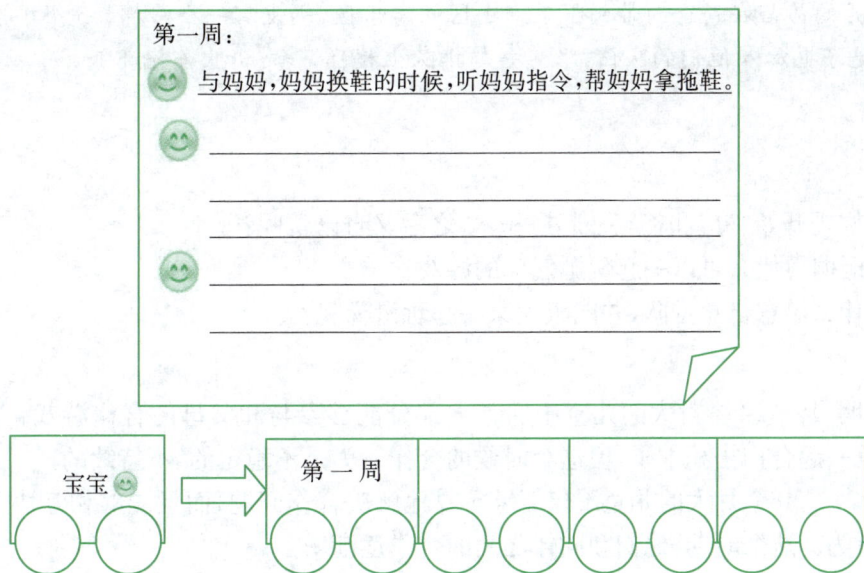

图 4-5 19～24 个月儿童帮助行为记录、统计图

注:把每一周出现帮助行为的次数填入框内,如第一周 2 次。在第一周的框内填入"2"。

3. 25～36 个月儿童帮助行为观察与评估

目标:观察儿童在与同伴交往中的助人行为。

环境:儿童同伴一起玩时。

方法:记录儿童在与同伴一起活动的过程中,在同伴发生困难时的帮助行为。

表 4-7 25～36 个月儿童帮助行为观察记录

事件序列	发生时间/人物	事件起因	儿童行为
事件 1		例:同伴的物品掉了	例:帮忙去捡
事件 2			
事件 3			
……			
事件 N			

注:分析方法为统计每个月儿童与同伴间帮助行为发生的次数,并做出直方图。

四、合作行为发展的观察评估

(一)案例观察

案例

A. 21 个月的妮妮在家里搭积木,爸爸走过来对妮妮说:"爸爸和你一起玩吧。我搭一块,你搭一块,把它搭得高高的。"妮妮说:"好呀。"爸爸放了一块在上面,喊妮妮放。妮妮拿了一块放在上面,轮流了几次后,妮妮抢着说:"我来,我来。"就不让爸爸参与了。

　　B. 28个月的方方跟着妈妈一起到小区玩,看到小伙伴桐桐在玩气球,在妈妈的示意下,方方过去跟桐桐打招呼:"我能和你一起玩吗?"桐桐说:"可以。"他们俩就开始抛气球,你抛给我,我抛给你。

　　C. 35个月的苗苗在爸爸的带领下来到小区的游乐区,那里有一个滑梯。3个小朋友正在排队玩滑梯,苗苗见了也加入他们的队伍,跟着一起排队上楼梯,一起开火车滑下来。

思考

A. 为什么妮妮开始答应和爸爸一起搭积木,之后又自己玩呢?

B. 方方和桐桐为什么可以一起玩抛气球的游戏?

C. 苗苗为什么愿意自觉排队,并能跟大家一起玩滑梯呢?

分析

　　A. 研究表明,18～24个月大的儿童中通常大部分能够参与和父母的合作游戏。21个月的桐桐已经可以和爸爸一起合作搭积木了,但这个时候的合作行为是不稳定的、不持续的。

　　B. 大多数24～30个月大的儿童不仅能够重复地解决合作问题,而且能够相互协调,围绕任务采取相应的配合行为。这个时期,他们和同伴之间的合作逐渐增多。

　　C. 儿童到了3岁,逐渐由两人间的合作发展到三四人之间乃至更多人之间的合作,在轮流过程中不烦躁,自觉自愿地服从要求。

(二)合作行为年龄段特征

　　1岁的儿童几乎没有真正意义上的合作,大多是平行或独自活动和游戏。18～24个月是儿童合作行为迅速发展和分化的开始,这个时期大多数儿童在游戏中表现出合作的行为。同时,他们也表现出更多的与成人合作的倾向。2岁以后,交往的同伴开始能够围绕共同的主题进行角色转换和角色轮流,能重复性地解决合作性问题,能根据任务采取相应的相互配合行为。随着年龄的增长、交往经验的增多,儿童间合作的目的性、稳定性逐渐增强,他们能够为实现共同目标而努力。另外,他们的合作范围不断扩大,逐渐由两人间的合作发展到三四人之间乃至更多人之间的合作。

(三)合作行为发展观察方法举例

1. 18～24个月儿童合作行为观察与评估

　　18～24个月儿童的合作行为可以通过行为检核法进行观察,具体的目标设定和观察记录可参阅表4-8和表4-9。

表4-8　18～24个月儿童合作行为评估要点和方法

目标:观察儿童能否和成人一起合作完成一件事。	环境:和熟悉的人一起,在熟悉的环境中。	方法:记录下儿童和成人一起合作完成的时间与次数(见表4-9)。

表4-9　18～24个月儿童合作行为观察记录

观察维度	是否合作	合作时间	是否按要求
记录1			
记录2			

（续表）

观察维度	是否合作	合作时间	是否按要求
记录3			
记录4			
……			

2. 25～36个月儿童合作行为观察与评估

目标：观察有别的儿童在场时，儿童是否遵守秩序和他们一起合作完成游戏。

环境：有别的儿童在的场合。

方法：记录下儿童在与同伴一起游戏时的合作行为表现（见表4-10）。

表4-10　25～36个月儿童合作行为观察记录

游戏人数	按秩序合作	有合作意愿，不能遵守秩序	独自玩耍	故意捣乱
2人				
3人				
4人				

第三节　婴幼儿亲社会行为的教育方法

　　亲社会行为是人与人之间相处的黏合剂，有助于和谐关系的形成和维系。婴幼儿正处于价值观的构建时期，其行为的发展和成熟也是这一阶段成长的主题。研究表明，亲社会行为在儿童1～2岁期间开始迅速发展和分化，并随年龄增长而变化，这是一个逐渐确立的过程。在这一过程中，成人的引导起着重要作用，如父母对婴幼儿的利他价值观教育以及榜样示范对婴幼儿亲社会行为的形成起着重要作用。另外，婴幼儿的社会观点采择能力、移情能力等也是影响婴幼儿亲社会行为形成和发展的重要因素。认知发展理论认为，促进婴幼儿认知水平、移情能力、角色扮演能力和道德观的水平，可以促进婴幼儿亲社会行为的发展。综合不同的研究与理论，可从以下方面培养婴幼儿的亲社会行为。

一、倾注爱心，萌发婴幼儿亲社会性的情感

　　亲社会行为是指个体在社会交往中表现出来的一种积极良好的社会道德行为，它的心理基础是社会情感。其中包含三个不同的层次——"移情"、"同情"和"爱"，通过移情训练、情境讨论、角色扮演可以让婴幼儿萌发亲社会性的情感。

（一）移情训练法

　　所谓移情，指一个人看到他人忍受痛苦或得到好运时所产生的不安或愉快的情感，以使其在日后生活中对他人类似的体验会主动地、"习惯性"地产生理解和分享。美国著名心理学家霍夫曼通过对移情与亲社会行为的多年研究后指出，移情是儿童亲社会行为产生、形成、发展的重要驱动力，是诸如助人、抚慰、关心、合作、分享等亲社会行为的动力基础。通过提高儿童的移情能力，能够极大程度地提高儿童的亲社会行为水平。根据婴幼儿的年龄特点，可以设计情感教育系列活动，如"大家一起真

开心""如果我是你""我的表情猜猜猜"等引导他们观察,让其在活动中感知情绪情感变化的原因,初步认识情绪情感发生的复杂性。也可在生活中利用"移情"来教育婴幼儿,当他们做出友好或不友好行为时,引导其注意他人的情绪情感状态,并在自己心中产生相应的情绪情感。比如,当他们把心爱的玩具分给别的小朋友时,引导其注意分到玩具的小朋友有多高兴、多欢喜;当他们打人,把别人推倒时,启发其设身处地想一想,摔倒的小朋友会多么难过、多么伤心。久而久之,婴幼儿将能站在他人的角度考虑问题,能为同伴的愉快而高兴,为别人的焦虑而着急,移情能力也就自然而然地得到了发展。当婴幼儿具备了移情能力,在与同伴交往时就更易出现帮、安慰、分享及合作等亲社会行为。

（二）情境讨论法

情境是教育者根据一定的目的要求,专门设置的教育环境。情境讨论法一方面寓教育目的于教育情境之中,另一方面是以故事这一生动直观的情境出现,寓德于美,寓德于境。通过情境讨论,个体不仅能更好地识别、感受他人的情绪情感状态,设身处地为他人着想(即提高认知采择能力),更能因别人的情绪情感感受产生相应的情绪情感(即发展移情能力)。

家长和教师可以创设"困境中的同伴"情境来帮助婴幼儿体验他人在困难中的情绪情感,培养他们的移情能力,使其产生同情心,从而促进其亲社会行为。例如,看到小朋友摔倒了,头上起了个大包,疼得直哭,这时成人可以引导:"你看那个小朋友摔倒了,头上还起了个大包,多疼啊！如果你自己摔倒了是不是也很疼啊？那我们过去安慰安慰他吧。怎么安慰他呢?"通过这样的讨论让婴幼儿体验摔倒的小朋友的感受,产生同情心理,进而实施安慰行为,甚至可能是助人行为。

家长和教师也可以让婴幼儿观看绘本,通过讨论绘本中的情节来培养他们的亲社会行为。如和孩子一起阅读《自私的猪》:一头满脸不爽的猪,它上完厕所后把剩下的卫生纸全部拿走;它看电影时戴巨大的假发挡住后排观众的视线;它把店里所有的衣服都拿进试衣间试穿……看完之后问孩子:"小猪为什么要这么做?""小猪这么做对吗?""如果你是小猪,你会怎么做?""你想跟小猪说些什么呢?"通过这样的情境讨论,让孩子意识到在生活中要学会与人分享,如果自私自利的话就没有朋友了。

（三）角色扮演法

角色扮演法是指使人暂时置身于他人的社会位置,并按照这一位置所要求的方式和态度行事,以增进人们对他人社会角色及自身原有角色的理解,从而更有效地履行自己职责的心理学技术。角色扮演使人们能够亲自实践他人的角色,从而更好地理解他人的处境,体验他人在不同情况下的内心情感。只有一个人内心世界之中具有了与他人相同的体验时,他才知道在与别人发生相互联系时,采取怎样的态度和怎样行为是恰当的。在日常生活中,可以让婴幼儿扮演"妈妈"的角色,帮洋娃娃换衣服、洗澡、喂洋娃娃喝奶、哄洋娃娃睡觉、帮洋娃娃叠被子等,当洋娃娃掉到地上时,安慰洋娃娃,帮她吹一吹,给她上点药。这样的角色扮演对于促进婴幼儿帮助、安慰等亲社会行为的发展都是十分有效的。

也可以让婴幼儿扮演故事书中的角色,如把《孔融让梨》的故事讲给他们听,听完故事后,让其扮演《孔融让梨》中的孔融,在扮演的过程中,让其体会孔融为什么把梨子让出去,明白与人分享是一种美好的道德品质。

二、注重活动,培养婴幼儿的亲社会行为能力

婴幼儿的亲社会行为能力主要通过参与活动,尤其是在交往活动中不断实践、感受、体验,逐步积累直接经验和情绪体验形成的。

（一）行为激励法

根据行为学派和社会学习学派的理论,强化和榜样能促进儿童亲社会行为的发展;社会学家霍斯

曼(Homans)创建的社会交换论认为,通过营造期望、褒奖亲社会行为的环境可以激励儿童亲社会行为的发生。因此,可以通过树立榜样来强化婴幼儿的亲社会行为,营造褒扬亲社会行为的环境来培养婴幼儿的亲社会行为。一方面,在日常生活中,成人应该积极地向婴幼儿宣扬亲社会行为的优点,并在其做出亲社会行为时适时、准确地进行夸奖和奖励;另一方面,可以通过集中训练的方式,设置情境,在情境中为婴幼儿树立亲社会的榜样和宣扬亲社会的规则,对能够做出亲社会行为的给予肯定和鼓励,对不能做出亲社会行为的给予建议和指导。

例如,在进行户外活动时婴幼儿正在进行"接力跑步"的比赛,这时突然有一个孩子请假去厕所,得到老师允许后就往厕所跑去。当跑到"接力区"的时候,他突然停住了脚步,然后绕了一圈跑过去了。等他回来的时候,教师就不失时机地把他的这一行为当作榜样在全班进行表扬。先问其他参与接力的婴幼儿:"大家刚才有谁看到美美去厕所的时候是怎样走的吗?""有!"看到的婴幼儿站出来模仿,惹得同伴哈哈大笑。于是教师又接着问去厕所的婴幼儿:"你明明都已经冲到了队伍面前,为什么又突然绕回去了呢?"他害羞地解释道:"他们在玩游戏,如果我直接走过去,很可能撞到他们。"同伴听了,一起鼓起了掌。这不仅对该婴幼儿是一种鼓励,而且对其他婴幼儿也起到了引导的作用。

当父母带着孩子坐公交车,看到有老人时主动让座;当父母带着孩子坐电梯时,看到他人手里拿了东西不方便按按钮时,主动询问楼层,帮按按钮。父母在平时生活场景中的一举一动都会对孩子起到很好的榜样作用,孩子看到父母的这些助人行为,也会学习、模仿,促进自身助人行为的养成。

另外,教师、家长可以通过优秀的、有教育意义的故事书、电视节目等多种途径为婴幼儿提供良好行为的榜样。如动画片《葫芦娃》就有利于培养婴幼儿关心他人、集体合作的好行为。家长和教师可以充分利用这些生动可爱、富有童趣的形象来提高婴幼儿对亲社会行为的认识,发展他们的同情心、自豪感、内疚感等情感,进而培养其亲社会行为。

(二)游戏教育法

游戏是培养婴幼儿亲社会行为的有效手段,婴幼儿在游戏中需要相互适应,服从共同的行为规则,从而逐渐摆脱自我中心意识,学会与别人交往的正确方式。以"小猪回家"为例,天快黑了,小猪走在回家的路上,在森林中不幸迷了路,不知如何是好。老师安排婴幼儿扮演森林管理员、森林中的其他小动物、樵夫等,看小猪是如何向他们求助的以及他们是如何做的。还设计了一系列问题:小猪为什么哭得这么伤心? 樵夫不给小猪指路对不对? 小兔故意给小猪指错路好不好? 小猪为什么开心地笑了……婴幼儿通过回答问题,进一步明确应该帮助别人以及如何帮助别人的意识。在游戏结束后,可以对做出符合道德要求行为的婴幼儿进行肯定、赞赏、鼓励,使儿童产生自豪、羡慕、向往、愉快的体验;对做了不符合道德要求行为的婴幼儿,及时指出,使之改正,将负面的道德情绪体验转化为积极、健康的亲社会行为。

(三)榜样示范法

榜样学习在道德教育及亲社会行为领域的研究中曾经引起广泛关注。班杜拉认为,人在社会环境中进行学习,从而形成自身的人格特征。因此,设置一定的社会情境,树立一定的榜样,使儿童在有意无意间进行模仿,可以有效促进儿童品德的形成和发展。示范之所以能够影响学习,主要是因为它具有传递信息的功能。在观察过程中,示范行为会浓缩成符号性的表征,指引观察者在以后做出适当的行为。整个观察榜样进而模仿榜样的过程是由注意、保持、动作复制和动机这四个相互关联的过程构成的。

大量的研究表明,让儿童接触利他榜样可以增加利他行为,而且榜样的影响还具有长期作用。婴幼儿亲社会行为的自觉性和稳定性尚未形成,正确地使用榜样教育法不但可以强化其亲社会行为,而且能使其从他人的积极情绪反应中获得愉快和满足。如班上有个孩子摔倒了,一些小朋友看到此情景哈哈大笑,这时有个男孩跑上前扶起摔倒的同伴,一边帮他拍去身上的尘土,一边关心地询问摔疼了没有。这时,就可以抓住机会,召集所有孩子对这件事进行讨论:谁对谁错? 你喜欢谁? 如果摔跤的是你,你的心情如何? 当别人需要帮助时,你应该怎么做? 从而引导孩子明辨是非,学习好的榜样,进而促进亲社会行为的产生。

第四节　婴幼儿亲社会行为的教育案例

一、合作行为教育案例

(一) 案例描述

> 3 岁的欢欢每次到小区玩,别的小朋友都不愿意跟她一起玩。因为一起玩滑梯时,大家都在排队上楼梯,她总是插队,去挤别的小朋友。上完楼梯后,她总坐在滑梯上面把滑梯堵住,自己不滑下来,别的小朋友也都玩不了。时间长了,别的小朋友就都不和她玩了。

思考

A. 欢欢为什么交不到朋友?

B. 欢欢为什么不能遵守秩序,和大家一起玩?

(二) 案例观察

目标:观察有别的儿童在场时,儿童是否遵守秩序和他们一起合作完成游戏。

环境:有别的儿童在的场合。

方法:记录下儿童在与别的同伴在一起游戏时,合作的行为表现(表 4 - 11)。

表 4 - 11　儿童合作行为观察记录

游戏人数	按秩序合作	有合作意愿,但不能遵守秩序	独自玩耍	故意捣乱
2 人		√		
3 人		√		
4 人		√		

(三) 案例分析

3 岁的欢欢在游戏中表现出有合作的意愿,但不能在游戏中遵守秩序,她不知道怎么和其他小朋友一起合作完成游戏。

(四) 训练活动

通过"开火车"的活动可以训练儿童的规则意识,培养儿童与同伴一起游戏时的合作能力。

【活动目标】

1. 学习按小队"开火车"的方法,能更换小队中的火车头人员,并能在不同情境中保持好"火车"的队伍。

2. 探索如何进行小队合作,搭出不同的山洞,让别的火车来钻山洞。

【活动过程】

1. 带儿童到音乐教室,听"开火车"音乐,复习已玩过的开火车游戏,提醒火车头要保持好速度,让所有的车厢都衔接上。

提问:除了哥哥姐姐可以做火车头,你们有谁愿意当火车头吗?

2. 引导各组尝试让不同的小朋友做火车头来玩这个游戏,并继续保持好队形。

3. 创设新的开火车情境,继续练习开火车。

4. 探索如何进行小队合作搭山洞。

(1) 各组尝试搭山洞的方法,如两两搭成若干个小山洞;三人合作搭成多孔山洞;六人合作搭成隧道山洞等。

(2) 展示并讨论各种山洞的特点和过山洞的方法。

(3) 两个小队搭山洞,两个小队开火车,进行游戏。

(4) 游戏评价。

二、帮助行为教育案例

(一) 案例描述

2岁的雯雯和妈妈一起到小区散步,看到路旁有一只受伤的小鸟。雯雯走近小鸟,蹲下来看着小鸟,问:"妈妈,小鸟为什么不飞呢?"妈妈说:"小鸟受伤了,飞不起来了。"雯雯看着看着就准备用脚去踩小鸟,妈妈连忙拉住雯雯,说:"你怎么能去踩小鸟呢?"

思考

A. 雯雯为什么要去踩受伤的小鸟?

B. 雯雯为什么不去帮助这只受伤的小鸟?

(二) 案例观察

目标:观察儿童在与同伴交往中的助人行为。

环境:儿童与别的小朋友一起玩时。

方法:记录儿童在与同伴一起活动的过程中在同伴发生困难时的帮助行为(表4-12)。

表4-12　儿童帮助行为观察记录

事件序列	发生时间/人物	事件起因	儿童行为
事件1	雯雯和明明	明明的气球飞了	雯雯接着自己玩自己的
事件2	雯雯和东东	东东摔了一跤	雯雯在旁边看着,没有任何行动
事件3	雯雯和红红	红红拿的积木掉在地上了	雯雯在妈妈的示意下,帮忙捡积木

（三）案例分析

雯雯在别人出现困难的情境中，表现出较少的帮助行为，大多数时候面对别人需要帮助时，没有做出任何反应，继续自己之前的活动，少数时候在大人的指引下做出有限的帮助行为。

（四）训练活动

可开展"小瓢虫的困惑（故事）"活动，通过设置情境，让儿童在情境中感受帮助别人的快乐，从而培养其助人行为。

【活动目标】
认真倾听故事，理解故事内容；懂得去帮助身边有需要的人，体会助人的快乐。
【活动准备】
故事相关图片、需要帮助的人和事的简单示意图若干张。
【活动过程】
1. 出示连环画，老师讲述故事。
2. 讨论。
（1）故事中，你喜欢谁，为什么？小瓢虫去问别人喜不喜欢自己，他都找谁问了？蜻蜓妈妈喜欢小瓢虫吗？为什么？蝴蝶奶奶喜欢小瓢虫吗？为什么？蝴蝶奶奶为什么叹气？他心里什么感觉？
（2）小瓢虫找小蚂蚁问，小蚂蚁在干什么？小瓢虫看小蚂蚁那么辛苦，有没有帮他？小蚂蚁心里怎么想？
（3）小蚂蚁都做了哪些好事情？小蚂蚁为什么要帮助别人？小蚂蚁帮助别人的时候别人都没看见，那不是得不到表扬了？他为什么还要帮？
（4）最后小瓢虫跟着小蚂蚁一起去干了什么？
（5）你帮助别人的时候，心里是怎么想的？你帮助别人的时候别人不知道，也没表扬你，你还愿意帮助他们吗？为什么？
（6）帮助别人是快乐的，得到别人的帮助也是快乐的，看到别人开心自己也会很开心，小蚂蚁值得我们学习，他会仔细寻找身边需要帮助的人和事情，给他们提供帮助。
3. 讨论：你的身边有哪些人、哪些事情是需要帮助的？你怎么去帮助？
4. 故事续编：小瓢虫向小蚂蚁学习，跟着他去帮助有需要的人，你猜他都碰见了谁？

三、分享行为教育案例

（一）案例描述

3 岁的苗苗是一个喜欢运动的小朋友，特别喜欢骑平衡车。苗苗过生日的时候，爸爸送了苗苗一辆新的平衡车，她非常喜欢，每天都要骑行 1 个小时左右。这一天，一个小朋友到家里来做客，也喜欢苗苗的平衡车，爸爸妈妈都让苗苗让给妹妹玩一会儿，可是苗苗不愿意，还生气得哭了起来。

思考

1. 苗苗为什么不愿意把平衡车借给妹妹玩？
2. 苗苗是一个自私的小朋友吗？

（二）案例观察

目标：观察在与同伴交往时，儿童在哪些情况下出现分享行为及相应次数。

环境：儿童与别的小朋友一起玩时。

方法：观察一周内儿童在与同伴交往中分享行为出现的次数及内容（表4－13）。

表4－13　儿童分享行为的观察与评估

观察维度	陌生的伙伴		熟悉的伙伴	
	对方有自己感兴趣的东西	对方没有自己感兴趣的东西	对方有自己感兴趣的东西	对方没有自己感兴趣的东西
记录1	■			
记录2		▲		
记录3			●	
记录4				▲

注：儿童主动将自己的东西给对方，不索要对方的东西记为"◆"；儿童主动将自己的东西给对方，并索要对方的东西记为"■"；对方给儿童东西，儿童拒绝将自己的东西给对方记为"▲"；对方不给儿童东西，儿童拒绝将自己的东西给对方记为"●"。可利用数据分析图进行统计。

（三）案例分析

2～4岁的儿童开始出现分享行为的萌芽，但此刻儿童的认知水平还很低，自我中心占据主导地位。在与他人交往过程中尚不能准确地理解他人的情感、态度，为别人考虑得少，不愿意把自己喜欢的玩具分享给同伴，但这并不是一种自私行为，只是因为受限于认知及社会性发展水平。

（四）训练活动

可开展"石头汤"活动，通过角色扮演，使儿童身临其境地感受故事人物的内心，体会与朋友分享的快乐，从而激发分享行为。

【活动目标】

通过理解故事内容，感受分享的快乐，学会用量词，大胆地表达自己的想法。

【活动过程】

1. 教师向儿童讲述故事《石头汤》。

（1）这个故事里有谁？

（2）是这些小动物吗？我们再来听一次。

2. 教师出示背景图和动物图片，再次完整讲述故事，并进行提问。

（1）小猪在干什么？小动物们是怎么问小猪的？

（2）小白兔为什么要带胡萝卜？它来的时候是怎么说的呢？小猫为什么要拿鱼呢？它来的时候是怎么说的呢？小狗为什么要拿肉骨头呢？它来的时候是怎么说的呢？最后来了谁呢？为什么要拿青草呢？它来的时候又是怎么说的呢？小动物们喝了汤以后是怎么说的呢？小猪此时的心里是怎么想的？

（3）为什么小猪说要谢谢大家呢？小猪是怎么煮出最美味的汤的呢？这个故事告诉我们什么呢？（分享让大家更加快乐！）

3. 儿童跟着老师一起讲述故事。

4. 儿童表演故事。

表演结束,大家进行评价:刚才谁表演得好? 好在什么地方?

5. 布置任务:我们班也要来煮一锅"石头汤",你会带什么呢? 为什么呢?

思考与实训

一、单选题

1. 能显著提高儿童的角色承担能力和亲社会行为水平的方法是( )。

A. 角色扮演法　　　　B. 语言法　　　　　　C. 讨论法　　　　　　D. 移

2. 以下不属于亲社会行为的是( )。

A. 助人　　　　　　　B. 分享　　　　　　　C. 模仿　　　　　　　D. 合作

3. 儿童的亲社会行为萌芽是在( )左右。

A. 2 岁　　　　　　　B. 3 岁　　　　　　　C. 4 岁　　　　　　　D. 5 岁

4. 在儿童的亲社会行为中,( )最为常见,其次为分享行为、助人行为。

A. 安慰行为　　　　　B. 公德行为　　　　　C. 合作行为　　　　　D. 捐赠行为

5. 亲社会行为的发展在 0～3 岁早期教养阶段中具有十分重要的作用,它是人的生命个体从自然实体转为( )的开端。

A. 生物实体　　　　　B. 社会实体　　　　　C. 教育实体　　　　　D. 文化实体

6. 1 岁的婴儿几乎没有真正意义上的合作,大多是平行或( )进行活动和游戏。

A. 独自　　　　　　　B. 竞争　　　　　　　C. 合作　　　　　　　D. 分工

7. 知觉到他人的消极情绪并通过一定的技巧使他人的消极情绪得到改善是( )行为的两大要素。

A. 攻击　　　　　　　B. 语言　　　　　　　C. 合作　　　　　　　D. 安慰

8. ( )是婴幼儿分享行为最主要的动机。

A. 互惠性　　　　　　B. 独立性　　　　　　C. 竞争性　　　　　　D. 参与性

9. ( )使人们能够亲自实践他人的角色,从而更好地正确理解他人的处境,体验他人在不同情况下的内心情感。

A. 自主活动　　　　　B. 建构游戏　　　　　C. 体育游戏　　　　　D. 角色扮演

10. 对榜样模仿问题的研究最突出的是( )。

A. 弗洛伊德　　　　　B. 班杜拉　　　　　　C. 华生　　　　　　　D. 斯金纳

二、简答题

1. 简述婴幼儿亲社会行为的特点。

2. 简述婴幼儿亲社会行为发展的评估方法。

3. 简述婴幼儿亲社会行为的教育方法。

三、实训题

请设计一个促进婴幼儿亲社会行为发展的角色游戏。

第五章　婴幼儿攻击性行为的发展与应对

学习目标

1. 了解婴幼儿攻击性行为的基本概念,掌握婴幼儿攻击性行为的规律及特点,能够结合实际分析影响婴幼儿攻击性行为的因素。

2. 掌握婴幼儿攻击性行为的评估标准与方法,学会运用评估标准和方法对婴幼儿的攻击性行为进行评价和判断,为合理设计相应活动提供支撑。

3. 掌握婴幼儿攻击性行为的教育方法,通过案例学习学会运用有效的教育方法矫正婴幼儿的攻击性行为。

内容结构

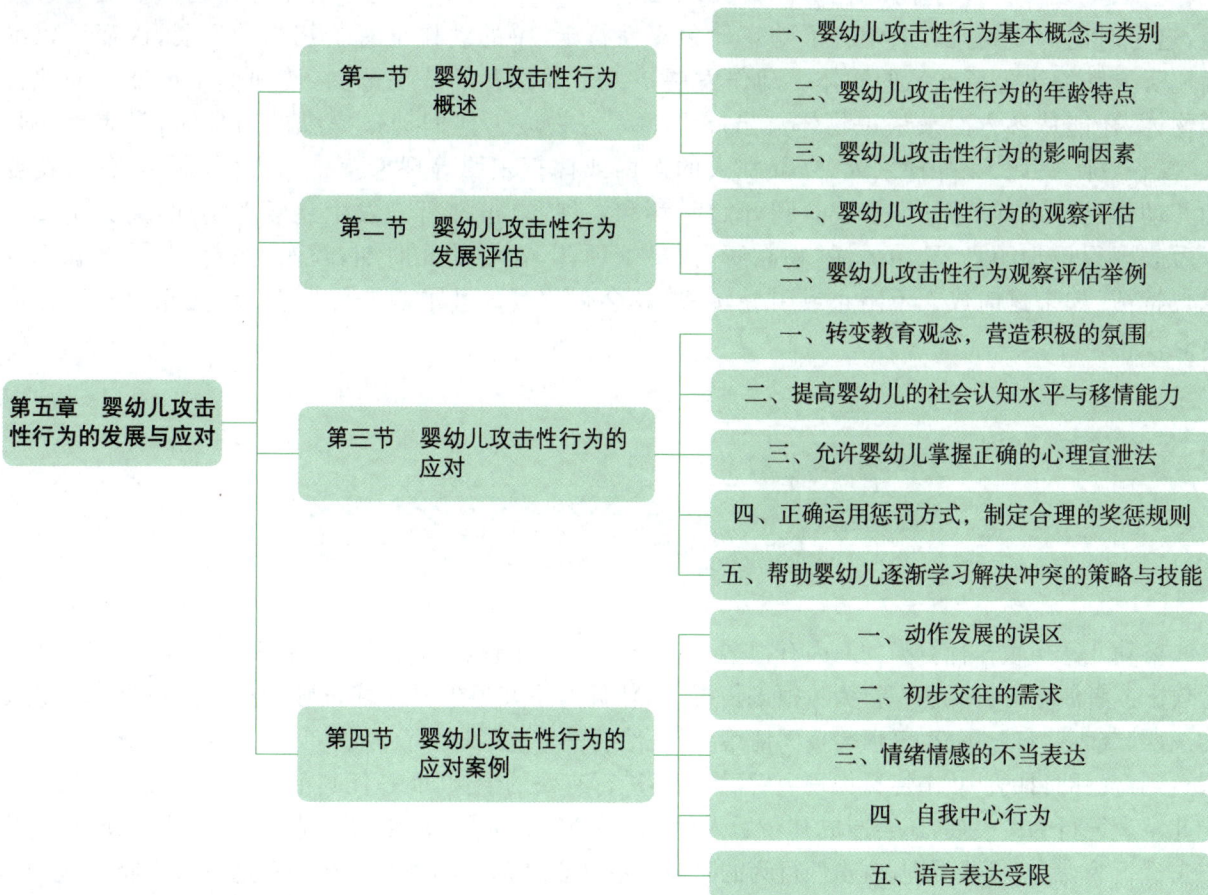

第五章　婴幼儿攻击性行为的发展与应对

- 第一节　婴幼儿攻击性行为概述
  - 一、婴幼儿攻击性行为基本概念与类别
  - 二、婴幼儿攻击性行为的年龄特点
  - 三、婴幼儿攻击性行为的影响因素
- 第二节　婴幼儿攻击性行为发展评估
  - 一、婴幼儿攻击性行为的观察评估
  - 二、婴幼儿攻击性行为观察评估举例
- 第三节　婴幼儿攻击性行为的应对
  - 一、转变教育观念,营造积极的氛围
  - 二、提高婴幼儿的社会认知水平与移情能力
  - 三、允许婴幼儿掌握正确的心理宣泄法
  - 四、正确运用惩罚方式,制定合理的奖惩规则
  - 五、帮助婴幼儿逐渐学习解决冲突的策略与技能
- 第四节　婴幼儿攻击性行为的应对案例
  - 一、动作发展的误区
  - 二、初步交往的需求
  - 三、情绪情感的不当表达
  - 四、自我中心行为
  - 五、语言表达受限

学习建议

本章主要介绍了婴幼儿攻击性行为的规律及特点、影响婴幼儿攻击性行为的因素、婴幼儿攻击性行为观察的要点与评估标准及矫正婴幼儿攻击性行为的教育方法,学习时应关注婴幼儿攻击性行为的基本特点,学会观察与分析婴幼儿的行为,并能结合相应观察方法及评估标准,用合适的教育方法抑制婴幼儿的攻击性行为。

案例导入

欢欢和媛媛正在画画,3岁的欢欢想要一支红色的蜡笔,她看见媛媛笔盒里正好有一支,想也没想伸手就去拿,嘴里还宣称:"这是我的!"可媛媛也正想用这支红色蜡笔,丝毫不肯让步。这下欢欢可生气了,一下把媛媛画画的东西全扔掉,并把她推倒在地,甚至还用小脚去踢她,一场"冲突"就这样发生了。

案例中,欢欢所表现出来的行为在儿童发展心理学上称为"儿童攻击性行为"。婴幼儿往往因为欲望得不到满足,而采取有害他人、毁坏物品的行为,被定义为攻击性行为,表现形式包括打人、骂人、推人、踢人及抢夺东西等。究其原因,一方面是0~3岁是婴幼儿身体动作发展的敏感期,这个时期的婴幼儿逐渐学会了随意地独立性行走,手的动作也有了相当的发展,因而可以准确地玩弄和操纵他所熟悉的物体。动作发展扩大了婴幼儿的认识范围,使他们不但能主动地接触物体,还能从各方面来认识物体。当周围的人或物成为他们动作操纵的对象时,常表现为打人、咬人、抓人、踢人、冲撞别人、夺取别人的东西或摔打东西等现象。另一方面,研究表明,在婴幼儿动作迅速发展的同时,自我意识开始萌芽和发展,攻击性行为发生且频率增加,尤其是2岁以后表现得更加明显,开始关注"物品所有权"。因此,在婴幼儿时期,攻击性行为是一个客观的成长特征,如果这时成人不阻止或引导转移,就会强化婴幼儿的攻击性行为,使无意攻击转化成有意攻击。

第一节 婴幼儿攻击性行为概述

婴幼儿产生攻击性行为的原因有很多,但大多数的攻击性行为都是不带有真正敌意的,多为工具性攻击或者属于一种无意识行为。很多情况下,他们并不知道怎样采取正确的方式来得到自己想要的东西,或表达自己不满、气愤等负面情绪,于是他们就只能采取自己最简单、最直接的方式——攻击来达到自己的目的。攻击性行为发生后,如果不进行有效的干预,而是任其不断发展、升级,不仅会影响儿童道德行为的发展,还会造成其今后人际关系的紧张和社交的困难。那么,针对婴幼儿,什么是攻击性行为,都有哪些类别,攻击性行为的阶段性特征以及影响因素是什么?在这一节中将会展开详细的论述。

一、婴幼儿攻击性行为的基本概念与类别

（一）婴幼儿攻击性行为的基本概念

长期以来，人们把攻击性行为认定为儿童的不良社会行为。这种行为不利于儿童的心理健康，更不利于其社会性的发展，人们也常常把儿童的攻击性行为用于评价其社会性发展水平的指标之一。巴斯（A. H. Buss）认为定义攻击行为应当根据客观行为和结果进行判断，不需要考虑攻击者的主观意图，即"攻击者发出了攻击动作，同时又造成对方受到伤害的行为就是攻击性行为"，但这个定义造成攻击性行为内涵的扩大和产生一些误区，如运动时的意外受伤、疾病带来的疼痛等，都不应属于攻击行为。而伯克维茨（Berkowitz）则根据"刺激-攻击"的诱发条件将攻击行为定义为"以伤害为目标，向对方施加伤害的行为"，强调了攻击者主观作案目标以及形成伤害的动作，这与巴斯的视角不同。除此之外，"成熟势力说"的代表洛伦兹（Lorenz）从生物学的角度认为，攻击性行为是生物的四个本能之一，有机体内会积聚攻击能量，当发生外部刺激时便会释放出来，并据此将攻击行为定义为"能够引发对方逃跑，会让对方受到伤害的行为"，偏重对现象的描述，而忽略了攻击者本身。社会学习理论代表班杜拉从社会学习的角度定认为攻击行为应当考虑多方面因素，包括攻击者的主观意图、行为潜在的破坏性、伤害性结果，并提出了替代强化和自我强化的概念，认为儿童时刻在观察模仿学习。贝恩（Bain）在班杜拉多元因素定义的背景下进一步总结了攻击行为的四个要素，包括攻击者的主观意图、行为潜在的破坏性、攻击者情绪的唤醒、被攻击者对攻击者行为的厌恶。

综上，尽管对攻击的界定存在一些分歧，但研究者还是比较一致地认为攻击行为是行为实施方具有主动伤害意图，向对方施加具有伤害性或被对方所厌恶的行为，并最终给对方造成伤害的行为。这个概念界定是以整个人生阶段和社会交往环境为前提条件的，但细化到婴幼儿阶段，试想，有意伤害行为是攻击性行为，无意伤害行为能不能算攻击性行为呢？我们经常会看到婴幼儿兴奋时撞倒同伴，或为了表示友好去咬人，或拥抱时用力太大压倒同伴的情形，虽然是无意伤害，但同样侵犯到他人（主要是身体），造成他人不愉快，同样需要教育引导，以避免或者减少发生频率。婴幼儿时期的无意伤害行为也应该划入攻击性范畴。针对0~3岁这一阶段的年龄特征，本书将婴幼儿攻击性行为界定为"0~3岁期间，婴幼儿对他人做出的有意或无意伤害的侵犯性行为"，其最根本特征是侵犯性。

（二）婴幼儿攻击性行为的主要类别

从不同角度可以把攻击性行为分为不同的类型。从表现形式上，芬兰心理学家拉格斯佩茨（Kirsti Lagerspetz）将攻击行为分为身体攻击、语言攻击和间接攻击三个类型。其中，身体攻击是指直接通过身体接触向对方进行攻击，如2~3岁儿童中常见的踢、抓、拍等行为；语言攻击是指通过辱骂、嘲讽等形式对他人进行言语攻击，婴幼儿表现并不明显，尤其是对于语言表达受到限制的阶段；间接攻击则是指借助第三方向对方施行攻击，如孤立、挑拨离间等。这种分类方式主要是从外在的表现形式进行的，美国心理学家哈特普（W. Hartup）则从动机的角度，将攻击性行为分为工具性攻击和敌意性攻击，其中工具性攻击是指为了争夺物品、权利等而发生的冲突，导致他人受伤。例如，婴幼儿在抢夺玩具、地域时发生打架、推搡而造成对方受伤，在整个过程中婴幼儿并非主动让对方受到伤害，而是在争执过程中意外发生的，攻击的目的是获得某个物品，而不针对婴幼儿个体。而敌意性攻击则是主动向他人进行攻击使他人受到伤害，如儿童的报复行为，但在婴幼儿，甚至是整个0~6岁儿童中发生的频率都较低。除此之外，从主被动角度，也有心理学家将攻击行为分为主动攻击和反应攻击，主动攻击是指个体为了达到某种目的而实施的攻击行为，如儿童为了占有物品，而向对方发出的攻击行为；反应攻击则是指受到外部刺激后所表现出的攻击行为，如儿童在被打、受到挑衅后所表现的攻击行为，反应攻击伴随有强烈的情绪唤醒，并有不可控制的特点。不同的研究者视角不同，在实际应用

的过程中,可以综合考量,从多维的角度看待攻击性行为的类别。

二、婴幼儿攻击性行为的年龄特点

婴幼儿的攻击性行为伴随着其成长而发展,要找到有效的教育对策,必须先了解婴幼儿攻击性行为的发展过程和这个年龄阶段呈现出来的特点。

(一)攻击性行为的出现年龄

婴幼儿的攻击性行为起源于什么月龄段?出生即有,还是后天发展的?儿童发展心理学家对这个问题的兴趣由来已久。早在20世纪30年代,彪勒、格林、金莉等一批发展心理学家就曾对此进行了观察研究,他们的研究表明,儿童与同伴之间的社会性冲突至少在儿童出生后的第二年就开始了。1977年美国心理学家霍姆伯格(M. S. Holmberg)在一项"12~42个月儿童社会交流模式的发展"的研究中也发现了类似的结果,霍姆伯格发现,他所观察的12~16个月的儿童,其相互之间的行为大约有一半可被看作是破坏的或冲突性的。他还发现,随着儿童年龄的增长,儿童之间的冲突行为呈下降趋势。因此,婴幼儿的攻击性行为在儿童早期就出现了,比较一致的结论是1岁左右。

(二)攻击方式的年龄变化趋势

攻击性行为产生以后,会随着年龄的增长和心智的发展而变化,同时,随着婴幼儿年龄的增长,诱发其攻击性行为的刺激类型也在发生变化。在研究儿童攻击形式的变化时,把言语攻击和身体攻击作为攻击的区分标准,会发现2~4岁儿童攻击形式发展的总体倾向是:身体攻击逐渐减少,言语攻击相对增多,到3岁,儿童的踢、踩、打等身体攻击逐渐增多,而3岁以后,儿童身体攻击的频率明显降低。究其原因,一方面是因为随着年龄的增长,儿童的言语沟通技能更发达,言语攻击增多了;另一方面还因为此时多数父母和教师不再容忍年龄较大孩子的身体攻击,但对他们的"语言攻击"容易忽视。除此之外,美国学者威拉德·哈特普的研究表明,年龄较小的儿童比年龄大一些的儿童的攻击性要高一些,而且年龄较小的儿童的工具性攻击的比率高于年龄大一些的儿童,换言之,年龄大一些的儿童与年龄较小的儿童相比,他们更多地使用敌意性攻击或以人为指向的攻击。因此,哈特普做出了这样的结论:在整个学前期,儿童的工具性攻击呈减少趋势,敌意性、报复性攻击呈增多趋势。也有研究者比较了0~6岁儿童和小学阶段儿童的差异,发现0~6岁儿童中发生频率较高的攻击性行为包括争抢玩具、争游戏角色、无意攻击、为吸引老师的注意而进行的攻击以及报复性攻击,而年龄更大的小学阶段儿童中发生频率较高的攻击性行为则主要包括报复性攻击、打抱不平的攻击、为控制他人而进行的攻击、嫉妒性攻击及挫折性攻击。

三、婴幼儿攻击性行为的影响因素

(一)生物学遗传因素

遗传是影响婴幼儿攻击性行为发展的因素之一,有些攻击性强的婴幼儿可能存在某些微小的基因缺陷。心理学家研究证明:在婴幼儿攻击性行为的影响因素中,遗传占比较大,甚至达到了50%。而所谓遗传并不是父母把打人、骂人等一些具体的行为遗传给孩子,他们遗传给孩子的只是神经活动类型,比如情绪容易激动、兴奋性强、反应速度快等自然特征或者气质类型。这些具体的自然特征遇到合适的土壤,就会滋生出攻击性行为。

(二)家庭因素

家庭是婴幼儿最主要的生活环境,家庭氛围和父母的教养方式对婴幼儿行为的养成有较大影响。

无论是国内还是国外,家庭本身的攻击性行为都是影响婴幼儿攻击性行为的重要因素。已经有研究表明,婴幼儿的攻击性行为与家庭教育模式有关,班杜拉的观察模仿学习理论等也提供了理论佐证。

首先是家庭教养方式。在父母教养婴幼儿的方式中,常规将其分为权威型、专制型、溺爱型和忽视型等。不同的教养方式会对婴幼儿的行为产生影响,尤其是对婴幼儿攻击性行为来说,不同教养方式产生的影响更加明显和深刻。相关权威调查结果显示,四种不同的父母教养方式对婴幼儿攻击性行为产生的影响体现在四个方面:一是父母采取权威型教养方式,能够更好地关注婴幼儿的成长和合理需求,也能够更好地与孩子沟通,这种教养方式对婴幼儿社会性的发展很有好处,婴幼儿身心健康能够得到更好保障,这种教养方式下的婴幼儿一般不会主动攻击他人,由于与别人相处相对较好也很少有成为别人攻击的对象。二是如果父母采用的专制型教养方式,父母过于严厉,婴幼儿个人性格的成长和社会性的发育会受到严重影响,这种教养方式下孩子在攻击性行为方面往往呈现两个极端,一种是性格懦弱、独立性差,容易成为攻击对象;一种是冷酷、自我控制能力差,容易出现暴力倾向和攻击性行为。三是溺爱型教养方式的父母对孩子的需求采取无限制的满足,这导致孩子形成以自我为中心、自控能力差、霸道的不良性格,使得其在与同伴交往中更加容易出现攻击性行为。四是忽视型教养方式下父母完全对婴幼儿的成长漠不关心,婴幼儿在此教养方式下往往会产生社会适应障碍,通常容易对别人产生敌意性归因,进而导致容易出现攻击性行为,这种教养方式的长期影响就是婴幼儿在成年容易出现犯罪现象。教养方式不仅仅影响婴幼儿的攻击性行为,整个儿童期甚至是成年后的行为表现都会受到家庭教养方式的影响。

其次婴幼儿生活的家庭结构和行为也会产生一定影响。有些婴幼儿生活在不完整的家庭结构中,父爱、母爱长期处于缺失状态,与处在完整家庭的婴幼儿相比,这种家庭的婴幼儿在许多方面都处于不利的地位,儿童更容易产生偏差行为,有更多的情绪和行为障碍,尤其是缺失父爱的婴幼儿,个性方面的问题更多,更容易产生攻击性行为。同时,父母之间的关系、行为也会影响婴幼儿攻击性行为的发展。有的家庭,父母常常吵架,有的甚至拳打脚踢,有的家长在外面酗酒,回到家后经常拿孩子出气。长此以往,婴幼儿的心理受到严重伤害,有的会变得越来越孤僻,有的则会产生攻击性行为,模仿父母的行为去施加给其他更为弱小的孩子。

（三）社会环境因素

社会环境是婴幼儿成长生态环境中的重要一环,而且随着年龄的变化,社会环境对婴幼儿成长发育的影响越来越大。一方面,随着时代的发展,电视、电脑、手机等电子产品几乎已经进入每一个家庭,在手机、电视和电脑等多种媒介中暴力事件的长期影响下,孩子可能会由单纯模仿发展到有意攻击、侵犯他人。同时,由于电视所呈现出来的画面色彩丰富、形象生动,因此,婴幼儿特别容易被吸引,沉迷其中,这极有可能间接造成婴幼儿的攻击性行为。另一方面,早期教育机构、托育机构或者幼儿园,是婴幼儿生活和学习的第二场所,教师、同伴、玩具资源等都影响着婴幼儿的发展,如教师的教养方式、态度以及婴幼儿的人数、机构的环境设计等。

（四）婴幼儿个体因素

婴幼儿自身的性格、年龄、性别等均会对其攻击性行为的产生和发生频率产生影响,尤其是性格等心理因素。心理学家多拉德认为,攻击性行为的起因是挫折。当一个人朝着某个特定的目标前进时,一旦受到阻碍,就会产生强烈的挫折感。而当婴幼儿受到挫折时,由于缺乏自我调节的能力或社会交往的经验,为了解除紧张心理或维护自尊,他们便常常采取攻击他人的行为来宣泄自己的情绪或进行自我保护。根据多拉德的"挫折-攻击理论",剧烈的挫折可能激发直接的、指向挫折来源的攻击行为;而较弱的、来源不明的挫折则会引起间接性的、替代性的攻击行为。对婴幼儿来说,其主要受到气质类型的影响,如胆汁质的孩子攻击性倾向更加明显一些。

第二节　婴幼儿攻击性行为发展评估

从前面所述的婴幼儿的攻击性行为发生发展的过程来看，婴幼儿攻击性行为的发生发展并不是自由的、紊乱的，而是具有一定规律的。例如，身体攻击的发生早于语言攻击；语言攻击和间接攻击在2～4岁间频率有增加趋势；工具性攻击占主导地位，敌意性攻击较少。但由于婴幼儿在语言、思维、独立活动能力等方面处于一个快速发展但又不完善的阶段，故而从婴幼儿发展和保护的角度出发，针对婴幼儿攻击性行为发展的了解和分析主要采取观察法。

一、婴幼儿攻击性行为的观察评估

观察法是研究者通过感官或借助一定的科学仪器，在一定时间内有目的、有计划地考察和描述客观对象（如人的各种心理活动和行为表现等）并收集研究资料的一种方法，包括实验室观察和自然观察（或现场观察）。在心理学的许多研究领域，系统的观察是非常重要的，得到了广泛的应用。许多研究表明，观察法是研究婴幼儿攻击性行为，乃至其他行为的最有效的方法之一。在心理学史上，很多研究者用观察法记录了婴幼儿的成长，并分析得出相应的研究结论。在实际操作中，可以采用参与式观察与非参与式观察、自然观察和实验室观察等具体的观察方式，也可以用不同的观察方法，比如描述类观察、取样观察、评定观察等。这里主要以自然观察和实验室观察为切入点进行梳理。

自然观察法对婴幼儿行为的限制很少，观察结果推广到真实生活情境中的可靠性更高，是分析婴幼儿攻击性行为更具生态性的一种方式。在实际生活情境中，婴幼儿攻击性行为多发生在较少成人监控的环境中，可能的原因是在成人较少出现的时间和地点中，他们可以更加自由、开放地进行玩耍和互动，加上缺乏成人的引导和调节，也就相应地表现出较多的攻击性行为。但这样的观察需要事前制订观察编码方案和记录方式，以便后续分析和解释婴幼儿的攻击性行为。下面以一项已有研究举例说明，Cosabtlle等人根据习性学理论在游戏环境中观察攻击者和被攻击者的行为，同时考查了攻击者和被攻击者的地位以及这些活动的内在关系，其攻击行为的编码目录以及描述示例如下：

推（AP）＝一个婴幼儿为了伤害另一个婴幼儿而推他/她；

拉（APU）＝一个婴幼儿为了伤害另一个婴幼儿而拉他/她；

踢（AK）＝一个婴幼儿踢另一个儿童；

打（AH）＝一个婴幼儿打另一个儿童；

恶意的伤害（SP）＝一个婴幼儿恶意伤害另一个婴幼儿；

排斥（EX）＝一个婴幼儿骂另一个婴幼儿，在群体或游戏中排斥他/她，运用言语或手势告诉其他人不要和这个婴幼儿玩耍；

取笑（TE）＝一个婴幼儿扰乱游戏或正在进行的活动，或者骂人、嘲笑、讽刺他人；

言语上的威胁（VT）＝言语上的攻击或敌意性威胁，例如："我告诉老师"或者"我将不会邀请你去我的生日晚会"；

身体威胁＝运用或不运用物体对于被攻击者进行的胁迫性动作或接近性威胁。例如，一个身体高大的人对于其所攻击的人做出胁迫性动作，或者接近威胁，特别是在使用武器的条件下。

另一种观察即实验室观察，它是在实验室环境中，通过人为地改变和控制一定的条件，有计划、有目的地对婴幼儿进行有控制观察的一种方法。在实验室中实验者可以控制参与对象、物品、游戏空间和持续时间。婴幼儿的行为可以较容易地被观测和记录，具有较高的内部效度。但实验室观察存在外部效度较低的缺点,因为在实验室设计的游戏群体中的行为互动不能代表婴幼儿日常的同伴互动,并且实验中同伴的数量和特征、成人在场和物理环境的控制也会影响婴幼儿的行为表现。尽管如此,实验室观察仍提供了一个不可取代的有控制地评价攻击性行为的方法,对丰富我们关于攻击性行为的认识做出了重要贡献。有研究者还力图用仿真的实验程序来模拟现实生活中攻击性行为的激惹情境,从而在一定程度上解决外部效度低的问题。在使用的过程中,应结合具体的观察目标、对象、内容及时间等做出恰当的选择。

二、婴幼儿攻击性行为观察评估举例

(一) 0~12 个月婴儿攻击性行为的观察

1. 案例观察与分析

案例

　　外婆逗 11 个月的乐乐玩,乐乐非常高兴,对外婆的五官似乎很感兴趣。突然,他不小心抓到了外婆的头发,外婆疼地叫了一声,对乐乐说:"乐乐,快放手,把外婆抓疼了。"乐乐听了抓得更紧了,还咯咯地笑。他好不容易松开了手,却又想伸手去抓外婆的头发。

思考

A. 乐乐抓外婆的头发是因为讨厌外婆吗?

B. 为什么乐乐把外婆抓疼了,自己还笑?

分析

　　婴儿期存在一种"非典型性"的攻击性行为,如乐乐的攻击表现既不属于工具性攻击,也不属于敌意性攻击,他在表达自己快乐情绪的同时,却未意识到传递给他人的并非快乐,而是疼痛。因此,婴儿不仅在愤怒的时候会出现侵犯行为,高兴和兴奋时同样会有侵犯行为,这主要是因为婴儿对自己的情绪情感尚缺乏自我控制能力,表达的方式也会有不恰当之处。

2. 攻击性行为观察记录方法举例

观察目标:观察 0~12 个月婴儿对成人发起的攻击性行为。

观察条件:婴儿清醒的情况下,可在自然状态下与儿童互动。

观察过程:观察一段时间内婴儿对他人的攻击性行为,并记录在观察记录卡中(图 5-1)。

观察记录卡

观察时间:_____

观察记录人:_____

攻击性行为:

1. 用牙咬人 _____

   _____

2. 用手拍 _____

   _____

3. 用手抓头 _____

   _____

4. _____

   _____

图 5-1　0~12 个月婴儿攻击性行为的观察与评估

（二）13~24个月儿童攻击性行为的观察

1. 案例观察与分析

案例

东东已经17个月了，喜欢抓人、打人，而且重复的频率比较高。为此，妈妈很苦恼，只要东东跟别的小朋友接近，妈妈就会盯着他，怕他伤到其他小朋友。可如果一直限制孩子与别的小朋友接触，又怕时间长了影响孩子的社会交往能力，对其心理产生负面影响。

思考

A. 东东为什么总是喜欢抓人、打人呢？

B. 东东的行为正常吗？

分析

婴幼儿在身体动作发展方面存在诸多敏感期，这个时期他们学会了随意地独立行走，手的动作也有了一定程度的发展，而动作发展扩大了其认识范围，使他们不但能主动地接触物体，还能从各方面来认识物体。当周围的人或物成为他们能够操纵的对象时，常出现打人、咬人、抓人、踢人、冲撞别人、夺取别人东西或摔打东西等现象。东东爱扔东西、咬人是大动作发展的表现，他并没有意识到这种行为可能会对他人或对物品造成伤害，他只是以不断重复摔打的动作及其结果作为乐趣。而且他们会发现"打人"会造成人的反应，比"打物"物品没有反应更有趣，如果这时成人并不阻止或引导转移，就会强化儿童的攻击性行为，无意攻击可能会转化成有意攻击。

2. 攻击性行为观察记录方法举例

目标：观察儿童在同伴交往中的攻击性行为。

环境：儿童与别的小朋友一起玩时。

方法：记录儿童在与同伴一起活动的过程中发生攻击性行为的次数、儿童的行为及最终解决策略（表5-1）。

表5-1　13~24个月儿童攻击性行为的观察记录表

事件序列	发生时间/人物	事件起因	儿童行为	解决策略
事件1		例：争抢玩具	例：推人	例：妥协
事件2				
事件3				
……				
事件N				

注：分析方法为对每个月儿童与同伴交往时发生攻击性行为的起因、行为、策略进行归类，分别统计发生的次数，做出直方图。

（三）25~36个月儿童攻击性行为的观察

1. 案例观察与分析

案例

33个月大的陶陶，长得很结实，非常聪明，平时反应能力、语言能力都很强。但他对比较调皮的男孩子表现出不喜欢,一次大家都在看动画片,陶陶的身边正坐了一个他不喜欢的男孩,陶陶用手推那个男孩,并说:"笨蛋,你走开!"那个男孩没有理他,他对着男孩的脸狠狠地抓去,留下了一道长长的伤痕,见老师来了才住手。

思考

A. 陶陶为什么骂另一个男孩?

B. 陶陶的语言攻击和身体攻击是一个性质吗?

分析

当儿童活动受阻时(包括与知觉、体验、人际交往相关联的活动等),会感到不满继而愤怒并出现抓人等现象。33个月大的陶陶语言表达能力迅速发展,当有不满情绪时,表现出的攻击性行为的方式出现多样化,除了身体的攻击外,语言攻击也随之出现,且随着年龄的增长,语言攻击会越来越多。

2. 攻击性行为观察记录方法举例

对儿童攻击性行为的观察,可从攻击对象、发起攻击的原因与方式、终止方式等方面进行,具体观察内容与记录方法可参阅表5-2。

表5-2　25～36个月儿童攻击性行为的观察方法

攻击对象		发起攻击的原因			攻击的行为方式					终止方式			
男孩	女孩	保护自己的玩具	争玩具	无故攻击	其他	辱骂	动手打人	使用工具打人	请同伴群殴	其他	自动终止	同伴终止	老师制止

注:观察儿童发生攻击性行为的原因、方式及终止方式,并在相应表格中进行记录。

第三节　婴幼儿攻击性行为的应对

攻击性行为从发生情况来看,可以分为偶发性和习惯性。一般来说,偶发性的攻击性行为会随着婴幼儿的成长而逐渐消失,但如果婴幼儿在成长过程中养成习惯性攻击行为,则需要引起足够的重视。因此,应该采取恰当的措施,对婴幼儿的攻击性行为进行合理有效的引导、干预和矫正。

一、转变教育观念,营造积极的氛围

有攻击性行为的婴幼儿之所以在解决冲突或人际交往中更多地运用攻击性的行为方式,这与他们所受到的家庭和学校教育有重要关系。在家庭中,家长应在婴幼儿的活动中表现出温暖、关怀和爱,而不仅仅是完成特定的职责。婴幼儿与家长间互动的方式是民主的、合作的,而非专制和放

任的。例如,有的孩子性格懦弱,当小朋友欺负他,他也无法反击。而有的家长见了就教他:"谁打你,你就打他。打不赢,我帮忙。"殊不知,这样的教育会让自己的孩子受到更多的伤害。事实上,父母是孩子的第一任老师。父母应首先摆正自己的心态,树立正确的教育观,给孩子输入解决问题的正确办法。在早教中心、托育机构或者幼儿园内,教师应积极引导,奖励与惩罚的措施并用,当孩子发生攻击性行为的时候,既不能一味地批评,也不能过于迁就,要及时明确地对婴幼儿亲社会、利他行为进行奖励,对侵犯、攻击性行为进行惩罚,并让其明白受到奖励或惩罚的具体原因,从而减少攻击性行为的发生。

二、提高婴幼儿的社会认知水平与移情能力

第一,社会认知水平与婴幼儿的攻击性行为有密切的关系,学龄前儿童攻击性行为的控制能力主要依赖其社会认知水平。一般来说,婴幼儿的社会发展水平越低,就越倾向于忽视其他人的利益、痛苦和幸福。相反,社会认知水平越高,婴幼儿就越易于站在他人的立场上考虑问题,其行为就会向着与攻击性行为相反的亲社会行为方向发展。所以,提高婴幼儿的社会认知水平有助于避免其攻击性行为。

第二,有研究表明,婴幼儿的移情能力与其攻击性行为是负相关的关系。婴幼儿的移情能力越低,其攻击性行为形成的概率越高。如果让攻击者充分体验其攻击性行为给他人带来的痛苦,就能有效地减少和避免其攻击性行为。例如,当婴幼儿对他人进行人身攻击时,引导其回忆一下自己摔倒时的疼痛,与其讨论这种行为是不被接受的,并告诉其怎样做才是受欢迎的,这样就可能使其体会到他人的痛苦,从而减少和避免攻击性行为。

三、允许婴幼儿掌握正确的心理宣泄法

精神分析学家弗洛伊德认为,应鼓励人们时不时地发泄内心的不满,否则这种攻击性冲突积聚到一定极限就会以暴力的形式发泄出来。因此,他大力推崇宣泄法。攻击挫折理论也认为,人们一旦被挫折情绪激怒,愤怒的情绪就会作为具有攻击危险的准备而存在,愤怒的情绪只有得到宣泄,才能有效降低人们的攻击性行为。宣泄是一种有效地消除攻击性行为与愤怒的方法。所以,在社会规范允许范围内,要使婴幼儿学会对他人没有伤害的幻想攻击活动等进行适宜的宣泄。例如,在婴幼儿情绪失控或愤怒的情况下,可以将其攻击对象转换成物品,如给他没用的玩具或者沙袋,让其发泄,并在事后告诉他们发脾气不但不能解决问题,反而会给他人带来伤害,这样既满足了其心理需要,也可以使其被压抑的情绪释放出来,还有助于减少和避免攻击性行为。

四、正确运用惩罚方式,制定合理的奖惩规则

家长、教师要在婴幼儿攻击行为发生后进行干涉,使进攻者认识到进攻行为是不被接受的,并且要帮助受害者维护其合法权益,同时也要对旁观者进行预警教育。一方面表扬正当的亲社会、亲群体的交往行为,强化正常社交技能,抑制进攻性行为发生;另一方面批评、处罚攻击性行为,切不可纵容默许。对攻击行为应当及时给予批评教育,如果发生了严重的进攻行为,应当按照事先的规则,给予相应的惩罚。同时,与发生进攻性行为的婴幼儿积极沟通,耐心听孩子说话,并做出正确的指导和评价。教师与家长运用惩罚时要适宜、适当,注意就事论事,不要使孩子感觉家长或老师不喜欢他们了,最好以说教移情为主,这样会使他们感到内疚,有助于抑制攻击性行为的形成。

五、帮助婴幼儿逐渐学习解决冲突的策略与技能

婴幼儿由于缺乏知识经验,自控能力较弱,社交技能与水平也比较低,加上自我意识的崛起,当同伴之间产生矛盾冲突时,经常会因为缺乏解决人际关系问题的策略而采取攻击性行为来解决问题。例如,当小朋友拿自己的玩具时,会去抢回自己的玩具,迫使其把玩具还给他,由此而发生争执和身体碰撞。因此,当婴幼儿遇到无法解决的社会性冲突与矛盾时,应教他们多向老师和家长请教,或者成人主动利用价值澄清、移情训练、角色扮演等方式,开展谈话活动、情景表演、故事讲述等,组织他们参与讨论、学习、观察,为其树立正确的榜样,鼓励其使用非攻击性的方式,如等待、合作、谦让等,减少和避免攻击性行为。对于被攻击的婴幼儿,应告诉他们,与其哭闹和告状,不如采取有效措施,被攻击的婴幼儿可以表达自己的愤怒,有时甚至可以适当反抗,这样既可以引导婴幼儿自我保护,又可以使攻击者受到挫折。

第四节　婴幼儿攻击性行为的应对案例

儿童时期是攻击性行为表现最多样的时期,家长、教师等经常会碰到儿童之间咬伤、抓伤、打痛或言语攻击等情况。每一次行为的背后可能隐含着多种原因,怎样透过现象看本质,是我们采取应对与引导手段的重要基础。常规的因素包括生理、营养物质、教育和社会环境等,但对于婴幼儿,除了上述因素需要考虑,还要特别关注这个阶段的年龄特点。以下将从不同原因导致的攻击性行为进行举例说明。

一、动作发展的误区

(一)案例描述

君君是15个月的孩子,特别喜欢摔东西,他可以反复这种投掷动作,只要手里有东西就会用力扔在地上,大人帮他捡起来便再扔,以此为乐趣。被大人抱着的时候,则喜欢用力拍打大人的脸,发现大人有了疼痛的反应十分高兴,打得更加起劲。他还特别喜欢咬各种物体,如自己的手指、脚趾及拿在手上的玩具物品。大人抱着他逗乐,他一边"咯咯"笑一边扑向大人的肩头,狠狠地咬了一口。

为此,成人提供了各类安全的物品转移孩子的注意力,如鼓励君君玩扔皮球、软球或沙包等,用大枕头让他拍打,让他啃咬安抚奶嘴、磨牙棒或手指饼干。在最初的几个星期里,君君对物体和人都会拍打抓咬,成人就在这样的动作刚产生时立刻将安全物品交给他。几个星期后,君君学会了玩皮球等游戏,并在游戏中消耗精力,攻击成人的现象开始减少。

(二)案例解析

0~3岁是婴幼儿身体动作发展的敏感期,这个时期他们逐渐学会独立行走,手的精细动作也有了相当的发展,因而可以准确地玩弄和操纵他所熟悉的物体。动作发展扩大了婴幼儿的认识范围,使他们不但能主动地接触物体,还能从各方面来认识物体。当周围的人或物成为他们动作操纵的对象时,常表现为打人、咬人、抓人、踢人、夺取别人的东西或摔打东西等行为。

君君爱扔东西、咬人是大动作发展的表现,他并没有意识到这种行为可能对他人或对物品造成的伤害,他只是以不断重复摔打的动作及其结果为乐趣。而且他们会发现"打人"会造成人的反应,比"打物"更有趣,如果这时成人并不阻止或引导转移,就会强化婴幼儿的攻击性行为,使无意攻击转化成有意攻击。

(三)应对措施

婴幼儿出现抓、咬、踢等现象,皆是大动作的发展,在安全许可的范围内,可为婴幼儿提供一定的环境,并提供机会鼓励婴幼儿练习各种动作。当发现婴幼儿的动作出现攻击性倾向时,可采取心理宣泄的方式继续鼓励其发展,而不是简单地阻止。这个阶段的婴幼儿刚出现攻击性行为,绝大多数属于无意攻击,只是满足自身的动作发展需要。可以像案例中的成人一样,提供各种替代物满足婴幼儿的动作发展需要。另外,要多带婴幼儿参加丰富有趣的活动,或在家中变化游戏内容,在新奇的环境和游戏中他们会更专注探索玩乐而不是搞破坏。

二、初步交往的需求

(一)案例描述

鹏鹏18个月大,喜欢用力拉别人的头发,尤其是想要吸引他人关注的时候,比如父母抱他或与他逗乐时他会一下子抓住成人的头发用力拉或者撕扯大人的衣领,大人在每次被拉后做出夸张的痛苦表情,要求鹏鹏做出"对不起"的手势,并帮助轻轻抚摸拉痛的地方。慢慢的,鹏鹏知道拉头发别人会不高兴,该行为逐渐减少。在游乐场,鹏鹏很想要和其他小朋友一起玩,但他用海洋球、气球和其他玩具去敲打旁边小朋友的头。妈妈看到以后及时制止,并引导鹏鹏看其他孩子是怎样游戏的。同时,妈妈做了行为示范,鼓励他用扔、抛等方式和别的小朋友一起玩球,从中得到游戏的乐趣。

(二)案例解析

婴幼儿如果用攻击或者比较极端的方式来表达其交往需求时,成人应及时引导,并做好行为示范,帮助其逐渐学习正确的交往方式,并合理地表达自己的情绪情感,为将来建立"友谊"等持续的社会性发展奠定基础。

(三)应对措施

1. 利用移情消除攻击性行为

移情是指能够从他人角度考虑问题。移情能力不断提高的婴幼儿,亲社会行为表现也会逐渐增多,攻击性行为减少,可主要通过训练其体验他人感受来提高移情能力。例如,可以帮助婴幼儿回忆以前的经验,描述他人某情境下的心理体会,创设问题情境等,如"飞机摔痛了,它会哭的,要去医院了,飞机就不会陪你玩了"。在婴幼儿自己摔痛时也可以进行引导:"你看自己摔跤多疼啊,所以你也不能让其他小朋友摔跤哟。"鼓励他们学习正确的情感表达方式,用适宜的动作和他人交往。

2. 增加交往机会,提高认知

随着活动范围的扩大,婴幼儿与同伴交往的机会越来越多,交往也显得越来越重要,与同伴交往,可以促进社交技能策略的获得。同时,增加交往的机会有助于促使婴幼儿做出更多的积极友好的社会行为,降低、减少不友好行为。

三、情绪情感的不当表达

（一）案例描述

　　明明26个月大，上早教中心的第一天和小朋友一起玩时拿了一个火车玩具，他没有把火车放在地上开，而是拿在手上甩来甩去，当他发现火车可以碰到别人时，就用火车去"碰"同伴的脸，老师发现后将火车拿走，明明一脸困惑，不知道自己做错了什么。老师通过和家长的交流，了解到他在家就喜欢打他的爸爸耳光，而爸爸不怒反乐，认为儿子在和他闹着玩。通过这件事，爸爸引起了重视，带着儿子早上专门等被打的小朋友来中心，向他们赔礼道歉，让明明形成正确的是非观。此外，老师观察到明明平时游戏时性子很急，坚持时间短，注意力容易分散。但有一次，他在汽车城玩了20分钟，老师在全班面前鼓励了他，让所有的孩子都为他鼓掌。慢慢地，老师又发现他对结构游戏产生兴趣，每次不管他搭出什么都大力表扬，明明游戏的持续时间越来越长，也越来越专心，攻击同伴的次数和频率大大减少，并将这个情况反馈给了明明爸爸，以便在家庭教育中进行巩固和行为强化。

（二）案例解析

　　上述明明的案例表明，婴幼儿期存在一种"非典型性"攻击性行为，如明明的攻击表现既不属于工具性攻击，更不属于敌意性攻击，明明在表达自己快乐的情绪，却未意识到传递给他人的并非快乐。因此我们发现婴幼儿不仅在愤怒的时候会出现侵犯行为，高兴和兴奋时同样会有侵犯行为，这表明婴幼儿对自己的情绪情感尚缺乏自我控制能力，表达的方式也会有不恰当之处。通常他们不是故意的，只是在表示自己兴奋、喜悦之情时会忘乎所以，他们产生攻击性行为的原因是不能适宜地表达自己的情绪，以及缺失一些情绪表达技巧。

（三）应对措施

1. 正确运用奖惩

　　案例中的家长注意到了孩子的言行，采用了有针对性的措施以纠正偏差。在这个过程中，制定奖惩的标准并认真实施，让儿童感受到攻击他人造成的严重后果，也是家长和老师可以采取的较好措施。例如，陪孩子赔礼道歉；引导孩子注意同伴受到伤害的样子，启发引导如果他碰到这样的攻击会怎样，来激起其切身感受和同情心；适当地取消攻击者的游戏机会或奖励；认真地谈话；等等。

2. 及时表扬婴幼儿的亲社会行为

　　寻找婴幼儿身上的闪光点，把优点放大、强化，是正面教育的有效途径，这在心理学上被称为正强化，即要及时鼓励、表扬婴幼儿的亲善行为和其他方面的亮点，这种对亲善行为的正强化可以减少和消除其攻击性行为。总之，坚持的原则应是多用奖励，少用剥夺式惩罚，慎用甚至不用施予式惩罚。

四、自我中心行为

（一）案例描述

　　妮妮28个月大，妈妈发现她做什么事情占有欲都很强，经常把"这是我的""我要打你"等挂在嘴边。看到妈妈给其他孩子奖励或者抱、夸奖其他孩子，马上又叫又跳，不允许妈妈喜欢别的小朋友，会把别人推开说："不要喜欢他，喜欢妮妮。"有时候用力推开其他小朋友，甚至是打其他小朋友，争抢玩具、食物的行为时有发生。

（二）案例解析

在皮亚杰的认知发展阶段论中，他用"自我中心"这一术语来指明儿童不能区别一个人自己的观点和别人的观点，不能区别自己的活动和别人的活动，把一切都看作与他自己有关，是他的一部分，快3岁的妮妮正处于这个阶段。这个时期最典型的表现是孩子想要什么东西，就会马上提出或直接占为己有，这也是这个时期工具性攻击现象频繁的主要原因。妮妮的行为是这类行为的典型代表。如果不了解儿童的年龄特点，成人往往会把这样的孩子定义为"小气""自私"，殊不知这个年龄阶段的孩子最关心的正是自己，他们开始有了独立的行为和思维方式，对自己所要的一切最为敏感，所以我们要理解和正确面对他们为自己争取利益的方式。

（三）应对措施

1. 仔细观察，及时介入

攻击性行为是随机事件，具有不可预料性。因此，无论是在家庭生活中，还是在教育的一日活动中，家长或者教师随时都要关注到儿童的具体言行，并及时做出"语言引导""行为干预"等反应。反复多次后，婴幼儿会产生一定的条件反射，比如妮妮在多次意图攻击但受到妈妈"团结友爱"的提醒后，再想去攻击他人时会下意识地看看妈妈，并停止攻击。

2. 引导分享，淡化自我中心

有自我中心意识并非缺点，但如果成人发现孩子由此出现自私自利的倾向，甚至为了自己的利益去侵犯到他人的利益时，则应及时干预。包括引导婴幼儿扩大交往圈，学习帮助别人，体验谦让、轮流玩和朋友多的关系等，以帮助其逐渐走出自我中心圈，逐步摆脱自我中心，体会与他人共快乐的情感。

五、语言表达受限

（一）案例描述

小雨是班级里月龄最小的孩子，刚满25个月，语言表达比较欠缺。他刚上幼儿园几天就攻击了好几个小朋友，同伴拿了他想要的东西，他不会说"还给我"，而是张口就咬，小朋友在他前面走他也不会说"让开"，而是一把把别人推开。老师问他："咬人对不对?"他不置可否，高高兴兴地走了，让老师哭笑不得。老师发现小雨的语言能力不强，只会讲单字句或双字句，所以碰到交往问题就用自己最拿手的方式——咬人来解决。于是，老师就耐心地教他说话，利用各种机会让他开口，叫他学着和小朋友说"让开""给我玩玩"等，学习正确的交流方式。当小雨用友好交往的方式得到了他想要的玩具后，攻击性行为也随之减少。

（二）案例解析

2岁儿童的心理活动带有明显的直觉行动性，往往先做后想、边做边想，加上这个阶段的儿童语言发展还不够完善，导致其难以用语言很好地表达意愿，因此只能用乱动、抓人、撞人等身体动作表达想法。所以在日常活动中，我们经常发现小年龄的孩子的动作先于表达，有可能表现出攻击性行为。另外，他们还存在是非观尚不明确的特点，既不明白他做的事对错与否，也不关心造成的后果。所以，就可能会存在被老师和家长批评时,也没有羞耻感,表现出无所谓的样子。

(三)应对措施

1. 及时奖惩,强化是非观

家长和幼儿园应长期不懈地教育,耐心对待婴幼儿的反复,及时鼓励其正面行为,将会使其逐渐认识到攻击他人是错的,大人的态度是严肃认真的。反复的强化可使婴幼儿尽早形成是非观,有效减少攻击性行为的发生。

2. 学会处理冲突的技能

低年龄的儿童攻击他人,往往是因为遇到矛盾不知道该怎么解决,特别是不太会说话的孩子,和别人交流的方式主要靠肢体语言。所以对待这样的孩子主要应是提高其语言表达能力,而不是讲大道理。比如,学着和小朋友说"让开""给我玩玩"等,学习适宜的交流方式。当这些孩子能用适宜的交往方式满足自己需要后,攻击性行为也将随之大大减少。

思考与实训

一、单选题

1. 关于攻击性行为的特点,下列说法不正确的是(　　)。
   A. 攻击型婴幼儿受惩罚时其攻击性行为加剧
   B. 惩罚对于非攻击性的婴幼儿能抑制攻击性
   C. 父母的惩罚本身就给婴幼儿树立了攻击性行为的榜样
   D. 惩罚是抑制婴幼儿攻击性行为的最有效手段

2. 攻击性强的婴幼儿在规定时间内没有攻击行为,则可结合具体情况适当给予奖励。这是矫治严重的攻击行为的(　　)。
   A. 榜样法　　　　　　B. 阳性强化法　　　　　C. 暂时隔离法　　　　D. 消退法

3. 多拉德认为,学前儿童攻击性行为产生最直接的原因是(　　)。
   A. 榜样　　　　　　　B. 强化　　　　　　　　C. 移情　　　　　　　D. 挫折

4. 从表现形式上,芬兰心理学家拉格斯佩茨将攻击行为分为身体攻击、(　　)和间接攻击三个类型。
   A. 关系攻击　　　　　B. 语言攻击　　　　　　C. 直接攻击　　　　　D. 情感攻击

5. 美国心理学家哈特则从动机的角度,将攻击性行为分为工具性攻击和(　　)。
   A. 敌意性攻击　　　　B. 身体攻击　　　　　　C. 语言攻击　　　　　D. 关系攻击

6. 婴幼儿的攻击性行为在婴儿早期就出现了,比较一致的结论是(　　)。
   A. 1 岁左右　　　　　B. 2 岁左右　　　　　　C. 3 岁左右　　　　　D. 4 岁左右

7. 父母采取(　　)教养方式,能够更好地关注婴幼儿的成长和合理需求,也能够更好地与婴幼儿沟通,这种教养方式对婴幼儿社会性的发展很有好处。
   A. 权威型　　　　　　B. 专制型　　　　　　　C. 溺爱型　　　　　　D. 忽视型

8. 有研究表明,婴幼儿的移情能力与其攻击性行为是(　　)相关的关系。
   A. 正　　　　　　　　B. 负　　　　　　　　　C. 零　　　　　　　　D. 无

9. 在婴幼儿情绪失控或愤怒的情况下,可以将其攻击对象转换成物品,如给他没用的玩具或者沙袋,运用(　　)释放其情绪。
   A. 升华法　　　　　　B. 认同法　　　　　　　C. 宣泄法　　　　　　D. 冷却法

10. 在干预过程中,应制定奖惩的(　　　),并在行为中实施,以让婴幼儿感受到攻击他人造成的严重后果。

A. 主体 　　　　　　B. 时间 　　　　　　C. 物品 　　　　　　D. 标准

二、简答题

1. 简述婴幼儿攻击性行为的影响因素。

2. 简述 2～3 岁儿童攻击性行为的观察方法。

3. 简述对婴幼儿的攻击性行为进行干预的方法。

三、实训题

　　2 岁的小西在与同伴玩耍时曾多次出现"打人"的现象,请设计观察记录表来记录小西的攻击性行为特点、类别等,并有针对性地提出相应的保教建议。

第六章　婴幼儿情绪的发展与教育

学习目标

1. 了解婴幼儿情绪的基本概念，掌握情绪的基本类型和发展特点以及情绪发展理论。

2. 掌握婴幼儿情绪和情感发展的一般趋势，能够结合相应方法对婴幼儿的情绪发展进行正确评估。

3. 懂得培养、调节婴幼儿情绪的方法，能够将促进婴幼儿情绪发展的方法运用到实际的教育实践中。

内容结构

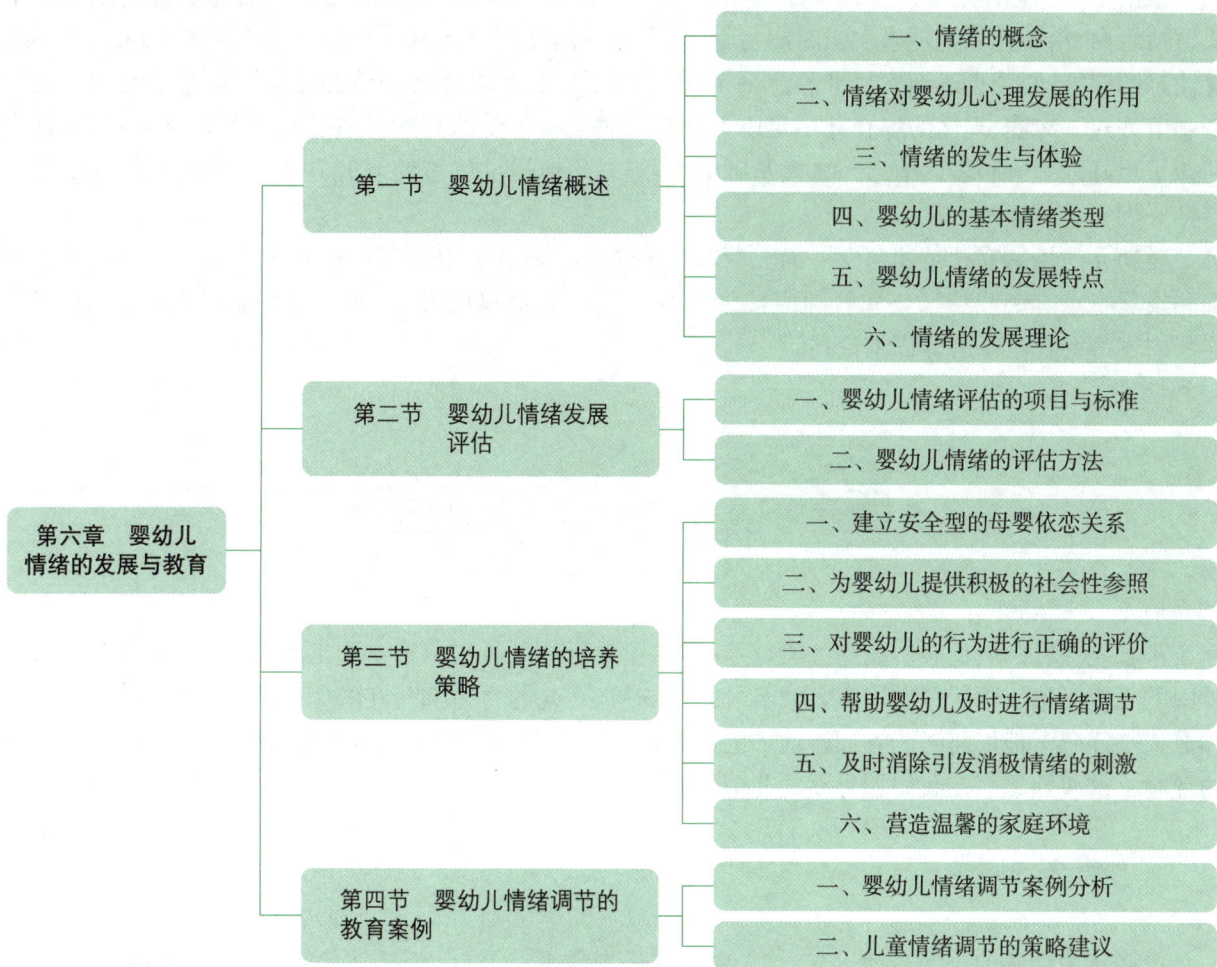

第六章　婴幼儿情绪的发展与教育

第一节　婴幼儿情绪概述
- 一、情绪的概念
- 二、情绪对婴幼儿心理发展的作用
- 三、情绪的发生与体验
- 四、婴幼儿的基本情绪类型
- 五、婴幼儿情绪的发展特点
- 六、情绪的发展理论

第二节　婴幼儿情绪发展评估
- 一、婴幼儿情绪评估的项目与标准
- 二、婴幼儿情绪的评估方法

第三节　婴幼儿情绪的培养策略
- 一、建立安全型的母婴依恋关系
- 二、为婴幼儿提供积极的社会性参照
- 三、对婴幼儿的行为进行正确的评价
- 四、帮助婴幼儿及时进行情绪调节
- 五、及时消除引发消极情绪的刺激
- 六、营造温馨的家庭环境

第四节　婴幼儿情绪调节的教育案例
- 一、婴幼儿情绪调节案例分析
- 二、儿童情绪调节的策略建议

学习建议

本章在理论层面主要介绍了婴幼儿情绪的基本概念、情绪的发生与体验、情绪的基本类型和发展特点、情绪的发展理论。在实际操作层面介绍了婴幼儿情绪发展的评估方法以及教育方法。在掌握基本理论和实践知识后，应注重知识的运用，将所学的内容渗透到实际教育与生活中。

案例导入

在游戏活动中，浩浩精心搭建的积木城堡被小明碰倒了，浩浩很生气，顺手推了小明一下，小明一屁股坐在了地上。老师发现后，把浩浩叫了过来。老师："你很生气的时候，会想用什么颜色来画？"浩浩："我不知道！"老师："你生气的时候，会像一个轻飘飘的气球，还是会像……？"浩浩："像一块石头！"老师："是重重的还是轻轻的？"浩浩："重重的！"老师："你觉得那是什么颜色？"浩浩："……（想了一会儿）黑色！"老师："那就拿黑色，有点生气？还是很生气？"浩浩："很生气！"老师："你会很用力地画，还是轻轻地画？"浩浩："很用力！"老师："你就很用力地画！用你最大的力气来画！"

案例中老师运用绘画的方式鼓励浩浩通过涂鸦，将心中的愤怒宣泄出来。浩浩因情绪激动讲不清事情缘由，借着图像呈现事发当时的情景，再用重重的涂鸦方式宣泄出压在心头的黑色大石头。随着愤怒的缓解，心情也逐渐恢复平静。可见，孩子需要家长和教师帮助他们建立正确的情绪知识及情绪调节方式。冷静、理性的解释并不足以引发孩子对他人感受的觉察。通过具体的物化方式，能够帮助孩子更好地理解和表达情绪。在此基础上，再进一步地提供情绪调节的方法，才能使他们的情绪获得良好发展。

婴幼儿的情绪究竟是如何发展的？情绪在婴幼儿心理发展中起着什么样的作用？情绪的基本类型和发展特点有哪些？家长和教师应该如何评估婴幼儿情绪的发展，以及如何调节婴幼儿的情绪？这些内容都会在本章展开详细论述。

第一节　婴幼儿情绪概述

小刚会在瞥一眼母亲后浅露微笑，会在自己正在玩的玩具被母亲拿走后略显愠色，圆圆会在一架吵闹的飞机飞过头顶后紧皱眉头。微笑、愤怒、皱眉，婴儿的情绪都写在脸上，婴幼儿体验情绪的方式和成人一样吗？他们何时能够理解他人的情绪体验？他们如何利用他人的情绪状态来认识自己所处的环境？这些问题会在我们探寻婴幼儿情绪发展时进行呈现。

一、情绪的概念

情绪作为情感的外部表现形式，是人对客观事物是否符合自己需要而产生的态度体验，是个体心理发展的重要方面。在儿童早期，尤其是语言发育尚不完善的婴幼儿期，情绪不仅是儿童适应生存环境的重要心理工具，而且是婴幼儿进行人际交往的有力手段。婴幼儿通过情绪反应，表达他们的需求、好恶、感觉体验,调整周围的人与其的交往方式。同时,情绪促进婴幼儿意识的产生和个性形成,是婴幼儿心理活动的激发者和驱动器,支配、制约着婴幼儿的心理活动,并指导其行为。

二、情绪对婴幼儿心理发展的作用

（一）情绪是婴幼儿心理活动和行为的激发者

诸多观察和研究表明,情绪对婴幼儿的心理活动和行为具有非常明显的激发作用。婴幼儿的心理活动和行为的情绪色彩非常浓厚,情绪直接调控着婴幼儿的行为,促使着婴幼儿去做出这样或那样的行为,或者不去做某种行为。比如,在愉快的情绪下,婴幼儿愿意学习,做什么事都积极;情绪不好时,则不愿意学习,活动也不积极。正像人们常说的,"孩子是凭兴趣做事"和"儿童是情绪的俘虏"。"高不高兴"和"愿不愿意干"对婴幼儿的心理和行为影响极大,可以说,情绪直接支配着婴幼儿的行为。

（二）情绪推动、组织婴幼儿的认知活动

婴幼儿的认知活动带有明显的无意性特点,其中一个突出的表现就在于受情绪影响、制约非常大。不论感知、记忆,还是注意、想象、思维,都受情绪相当大程度的影响。例如,婴幼儿喜欢憨厚、滑稽的熊猫、猴子,因此它们容易吸引婴幼儿的注意;婴幼儿一般不太喜欢犀牛、河马等,因此它们不容易吸引婴幼儿注意。与婴幼儿愉快情绪相联系的人和物,比如,电动小熊打鼓、生日蛋糕及送这些礼物的人、与之有关的事,婴幼儿很容易就能记住,而且保持很久、不易混淆。而在日常生活中,如果问婴幼儿:"妈妈买了3个苹果,爸爸吃了2个,还剩几个?"有的婴幼儿不去回答这问题,而是说:"爸爸怎么吃这么多? 应该一人一个。"婴幼儿常出现计算或判断、推理内容干扰思维过程的现象,这正是因为情绪在其中产生影响。

（三）情绪是婴幼儿人际交往的重要手段

每一种情绪都有其外部表现,即表情,它是人与人之间进行信息交流的重要工具。在婴幼儿的人际交往中,表情有特殊的、重要的地位。新生儿,几乎完全借助他们的面部表情、动作、姿态及不同的声音表情等,使成人了解他们的生理、心理状态和各种生理性的、社会性的需要,进而照顾、哺育他们,或者给他们以情感上的抚慰。通过与成人情感性的应答,婴幼儿与成人进行着信息交流,相互了解。婴幼儿在掌握语言之前,主要是以表情作为交流的工具。在婴幼儿初步掌握语言之后,表情仍然是婴幼儿重要的交流工具,它与语言一起共同实现着婴幼儿与成人、婴幼儿与同伴的社会性交往。婴幼儿对他人的提问、要求或者意愿、反应,常常不用语言,而用一定的表情代替,或者是用表情辅助自己的语言表达。

（四）情绪影响婴幼儿个性的形成

婴幼儿情绪对其个性的形成也有很大的影响。首先,在生命的头几年中,在与不同人、不同事物的较长期的接触中,由于成人对婴幼儿的不同态度、方式,他们逐渐形成了对不同人、不同事物的不同情绪态度。比如,有的成人经常对婴幼儿关心、抚爱,总是满足婴幼儿的合理需要,使婴幼儿与其共处时总是引起良好的情绪反应;而另一些成人对婴幼儿过多斥责或忽视、冷漠,婴幼儿的合理精神需要总得不到满足,婴幼儿与其在一起总是引起不愉快的情绪反应。久而久之,婴幼儿便对这些不同的成人形成不同的情感态度。其次,婴幼儿由于经常、反复受到特定环境刺激的影响,反复体验同一情绪状态,这种状态便会逐渐稳固下来,形成稳定的情绪特征,而情绪特征正是个体性格结构的重要组成部分。许多观察和研究都已证明,父母、亲人的长期抚爱、关注有助于婴幼儿形成活泼、开朗、信任、自信的性格情绪特征,而长期缺乏父母、亲人的关怀和抚爱,则会使婴幼儿形成孤僻、抑郁、胆怯、不信任人的性格情绪特征。

三、情绪的发生与体验

（一）情绪的发生

人们不禁会问："婴幼儿会体验到情绪的高低起伏吗?"只要花时间和婴幼儿相处,就会知道婴幼儿的表情是其情绪状态的指示器。当他们快乐时,他们会露出微笑;当他们受挫时,会表现出生气;当他们不高兴时,会显得伤心。

行为主义创始人华生(J. Watson)认为新生儿的情绪是一种遗传的反应模式,它包含整个身体机制,特别是内脏和腺体系统的深刻变化。在对新生儿进行观察的基础上,华生认为新生儿存在三种类型的基本情绪反应,即恐惧、愤怒和爱。引起恐惧的原因是失去支撑、平衡,以及当新生儿刚入睡或刚醒来时的突然刺激。反应表现为屏息、抓手、闭眼、皱唇和哭喊。引起愤怒的刺激是活动受阻,反应为哭泣、尖叫、身体僵直、双手乱动和屏息。引起新生儿爱的反应,来自对身体,尤其是敏感区域的温柔抚摸,反应形式为微笑、出声地笑或咕咕发声。婴幼儿在后天环境中建立起各种条件反射,促使恐惧、愤怒和爱三种基本情绪不断发展。先天的或基本的情绪及其替代派生情绪联合起来,形成越来越复杂的情绪。由于这样一种演化过程,恐惧引起窘迫、苦恼、焦虑和类似的派生情绪;愤怒引起仇恨、妒忌、大怒和类似的情绪;爱引起温柔、同情、相思和有关的情绪。

这些基本的面部表情即便在差异很大的文化之间也具有惊人的相似性。不管是印度、美国还是新几内亚丛林的婴儿,其基本情绪的表情都是相同的(见图6-1)。而且,被称为非言语编码的表情在各个年龄阶段都相当一致。这些一致性让许多研究者得出结论,人们天生就具有表达基本情绪的能力。

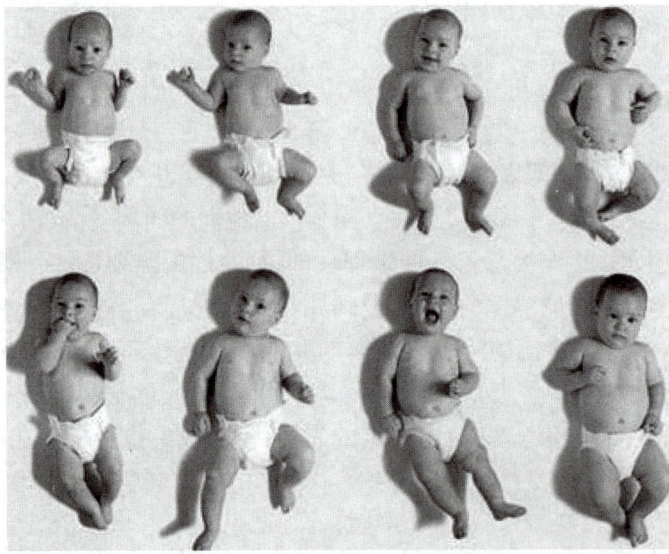

图6-1 面部表情的普遍性

婴幼儿表现出相当广泛的情绪表达。一些研究考察了母亲在其孩子的非言语行为中看到的内容,根据这些研究,几乎所有母亲都认为她们的孩子在1个月时就已经会表达兴趣和喜悦。此外,84%的母亲认为她们的孩子已经会表达愤怒,75%认为会表达恐惧,58%认为会表达惊讶,34%认为会表达悲伤。还有研究采用了由卡洛尔·伊扎德(Carroll Izard)开发出的最大可识别面部运动编码系统,也发现兴趣、悲伤和厌恶在出生时已经出现,而其他情绪在之后的几个月表现出来。

我国心理学家孟昭兰根据自己的大量研究和概括,提出新的儿童情绪分化理论。孟昭兰认为,人类婴儿从种族进化进程中通过遗传获得8~10种基本情绪,如愉快、兴趣、惊奇、厌恶、痛苦、愤怒、惧怕及悲伤等,它们在个体发展进程中随着成熟相继显现(见表6-1)。

表 6-1　儿童情绪发生时间表①

情绪类别	最早出现时间	诱　因	经常显露时间	诱　因
痛苦	出生后	身体痛刺激	出生后	—
厌恶	出生后	味刺激	出生后	—
微笑	出生后	睡眠中,内部过程节律反应	出生后	—
兴趣	出生后	新异光、声和运动物体	3个月	—
社会性微笑	3～6周	高频人语声(女声)、人的面孔出现	3个月	熟人面孔出现,面对面玩
愤怒	2个月	药物注射痛刺激	7～8个月	身体活动受限制
悲伤	3～4个月	治疗痛刺激	7个月	与熟人分离
惧怕	7个月	从高处降落	9个月	陌生人或新异性较大的物体出现,如带声音的运动玩具出现
惊奇	1岁	新异物突然出现	2岁	同前
害羞	1～1.5岁	熟悉环境中陌生人出现	2岁	熟悉环境中陌生人出现
轻蔑	1～1.5岁	欢乐情况下显示自己的成功	3岁	欢乐情况下显示自己的成功
自罪感	1～1.5岁	抢夺别人的玩具	3岁	做错事,如打破杯子

婴幼儿各种情绪的发生,既有一般规律,又有个别差异,如同动作发展的常模一样,情绪发展的常模只表现同龄婴幼儿的平均水平,不能简单对照。尽管婴幼儿表现出了相似的情绪种类,但是情绪表达的程度却在不同婴幼儿之间存在差异。不同文化中的婴幼儿在情绪表达上存在显著不同,这种差异甚至在婴儿期便已经出现。

心理学家还从引起情绪发作的事件中研究婴幼儿最初两年情绪变化的特点。对于新生儿来说,情绪基本上是由于生理和防御本能的需要,是一种先天的无条件反射。之后,情绪的诱因就变得多样化了。有人记录了1～24个月婴幼儿情绪发作的总次数从500次下降到170次,而引发事件由身体上的原因为主变为社会阻挠的原因为主,引起情绪发作的其他因素也相应增加,表明婴幼儿情绪反应的适应范围有了增加,情绪的内容变得丰富了。

(二) 情绪的体验

婴幼儿能够展示和成人相似的非言语表情,但这并不定意味着他们和成人有着完全相同的体验。事实上如果这种展示的本质是先天的,面部表情的产生就有可能并没有伴随着情绪体验的知觉。那么,婴幼儿的非言语表情可能没有情绪,就像医生轻轻敲打你膝盖时的膝跳反射,没有情绪卷入。然而,大多数发展研究者并不这样认为,他们认为婴幼儿的非言语表情代表了真实的情绪体验。事实上情绪表情可能不仅可以反映情绪体验,而且也有助于调节情绪本身。

婴幼儿,天生就有一套反映其基本情绪状态(如高兴和悲伤)的情绪表情谱。随着婴幼儿不断长大,他们会不断扩展和修正这些基本的表情,越来越熟练地控制他们的非言语行为表达。例如,最终他们会知道,通过在恰当的时间微笑可以提高按照自己想法做事的机会。此外,随着婴幼儿的成长,他们不仅能够表达更多种类的情绪,还能体验到更广泛的情绪。

总而言之,婴幼儿看起来的确能体验情绪,只是在出生时所体验的情绪范围还相当有限。随着他们长大,逐渐展示和体验到更多、更复杂的情绪。最初,在生命前三个月,随着大脑皮层开始运作,情绪出现分化。到了9个月或10个月时,构成边缘系统(情绪反应的脑区)的结构开始生长。边缘系统与额叶配合工作,使得婴幼儿体验到更多情绪。

---

① 孟昭兰. 人类情绪[M].上海:上海人民出版社,1989:254.

四、婴幼儿的基本情绪类型

（一）微笑

婴儿的第一次微笑不仅激荡着父母的心灵，也吸引着儿童心理学家的注意。有人报告，在出生后几小时的新生儿脸上可以见到勉强称得上"微笑"的反应。当然，这是一种乐观主义的结论，事实上它并不是真正的微笑，因为这种反应只局限在口部，不包括眼睛和眼睑等部位的活动。两周之内的新生儿，这种原始的微笑仅仅发生于他完全清醒的时刻。在第一周内，这种反应能通过抚摸他的皮肤等手段而获得。在第二周内，人类的声音比其他声音（如铃声、哨子声等）更富有刺激性。第三周的新生儿可以表现出真正的微笑。这种微笑虽然持续的时间很短，但却包括了整个脸部。经常有效的刺激是人声，尤其是妇女的嗓音。而在第五周时，引起微笑的有效刺激就逐渐转向视觉形象，如人的眼睛、面孔等。有人注意到，引起婴儿的刺激包括社会的、视觉的、触觉的和听觉的四种，而以前两项作用为大。

婴儿微笑，反映的是快乐的情绪。这是一种正向情绪，对婴幼儿心理发展具有积极的作用，应引起成人的重视。按孟昭兰的观点，在人的生命长河中，人们从自己的事业成就和社会交往成就中得到快乐，这一点要从婴幼儿时期做起。让婴幼儿参加游戏，同他人玩耍，能引起婴幼儿适时的欢乐，甚至可以引起哈哈大笑，这样的快乐对婴幼儿是有益的，成人应该与他们分享快乐。

（二）痛苦与悲伤

痛苦是由于持续的、超水平（超越一般接受水平）的不良刺激引起的。痛苦的第一个表现形式是啼哭。啼哭是新生儿与外界沟通的第一种方式。3周或4周大的新生儿哭泣时便有明显的分化，有经验的父母可以从他们的哭声中听出是由于饥饿还是由于便溺或疲困。婴儿无休止地啼哭常常弄得人们手忙脚乱，而过度地啼哭对保持婴儿的体重也不利，因此在这种场合需要采取措施使其安静下来。除了满足婴儿的生理需要外，对其连续不断地刺激也可以使其烦躁不安的情绪得到缓解。这一结论对于婴幼儿教育工作者来说具有实用价值。

婴幼儿的啼哭具有明显的个别差异和性别差异。对于婴幼儿来说，身体的分离和心理的分离是引起痛苦的重要原因。身体的分离，如与母亲过早地别离；心理的分离，如情感剥夺、精神虐待、在团体中受排斥、不为集体接纳等。悲伤一般与痛苦同步发生，是痛苦的表现形式。

（三）焦虑和恐惧

焦虑是精神分析学说的重要概念。弗洛伊德认为："焦虑是各种重要问题的中心，我们若猜破了这个哑谜，便可明了我们整个的心理生活。"一个人如果不能很好地应付焦虑，焦虑可能会变成一种创伤，致使这个人退回到0～3岁时期那种不能自立的状态。弗洛伊德认为，婴幼儿的焦虑主要是一种现实性焦虑，即对于外界危险或意料中伤害知觉的反应。但这种焦虑的倾向来自遗传，婴幼儿只是在重演史前人及现代原始人的行为。这些人因为无助，对于新奇的及许多熟悉的事物都经历着一种恐惧之感，虽然这些事物对我们成人来说已经不再是可怕的了。

恐惧是一种有害的具有压抑作用的情绪。引起恐惧的原因很多，可能是先天的，也可能是后天习得的。凡强度过大或变异过大的事件都有可能引起恐惧，如巨响、跌落、疼痛、孤独、无援及处境不明都是危险和可能受到伤害的信号，都是引发恐惧的天然线索。这些线索在婴幼儿身上还派生出具体的恐惧对象，如怕黑暗、怕动物、怕陌生人和怕陌生环境等。

（四）愤怒

愤怒是一种激活水平很高的爆发式负面情绪，当个体的一个强烈愿望受到限制时，就会产生愤怒。低水平的愤怒可能会被各种因素暂时抑制，但这种愤怒具有残留效应，很可能在某种情境下被引爆或导致攻击行为。持久地抑制愤怒可能要导致生理和心理上的损伤。愤怒可能会导致降低认知和监控的作用,也可能激活更大程度的活力和更高层次的追求的作用。婴儿的愤怒往往产生于身体活动被限制。对于年龄大的儿童而言,不良的人际关系或受侮辱、受欺骗、受压制都会导致愤怒。持久的痛苦或恐惧也可能转化为愤怒。从以上的分析中可以看出,随着婴幼儿对周围人物的辨别能力的增强,他们的情感选择性也随之增强。

此外,婴幼儿的情绪和情感易变换、易冲动、易传染、易外露,也都是较明显的特点。对于婴幼儿来说,他们形成了最基本的道德情感。对于成人的赞许,婴幼儿会产生满意的情感;而对于成人的谴责,则会产生羞耻的情感,婴幼儿开始能辨别是非。与此同时,这个时期的情绪发展还奠定了其他高级情感的基础,如理智感和美感等,理智感集中表现在婴幼儿旺盛的求知欲、对周围环境的浓厚兴趣和获得满足时的愉快等方面。随着婴幼儿生活经验范围的扩大,他们的兴趣能得到满足,他们的求知欲和将来的理智感也就能得到充分的发展。反之,如果婴幼儿的兴趣得不到满足,也就可能会长期地阻碍其求知欲的发展。婴幼儿的美感除了表现在他们对色彩分明的物体产生愉快感之外,还表现在某些很早就表现出来的对音乐、舞蹈的愉快感,特别是在唱歌时,婴幼儿特别喜欢一边唱歌一边进行有节奏的活动。

五、婴幼儿情绪的发展特点

(一) 情绪逐渐分化与丰富

婴幼儿从出生开始就有哭、静、四肢蹬动等表现。美国心理学家伊扎德通过研究发现,新生儿具有惊奇、伤心、厌恶、最初步的微笑和兴趣这5种不同的情绪。我国心理学家孟昭兰认为,新生儿本身就具有兴趣、痛苦、厌恶和微笑这4种初生情绪。婴幼儿的初生情绪反应基本都是遗传本能,并且与其生理需要是否得到满足有直接的联系。

婴幼儿的情绪在成长与环境的影响下逐渐分化与丰富。在5~6周,婴幼儿的社会性微笑开始出现,即由照料者的面孔、声音、活动所引起的微笑;3~4个月,婴幼儿能表现出愤怒和悲伤的情绪;6~8个月,婴幼儿表现出对主要照看者的依恋及分离焦虑,并表现出对陌生人的焦虑等。一岁半左右,随着自我意识、交往以及认知的渐渐发展,婴幼儿产生了羞愧、自豪、骄傲、内疚和同情等更高级、更复杂的情感。

(二) 情绪逐步开始社会化

婴幼儿情绪社会化的一个标志就是自我意识情绪的出现。在本书第三章,已经详细介绍过婴幼儿的自我意识,在此不再赘述。个体在做某件事情时,自我意识情绪的产生可以帮助判断和调节自己的行为,从而避免令自己或他人不悦的行为出现。另一个标志是情绪社会性参照的发生。社会性参照是指当婴幼儿面临陌生、不能确定的情境时,他们更倾向于从成人的脸上寻找表情线索,然后再做出相应的行为或反应。8~10个月时,婴儿情绪的社会性参照就开始出现了。两岁半以后,当婴幼儿开始理解他人的情绪反应也许与自己的不同时,社会性参照使他们能够将自己和他人对事件的评估加以比较,帮助其确定他人内在的心理状态,并以此来决定自己的行为。情绪的社会性参照对于提高婴幼儿的生活质量和扩展发展机会有非常重要的作用。

母婴依恋的形成也是婴幼儿情绪社会化的一个重要标志。婴幼儿在与主要抚养者(通常是母亲)的相互作用中,逐渐建立了一种特殊的情感联结,即对母亲产生一种依恋,这种依恋叫作母婴依恋。安斯沃思把依恋划分为安全型、回避型、反抗型,后两种又被称为不安全依恋。不安全依恋婴幼儿的攻击性行为在以后的生活中出现得比较频繁,在生活中遇到事情时倾向于选择退缩。

(三) 情绪的自我调节能力不断发展

情绪的自我调节是指用以调节自身情绪反应的强度或持续时间,使之达到令人安适的水平,以便实现自己的目标的策略。情绪的自我调节包括调节自身的积极情绪和消极情绪，积极和消极情绪都能被调节和用来达到目标(例如，微笑可以增强互动，生气可以消除阻碍)。婴幼儿能够利用多种策略来调节自身的情绪，包括悲伤反应、回避和自我安慰行为。

在生命最初的几个月中，婴儿调节自身情绪状态的能力非常有限，只是能够通过让身体远离引起不愉快的物体或通过不断吮吸的方式抑制某些消极的情绪。接近1岁时，婴儿学会了使用意识控制和自我安慰的方式来调节自身不愉快的情绪，比如晃动自己的肢体、用嘴咬东西和远离引起不愉快的人或事物。1.5岁之后，除了上面所提出的几种方法外，儿童还会使用冲突解决和行为调节的方式。从2岁开始，儿童便开始使用一些词语来表达情绪，但并不会使用语言来调节自身的情绪。一直到接近3岁时，儿童才会经常谈论自己的情绪，并尝试积极主动地控制，他们开始利用语言来辅助情绪的自我调节。由此可见，在0~3岁这个阶段，婴幼儿的情绪调节能力是不断发展的。

六、情绪的发展理论

在出生后头2~3年内，在初生时原始情绪反应的基础上，在成熟和后天环境的作用下，婴幼儿情绪不断分化并获得初步发展。下面介绍三种有代表性的关于婴幼儿早期情绪初步发展的理论观点。

(一) 布里奇斯的儿童情绪发展理论

布里奇斯的情绪发展理论是比较著名的儿童早期情绪发展理论。她通过对100多个0~2岁婴幼儿的观察，提出了其关于早期情绪发展较完整的理论和0~2岁婴幼儿情绪分化的模式。布里奇斯认为，初生婴儿只有未分化的一般性的激动，表现为皱眉和哭的反应，这是由强烈刺激引起的内脏和肌肉反应。3个月以后，情绪分化为快乐和痛苦。6个月以后，痛苦又进一步分化为愤怒、厌恶和恐惧。比如，这时的婴儿有时眼睛睁大，肌肉紧张，这是恐惧的表现。12个月以后，快乐的情绪又分化为高兴和喜爱。18个月以后，分化出喜悦和妒忌。到24个月时，可以在快乐的热情中区分出较稳定的欢乐来。布里奇斯的情绪发展理论在早期比较著名，在20世纪80年代伊扎德等提出其理论前，一直为较多的人所接受。

(二) 林传鼎的儿童情绪发展理论

我国心理学家林传鼎在对儿童实际行为反应研究和大量观察的基础上，于1963年提出了儿童情绪发展理论。他认为，儿童从新生时起，即有两种完全可以分辨得清的情绪反应，即愉快与不愉快，二者都是与生理需要是否得到满足相关的表现。不愉快反应通常是自然动作的简单增加，为所有不利于机体安全的刺激所引起。饱满的反应和不愉快的表现显然不同，它是一种积极生动的反应，增加了某些自然动作，特别是四肢末端的自由动作，这种动作也能在儿童洗澡后观察到，这就说明了一种一般愉快反应的存在，它为一些有利于机体安全的刺激所引起。他提出从出生后第1个月的后半个月到第3个月末，相继出现6种情绪，用情绪词汇来说，可称作"欲求、喜悦、厌恶、忿急、烦闷、惊骇"。但这些情绪不是高度分化的，只是在愉快或不愉快的轮廓上附加了一些东西，主要的是面部表情不同。其中，惊骇是一种强烈的特殊体态反应。婴儿4~6个月时，已出现与社会性需要有关的情感体验，如由社会性交往需要引起的、指向同伴或成人的喜悦、忿急。3岁后，进一步发展起亲爱、同情、尊敬、羡慕等20多种情感。

林传鼎的情绪发展理论对我们了解、把握婴幼儿情绪发展有过很大影响。他的不少观点，特别是新生儿已有两种完全可以分清的情绪反应，4~6个月时婴儿相继出现与社会性需要有关的情感体验，社会性需要逐渐在婴儿情感生活、交流中起着越来越大的作用，对指导人们与婴幼儿的实际交往有着很大意义。

(三) 伊扎德的儿童情绪发展理论

伊扎德是当代美国和国际著名的情绪发展专家，他关于儿童情绪发展的理论，在当前国际上有着重大影响。伊扎德认为,儿童具有5种具体的情绪,包括惊奇、痛苦、厌恶、最初步的微笑和兴趣。它们对于儿童最初适应母体外环境和生存具有决定性意义。当婴儿4~6周时,出现更特殊的微笑即社会性微笑,在区分人和其他非社会物体时,对前者笑得更多。到3~4个月时,开始出现愤怒、悲伤。5~7个月时,出现惧怕,怕某些事物或现象,如大声或从高处摔下。随着婴儿自我意识开始发展,6~8个月时害羞出现了,并且产生了对陌生人的焦虑。0.5~1岁时,形成对主要抚养者的依恋,并进一步产生分离伤心、对陌生人恐惧的情绪。1.5岁左右,伴随自我意识、交往和认知的发展,进一步产生羞愧、自豪、骄傲、焦虑、内疚和同情等。

伊扎德的儿童情绪发展理论对我们更进一步深入地认识、了解婴幼儿情绪的早期发展非常有益,特别是对理解婴幼儿情绪发展与自我意识、交往和认识发展的关系,更好地促进婴幼儿情绪的早期发展,具有更为积极的意义。

第二节　婴幼儿情绪发展评估

婴幼儿的情绪发展是一个过程,国内外研究者们运用不同的方法和工具对婴幼儿情绪发展进行了评估。本节将对婴幼儿情绪发展评估的标准以及六种评估方法进行简单的介绍。

一、婴幼儿情绪评估的项目与标准

婴幼儿情绪情感的测量项目包括情绪表达、情绪控制、高级情感三项,评估标准包括三级,具体如表6-2所示。

表6-2　婴幼儿情绪情感的测量项目与评估标准[①]

测量项目	一级	二级	三级
情绪表达	能用多种正确的方式向周围人民表达自己的情绪和感情	逐步学会运用多种方式表达自己的情绪和情感	较多运用表情和动作的方式表达自己的情感
情绪控制	对情绪和情感会加以合理的控制,会把握情绪和情感的表达分寸,能顾及他人、顾及后果	逐步学会控制自己的情绪和情感,情绪和情感不太稳定,有时表达情感能顾及他人的感受	控制自己情绪和情感的能力较差,情绪和情感很不稳定,表达情感时不能顾及他人的感受
高级情感	有一定的责任感和集体荣誉感,萌发爱自己的国家和家乡的情感;爱探究周围的世界,总爱问"为什么";有初步的感受美和表达美的情趣	有初步的道德感,能评价自己和他人的行为;对周围的世界充满好奇,总爱问"是什么";喜欢美的事物或现象	道德感主要依赖于别人的评价,能初步判断个别行为的好坏;有一定的好奇心;表现美的能力较差

二、婴幼儿情绪的评估方法

(一)观察法

可通过观察婴幼儿的要求无法得到满足、遇到挫折或者受到表扬时的情绪表现,来评估他们情绪

---

① 张家琼,蒋宗珍.学前儿童心理发展概论[M].重庆:西南大学出版社,2018:240.

的发展水平。在日常生活中,婴幼儿的情绪认知、表达与控制的表现十分丰富,因此可以采用然观察法对婴幼儿生活中情绪的变化进行记录,然后判断婴幼儿情绪表达与控制能力发的水平。可参考表6-3中的评价指标,记录与评价婴幼儿的表现。

表6-3　婴幼儿情绪表达与控制能力观察表[①]

评价指标		儿童表现	评价
认知和表达情绪	能识别自己和他人的情绪		
	用恰当的方式表达自己的情绪		
控制自己的情绪	成功或失败时使用恰当的表达方式		
	在要求得不到满足时能耐心等待		
	会使用一定的情绪表达规则、策略来表达情绪		
保持稳定的情绪状态	不容易冲动,情绪稳定		
	不容易受周围情境的影响		

（二）测验法

教师可以创设一些情境,或设置一些活动环节,来观察和记录婴幼儿在情绪表达与控制能力上的表现,从而判断其情绪表达与控制能力的发展水平。例如:

- 播放关于婴幼儿意外受伤的短片,观察婴幼儿的表现。
  A. 看到别人受伤,眉头也跟着皱起来
  B. 看到别人受伤,没有什么反应
- 在游戏角放置一些新玩具,当婴幼儿玩得正高兴时,教师宣布停止游戏,并组织婴幼儿进行安静的活动(如算术活动),观察婴幼儿的表现。
  A. 注意力不集中,教师提醒无效
  B. 经教师提醒能把注意力放到当前活动中
  C. 情绪稳定,注意力集中
- 组织一组婴幼儿观看引人发笑的喜剧小短片,另一组婴幼儿进行绘画等安静活动,观察绘画组儿童的表现。
  A. 坚持把自己的作品完成,不受周围人影响
  B. 一边画画一边偷看喜剧片
  C. 放下自己的作品,跑去看喜剧

（三）故事情景法

故事情景法,即通过给婴幼儿呈现能够引发某种情绪的特定环境(又称情绪引发情境),要求婴幼儿对故事中主人公的情绪进行识别,以评估其情绪发展的方法。研究者在如何采用情境故事时存在一定差别,这些差别表现在故事的呈现模式和婴幼儿的反应模式两个方面。在故事的呈现模式方面,研究者主要采用三种模式:一是口头陈述情境故事;二是在使用玩偶的同时口头陈述情境故事,创设

---

① 杨兴国,黄程佳.幼儿观察与评估[M].北京:首都师范大学出版社,2019:100.

"仿真"情境；三是将故事情境通过图片的形式表现出来并配合口头陈述，图片中主人公的面部表情为空白。这三种模式向婴幼儿提供的线索信息的数量是不同的，其中口头陈述故事情境提供的线索最少，图片加口头陈述的方式提供的线索最多。此外，口头陈述受到婴幼儿言语能力的影响较大，适用于学龄儿童；玩偶加口头陈述及图片加口头陈述这两种模式受到婴幼儿语言能力的影响较小，适用于学龄前儿童。

婴幼儿对情境故事的反应模式也包括三种：第一种是在给定的情绪词汇中做出选择，大部分研究都是使用这种模式；第二种是在给定的表情图片中做出选择，针对学前儿童和低年级儿童的研究多采用这种方式；第三种是词汇加图片的结合。这三种模式均采用封闭式回答，将答案列在每个故事的后面，要求儿童做出选择。其优点是易于对儿童反应的一致性进行控制，便于对儿童的反应进行整理、编码和评分。

以下是口头陈述情境故事的例子：

> 1. 甜甜希望她的朋友们来家里玩，当她邀请他们时，朋友们都到她家和她一起玩。
> 问：甜甜在家里与朋友们一起玩的时候心情怎么样啊？
> 2. 明明在教室外面玩，回到教室发现他的图画书让人给撕破了，而且有人在他的图画书上还踩了一个脚印。
> 问：明明看到他的图画书让人撕破会有什么感觉啊？
> 3. 贝贝在幼儿园的路上看到一只小狗吐出了很多脏东西。
> 问：贝贝看到小狗吐的脏东西什么感觉啊？
> 4. 亮亮在找他非常喜欢的玩具小狗，突然他发现原来玩具小狗就在床下面。
> 问：亮亮找到他喜欢的玩具小狗心里就会感到怎么样啊？
> 5. 强强抢了豆豆最喜欢的玩具手枪，豆豆用手拽着手枪想要回来，但强强就是不给。
> 问：豆豆的手枪被抢了，他心里会感觉怎么样啊？

（四）表情识别法

面部表情是察觉个体情绪的重要信息源，表情识别法是用表情图片考察婴幼儿情绪识别的方法。具体操作是向婴幼儿呈现表情图片，让其用语言命名这些表情，以及从表情图片中指认出相应的表情。面部表情照片由埃克曼（Ekman）和弗里森（Friesen）于1976编制，包括110张黑白幻灯片，分别是男性和女性成人表达快乐、害怕、惊讶、悲伤、生气和厌恶6种基本情绪的面部表情照片（如图6-2所示）。埃克曼指出，使用由36张图片构成的一个子集就可以保证测量工具的效度。这是早期研究表情识别普遍使用的工具。

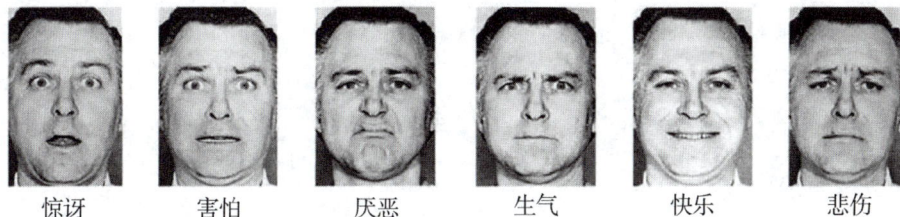

| 惊讶 | 害怕 | 厌恶 | 生气 | 快乐 | 悲伤 |

图6-2 面部表情识别材料示例

莫斯特（Most）、维塞尔（Wisel）和扎奇（Zaychi）于1993年编制了情绪识别测验。该测验通过听觉、视觉和视听结合三种模式测量儿童对快乐、害怕、惊讶、悲伤、生气和厌恶6种基本情绪的识别，每种情绪包含6个项目，共计36个项目。设计者将这些项目拍成录像，由一个男演员分别表演6种情绪,同时用与情绪相对应的语调和语速说:"我现在要出去,一会儿就回来。"在录像中,人物的情绪通过面部表情和说话速度表达出来。在听觉模式中,研究者将电视屏幕盖上,婴幼儿无法获得形象刺激,只能靠听录像的声音来判断和识别情绪。在视觉模式中,婴幼儿看到的是无声录像,无法获得声音刺激,只能靠图像判断和识别情绪。在视听结合的模式中,婴幼儿既能看到图像也能听到声音。3种模式都要求婴幼儿在给出的答案中做出选择。

(五)量表测量法

量表测量法是用一套预先经过标准化的量表来测验某种心理品质,目前国内外已经有研究者开发了多种婴幼儿情绪与社会性发展评定量表。采用量表来评估婴幼儿的情绪发展状况时,通常与日常生活中的观察相结合。家长和教师均可填写量表,最后将观察和记录的结果采用量化的方式进行评估和解释。

中国幼儿情绪及社会性发展量表(表6-4),适用于1~3岁的幼儿。量表由幼儿的抚养人填写。该量表共有146个条目,包含4个领域:外化行为域("活动性/冲动性""攻击性/反抗性""同伴攻击性"三个因子)、内化行为域("忧郁/退缩""焦虑""恐惧""强迫""分离焦虑""对新鲜事物退缩"六个因子)、失调域("睡眠""负性情绪""饮食""感官敏感性"四个因子)和能力域("依从性""注意力""模仿/游戏""掌握动机""移情""亲社会同伴关系"六个因子)。量表条目采用三级评分法:"0"表示"不符合或极少符合","1"表示"部分符合","2"表示"非常符合"。评分方法为:先计算每个域的原始总分,得出均分再转化为相应T分。

表6-4 中国幼儿情绪及社会性发展量表

根据幼儿最近1个月的反应,对照下列陈述选择最符合该幼儿的选项,"0"表示"不符合或极少符合","1"表示"部分符合","2"表示"非常符合"。

	第一部分	不符合	部分符合	非常符合
1	噪声或强光会使他/她烦躁不安	0	1	2
2	到新地方感到紧张,要过一会儿才会安定下来(十分钟或更长)	0	1	2
3	经常弄伤或弄痛自己	0	1	2
4	遇到挫折时会产生攻击行为	0	1	2
5	在陌生环境中变得安静,不活跃	0	1	2
6	被交给新照顾者时显得烦躁不安(过去1个月没有新的照顾者,可选"不符合")	0	1	2
7	一叫他/她的名字就答应	0	1	2
8	做事成功时显得很高兴(例如,为自己鼓掌)	0	1	2
9	玩好后把玩具收拾好	0	1	2
10	看上去不安、紧张或害怕	0	1	2
11	不安静,坐不住	0	1	2
12	玩的时候会非常"兴奋",控制不住自己	0	1	2
13	霸道,听不进别人的话	0	1	2
14	动个不停	0	1	2
15	某些气味使他/她烦躁不安	0	1	2
16	晚上睡觉当中会醒,然后需要哄着才能再次入睡	0	1	2
17	当要他/她安静下来的时候,他/她就安静下来	0	1	2
18	哭闹或发脾气直到他/她精疲力竭	0	1	2

（续表）

	第一部分	不符合	部分符合	非常符合
19	不肯吃需要嚼的食物	0	1	2
20	做坏事,捣蛋,引起大人的注意	0	1	2
21	努力按照您说的去做	0	1	2
22	玩玩具的时间达5分钟或更长	0	1	2
23	拥抱或者轻拍别人表示亲热(因为身体原因不能做该动作,可选"不符合")	0	1	2
24	又开始做一些以前小时候的举动(如"想用奶嘴")	0	1	2
25	害怕某些动物	0	1	2
26	害怕某些东西	0	1	2
27	害怕某些地方,如商店、电梯、公园等	0	1	2
28	当有别人在场时,紧靠着您或想坐在您的腿上	0	1	2
29	会和您玩球,把球滚到您那儿(或他人)(因为身体原因不能做该动作,可选"不符合")	0	1	2
30	愿意被他/她喜爱的人拥抱或亲吻	0	1	2
31	十分吵闹,经常大声尖叫、喊叫	0	1	2
32	把吃的东西吐出来	0	1	2
33	不听话,如您让他/她干一件事情,他/她坚决不干	0	1	2
34	不顺他/她的心,他/她就哭闹	0	1	2
35	烦躁不安时,主动寻找母亲或父亲	0	1	2
36	即使遇到困难时,仍然坚持做下去	0	1	2
37	自己看图画书	0	1	2
38	当您要离开时哭闹或抱住您不放	0	1	2
39	担心,焦虑或紧张	0	1	2
40	紧张或烦躁时感觉不舒服			
41	模仿做一些大人做的事情,如刮胡子	0	1	2
42	皮肤接触到某些东西时会感到不舒服(如衣服线头、某些针织品等)	0	1	2
43	当说到他/她的名字时会立即看着您	0	1	2
44	受伤或被弄痛时没有反应	0	1	2
45	容易受到惊吓	0	1	2
46	对他/她喜欢的人显得亲热	0	1	2
47	很乖,行为举止恰当	0	1	2
48	喜欢您(父母)胜过喜欢其他成年人	0	1	2
49	爱笑,经常笑	0	1	2
50	固执,反抗	0	1	2
51	某些物体看上去或摸上去不舒服就不愿碰它们	0	1	2
52	烦躁不安时,很难哄劝使他/她安定下来	0	1	2
53	在公共场所(离开父母)走掉	0	1	2
54	喜欢自己做一些事情	0	1	2

第一部分	不符合	部分符合	非常符合
55 指着要某些东西	0	1	2
56 指着远处的东西给您看	0	1	2
57 每次醒来时情绪不好，发脾气	0	1	2
58 入睡困难或睡不安稳	0	1	2
59 当您烦恼时会安慰您	0	1	2
60 给他/她穿衣服、换衣服或洗澡时保持安静	0	1	2
61 一直与您对视，不愿您走开	0	1	2
62 给他/她读故事时，能安静地坐5分钟	0	1	2
63 别人受伤疼痛时显得担心或难过	0	1	2
64 做了错事后想办法"弥补"	0	1	2
65 必须抱着才能睡觉	0	1	2
66 缺少耐心，容易产生挫折感	0	1	2
67 对别的小孩感兴趣	0	1	2
68 喜欢做需动脑筋的事，如搭积木	0	1	2
69 能长时间集中注意力（不包括电视）	0	1	2
70 对陌生人热情	0	1	2
71 能察觉到别人的情绪感受	0	1	2
72 烦恼时一动不动、发呆	0	1	2
73 别人受伤疼痛时主动去帮助人家，如给他/她玩具	0	1	2
74 面对陌生成年人会害羞	0	1	2
75 对他/她想要而不能马上得到的东西能够等待	0	1	2
76 好哭	0	1	2
77 当您让他/她模仿有趣的声音时，他/她就能模仿	0	1	2
78 把一种东西当成另一种东西来玩（模仿游戏），如把香蕉当成电话	0	1	2
79 喜欢做那些有点难度的事情	0	1	2
80 喂玩具娃娃，或玩具动物，或者抱它们	0	1	2
81 学着拍手或挥手再见（可选"不合适"，因不能做出这种行为）	0	1	2
82 该害怕时不感到害怕	0	1	2
83 和您"开玩笑"或给您一些东西逗您发笑，开心	0	1	2
84 情绪不稳定，发脾气	0	1	2
85 教他/她新东西时注意力很集中	0	1	2
86 没有什么原因，平时看上去不高兴或伤心	0	1	2
87 不肯吃东西	0	1	2
88 对新事物感到好奇	0	1	2
89 夜里尖叫着醒来后，几分钟内对人都没有反应（夜惊）	0	1	2
90 不疲劳时也会吵闹不安	0	1	2
91 和不认识的儿童一起会害羞	0	1	2

（续表）

	第一部分	不符合	部分符合	非常符合
92	具有破坏性，故意毁坏东西	0	1	2
93	看上去无精打采	0	1	2
94	生气或不高兴	0	1	2
95	从梦中惊醒	0	1	2
96	父母来接他/她的时候，开始瞎闹或不听话（可选"不合适"）	0	1	2
97	爱发脾气	0	1	2
98	打、咬或踢父母	0	1	2
99	爱挑食	0	1	2
100	从远处看到您时，能回应您的微笑	0	1	2
101	不愿和别的孩子一起玩，社会性退缩	0	1	2
102	看上去很不高兴、伤心或忧郁	0	1	2
103	当出现攻击行为时，大人制止，他/她能服从	0	1	2
104	不肯吃某些（种）食物达2天或2天以上	0	1	2
105	让他/她做别的活动时，就不高兴	0	1	2
106	故意伤害自己，如撞头	0	1	2
107	当父母离开时他/她，需要5分钟或更长时间才能安静下来	0	1	2
108	当父母过来接他/她时，不理睬父母	0	1	2
109	当父母来带他/她回家时，发脾气	0	1	2
110	当看到父母来接他/她时，显得很高兴	0	1	2
111	下午父母接他/她回家时，不喜欢被他们抱	0	1	2

您的孩子是否开始说一些由两三个词组成的短句子，如"要果汁""妈妈抱"等？根据实际情况的不同，将请您继续回答不同的问题。请在以下符合您实际情况的选项前打钩

	还没有（将转至第三部分作答）			
	有时（将转至第二部分作答）			
	经常（将转至第二部分作答）			

	第二部分			
1	重复别人说的最后几个词或电视广告中的最后几个词	0	1	2
2	到不熟悉的地方需要过一会儿才说话	0	1	2
3	说别人的情绪感受（如"妈妈生气"）	0	1	2
4	说一些奇怪、令人害怕或令人恶心的事情	0	1	2

在最近1个月内，您的孩子跟别的孩子有没有接触过？根据您的实际情况，将请您继续回答不同的问题

	是（将转至第三部分作答）			
	否（将转至第四部分作答）			

	第三部分			
1	跟别的孩子玩时，能将自己的东西分给别人或友好地向别人请求想要什么东西	0	1	2
2	打、推、踢或咬别的孩子（不包括兄弟或姐妹）	0	1	2
3	有一个或几个喜欢的朋友（年龄差不多）	0	1	2

（续表）

第三部分		不符合	部分符合	非常符合
4	捉弄或欺负别的孩子	0	1	2
5	与别的孩子玩得来	0	1	2
6	取笑别的孩子	0	1	2
7	跟别的孩子一起玩"过家家"	0	1	2
8	和几个孩子玩耍时，不让别的孩子加入	0	1	2
9	故意伤害别的孩子	0	1	2
第四部分				
1	"与世隔绝"，完全不知道他/她身边发生的事情	0	1	2
2	回避身体接触	0	1	2
3	身体某个部位出现难以控制的抽搐，如眼、嘴、鼻或腿的抽动	0	1	2
4	不能控制地发出声音	0	1	2
5	把食物含在嘴里	0	1	2
6	非常担心被弄脏	0	1	2
7	要求身边所有的东西干净或整洁	0	1	2
8	和别的孩子玩一些相互看或摸隐私部位的游戏	0	1	2
9	长时间玩弄自己的生殖器	0	1	2
10	拔自己的毛发（如睫毛、眉毛、头发等）	0	1	2
11	不看着您，把您的手放在某件东西上，如有发条的玩具，让您给玩具上紧发条	0	1	2
12	反复地将物体按固定顺序摆放	0	1	2
13	玩大便	0	1	2
14	在不应该大便的地方大便（如"在地板上"）	0	1	2
15	在不应该小便的地方小便	0	1	2
16	一遍又一遍地重复扮演同一个情节	0	1	2
17	一遍又一遍地重复某一特定身体运动（如"摆、旋转"等）	0	1	2
18	一遍又一遍地重复同一动作或短语	0	1	2
19	有非常怪异的习惯	0	1	2
20	吃或喝一些不能食用的东西，如"纸或颜料"	0	1	2
21	嚼他/她不应该嚼的东西	0	1	2
22	过分担心自己的身体	0	1	2

第三节　婴幼儿情绪的培养策略

　　情绪在婴幼儿的心理发展中起着重要作用。因此，在日常生活中需要对婴幼儿的情绪发展予以足够的关注，从而促进其发展。本节将会从建立安全型的母婴依恋关系、为婴幼儿提供积极情绪的社会性参照、对婴幼儿的行为进行正确的评价、帮助婴幼儿及时进行情绪调节、对引起消极情绪的刺激进行及时的消除以及营造一个温馨的家庭环境等多个方面,提出婴幼儿情绪的培养策略。

一、建立安全型的母婴依恋关系

安全型的母婴依恋有助于婴幼儿自信心的培养,有助于他们保持乐观、向上的态度,以及与他人友好相处。尚未建立起安全型母婴依恋的婴幼儿,遇到问题时容易发脾气且十分烦躁。安全型的母婴依恋形成后,婴幼儿欢笑的次数增多,哭闹行为减少,开心、活泼且喜欢探索,乐于摆弄和操作物体,勇于尝试新事物。因此,安全型母婴依恋关系有利于婴幼儿积极、健康情绪的培养,自信、坚强、勇于探索性格的形成。

婴儿从6～7个月开始逐步与母亲建立依恋关系,一直到1岁之前都是建立母婴依恋关系的关键期。因此,母亲要抓住关键期,及时与婴幼儿建立安全型的依恋关系。婴幼儿是在与母亲的情感交流中逐渐建立母婴依恋关系的,在此期间,母亲不仅要及时满足婴幼儿的生理需求,还要对其生理需求和情感信号等非常敏感,并给予其充分的关爱与呵护。母亲应该时刻关心婴幼儿的生理及心理状态,听取并正确地理解婴幼儿发出的信号,及时做出恰当、慈爱的反应。母乳喂养有助于建立安全型的母婴依恋关系。在母亲喂乳时会轻摇、抚抱婴幼儿的身体,低声对婴幼儿说话或哼唱,婴幼儿能看见母亲的面容、听见母亲的声音。因此,母乳喂养能在视觉、听觉、触觉等多感官上满足婴幼儿的多种生理及心理需要,使其建立起与母亲的亲密感,这种亲密感是难以通过其他哺育方式获得的。

二、为婴幼儿提供积极的社会性参照

婴幼儿时常与父母体验、共享情绪,这会使亲子关系更加亲密,并且丰富婴幼儿的情感世界。积极的社会性参照能够引起婴幼儿对于新情境和新事物的兴趣,扩大其搜索范围,提高智力、发展能力。而消极的社会性参照会对婴幼儿产生消极的影响,引起其消极的情绪,给其带来消极的行为体验,使其形成胆小、怯懦的性格,束缚积极尝试和探索的行为,进而妨碍智力的提高。例如,当婴幼儿爬向母亲时,发现中间有阻挡,于是产生了惧怕的情绪。如果这时候母亲给予鼓励和支持的动作(如拍拍手、做出拥抱的姿势),示意婴幼儿可以越过障碍爬过来,他们往往就可以爬过去。如果母亲做出不要爬过来、害怕的表情及姿势,那么他们通常就会放弃,并且在今后面临相同的情境时很有可能选择退缩和逃避。

同样的,父母应该利用积极的社会性参照来引导婴幼儿正确应对日常生活中的事件。积极的社会性参照有助于婴幼儿对他人的情绪信息做出简单的回应,还有助于婴幼儿利用这些信息指导他们的活动,了解他人的意图、偏好和欲望。因此,父母要注意创造适宜、积极的社会性参照信息,尽力避免消极的社会性参照信息。

三、对婴幼儿的行为进行正确的评价

自我意识情绪在儿童两岁半左右出现,并且儿童只有成人在场的时候才会表现出来。由此可见,自我意识情绪在很大程度上会受成人评价的影响。如果父母只是不断地给婴幼儿否定的反馈和评价,如"这件事你做得真糟糕""你这样做是不对的",婴幼儿则倾向于在失败时感到羞愧。与此相反,如果父母更关注的是如何改进婴幼儿的表现,如"你应该这样做""这样做会更好",那么婴幼儿体验到的是一种适度的羞愧和内疚。

由于婴幼儿的知识经验非常短缺,再加上身体尚未完全发育,动作的协调性和灵活性有待提高,所以难免会犯些错误,但婴幼儿正是在一次次的错误和失败中不断汲取经验的。因此,父母对婴幼儿的错误和过失不要多加指责,不要总对婴幼儿说"不能怎么做",相反,更应该多多理解,帮助婴幼儿寻找出现错误的原因,教会婴幼儿"应该怎么做"。婴幼儿经常出现的心理卫生问题大多与心理紧张密切相关,主要原因是父母对其错误和过失的过分指责。例如,对于婴幼儿偶尔尿床的问题,父母如果能跟孩子说"不要紧,爸爸、妈妈小时候也尿过床。以后你只要……就可以了",那么婴幼儿心理的紧张和焦虑情绪就会在很大程度上得到缓解。父母对婴幼儿的宽容和理解有助于其良好情绪的形成,因此,父母要正确对婴幼儿进行评价,并且要重点关注如何改进婴幼儿的表现,而不是单纯给予婴幼儿价值和表现的反馈。

四、帮助婴幼儿及时进行情绪调节

父母可以通过多种方式辅助婴幼儿进行情绪调节。例如,通过安慰性的干预措施——举到肩头、晃动、温柔地抚摸以及轻柔的抚慰。或者通过努力转移婴幼儿的注意力来帮助其从消极事件(如一些令人沮丧的事)转移到积极的事件(如一个玩具),从而调整消极情绪。还可以帮助婴幼儿理解恐惧、受挫折和失望等情绪,这种方式叫做支持性干预,有助于婴幼儿学会有效调节自己的情绪。

能够凭借经验读取出婴幼儿的情绪线索并做出富有同情心反应的父母,他们的孩子往往不会特别哭闹,相反会表现出更为愉悦的情绪,对探索环境更有兴趣,而且比较容易安抚。相反,以不耐烦或愤怒回应的父母,以及婴幼儿到达极度焦虑状态时才加以干预的父母,会强化婴幼儿极度烦恼的状态,此后将更难安抚,婴幼儿也难以学会自我平复。如果照看者没有帮助婴幼儿建立调节应激的经验,那么大脑缓冲压力的结构可能就得不到适当的发育,这将会导致婴幼儿易于焦虑,情绪一触即发,调节情绪的能力也将由此下降。因此,要积极地辅助婴幼儿及时进行情绪调节,否则不但达不到安抚的效果,还会对其情绪调节能力的发展造成消极影响。

五、及时消除引发消极情绪的刺激

婴幼儿的情绪反应与生理需要是否得到满足有着紧密联系。在0~3岁,尤其是0~1岁阶段,哭是婴儿表达自己的主要方式,所以为了能及时消除引起消极情绪的刺激,需要分辨婴儿的不同哭声。引起婴儿哭的原因及其反映出的身体状态是不同的,主要有饥饿、引起关注、疼痛、害怕及生病等。研究表明,刚出生1周的婴儿啼哭的原因主要是饥饿和寒冷。父母需要及时发觉并消除引起婴儿消极情绪的刺激。当婴儿饥饿的时候,如果及时将婴儿喂饱就会马上终止哭闹,从而变得愉快或安静。

有时候消极的情绪刺激并不是直接来源于婴幼儿本身,而是来源于父母或其他照看者。例如,父母如果带着烦躁、愤怒、悲伤等情绪照看婴幼儿,对于婴幼儿来说也是一种消极的情绪刺激。大部分家长认为婴幼儿年龄小,察觉不到成人的情绪,但事实是婴幼儿是非常敏感的,他们能够感受到父母的情绪及其变化。安全感作为一种情绪体验,是可以传递的,当父母认为周围安全时,婴幼儿便认为周围是安全的,值得信任的;如果父母经常感到周围不安全,缺乏安全感,那么也会潜移默化地传递给婴幼儿。因此,作为父母,首先自己要建立安全感,从而影响婴幼儿,帮助其建立安全感。

六、营造温馨的家庭环境

对婴幼儿来说,一个温馨有爱的家庭环境是极其重要的。父母在生活中要善于发现有爱的细节并不断坚持。温馨有爱的家庭环境包含多个方面。首先,母亲需要经常表达对孩子的爱,经常抚摸他们的小脑袋,牵牵他们的小手,拥抱他们,这不仅能安抚婴幼儿的情绪,还会加深婴幼儿对相应感觉的体会以及对情感的体认。其次,父母及照看者对婴幼儿要有足够的耐心和信心,有时候婴幼儿可能会做出一系列奇怪的举动,比如一直扔玩具,父母捡回来后,继续再扔,反反复复,乐此不疲。成人可能会认为婴幼儿在故意戏弄自己,其实他们可能是在探索"扔"这个动作与玩具落地这个结果之间的联系。

在传统育儿观中,主要由母亲担任养育孩子的责任,父亲的作用微乎其微。美国耶鲁大学的一项研究表明,婴幼儿与父亲的交往对其良好个性品质的养成具有非常重要的、不可替代的作用。父亲参与养育的孩子,更加聪慧、灵活、好奇、乐观。父亲多角度的参与能够让孩子的积极情感需要得到充分满足,因为父亲与孩子玩的游戏往往具有刺激、变化多样和富有挑战性等特点,但母亲与孩子玩的游戏一般是传统、安静、少有变化的游戏。与父亲一起玩的游戏能够给孩子提供更多的刺激从而提高其兴奋性,如"蹦蹦"和"举高"等游戏常常逗得孩子大笑,使他们体验到更多的兴奋、愉快与满足,进而使他们更加活泼、开朗。因此,父亲和母亲都需要对孩子有爱心与耐心,共同为孩子营造出温馨有爱的家庭环境。

第四节　婴幼儿情绪调节的教育案例

情绪是人对客观事物与主体需求之间关系的反应,是以个体需要为中介的一种心理活动。婴幼儿主要依靠自身的情绪反应与周围世界进行交往和互动,这个时期也是情绪的萌芽阶段,良好情绪的发展有利于良好个性的形成。家长和教师是婴幼儿情绪发展过程中的重要他人,在日常生活中对婴幼儿的情绪发展起到重要引导作用。在本节,将详细介绍婴幼儿情绪调节案例。

一、婴幼儿情绪调节案例分析

婴幼儿天性活泼,愿意将自己的情绪与家人、同伴分享。在日常生活和教学过程中发现,一些婴幼儿在自己遇到问题时会控制不住情绪,爱发脾气等。为了深入了解导致婴幼儿情绪不良的原因和具体表现,本小节选取一个典型的婴幼儿情绪不良个案,结合跟踪观察,分析引起问题的原因,并提出解决策略。

(一)婴幼儿个案情况简介

20××年,班上来了一个刚满3岁的小男孩。通过观察发现,该男孩存在一些问题。在生活方面,他能熟练穿衣服穿鞋子,但是不能熟练辨认衣服的正反,且几乎不喝水、不上厕所;在交往方面,该男孩不主动与班级其他婴幼儿交往和沟通。突出的问题是情绪问题,一旦该男孩自身的要求得不到满足就会大哭大闹,并且在短时间内情绪难以平复。

(二)个案观察记录

儿童姓名:×××
观察方法:直接观察
观察记录:对该男孩穿错衣服及参与活动的跟踪观察详见表6-5和表6-6。

表6-5　穿错衣服的个案跟踪记录

时　间	事　件	行　为	推测原因	结　果
20××年10月15日 14:30—15:00	午睡起床小朋友穿衣服,他没有识别衣服正反,无法自己穿,老师帮助他穿好	他开始大哭,用力扯身上的衣服	想要将身上的衣服脱下重新穿	老师帮助他脱掉,让他自己穿,他的情绪慢慢平复

（续表）

时　间	事　件	行　为	推测原因	结　果
20××年10月16日 14:30—15:00	午睡起床后小朋友穿衣服，老师试图帮助他被拒绝，一直摆弄手中的衣服	他站在地上边哭边扯自己身上的衣服	他不能识别衣服的正反，却想独立穿好	老师帮助他认清衣服正反，他拿着衣服，自己慢慢穿，情绪慢慢平复
20××年11月12日 14:30—15:00	午睡起床后检查，裤子穿反，他不承认，老师帮他调整	他坐在椅子说"我没有穿反"	不想调整裤子正反	老师再次明确告知他，裤子穿反，他情绪恶化，坐在椅子上边脱裤子边哭泣，不断反复说"我没有穿反"
20××年11月20日 14:30—15:00	午睡起床后检查衣着，老师告知他裤子穿反，他不承认	他拉着裤子坐在椅子上	不想调整裤子正反	老师再次明确告知他，裤子穿反，劝说他调整裤子，他不承认，继续坐着不调整

表6-6　参与活动的个案跟踪记录

时　间	事　件	行　为	推测原因	结　果
20××年12月8日 8:10—8:20	母亲送他入园，引导他进教室，强行抱他，他的情绪恶化	躺在地上大哭	不想进教室或不想参与儿童活动	他开始躺在地上大哭，直到老师离开，他的情绪才慢慢平复
20××年12月9日 8:10—8:20	母亲送他入园，引导他进教室，试图强行抱他，情绪恶化	躺在地上大哭	不想进教室或不想参与儿童活动	他开始躺在地上大哭，老师离开，情绪慢慢平复
20××年12月10日 8:10—8:20	母亲送他入园，双手拉他进教室，强行抱他，情绪恶化	坐在地上哭泣	不想进教室或不想参与儿童活动	老师离开，情绪慢慢平复
20××年12月11日 8:10—8:20	母亲送他入园，试图双手拉他进教室，坐在地上轻哭	坐在地上轻声哭	不想进教室或不想参与儿童活动	老师离开，情绪慢慢平复，他站在门口一直看小朋友活动
20××年12月12日 8:10—8:20	母亲送他上学，用语言引导他进教室，他摇头不进来	站在门口不进来	不想进教室或不想参与儿童活动	他的情绪稳定，但不进来，站在门口一直看小朋友活动

（三）导致婴幼儿不良情绪的原因

1. 不良家庭教养方式导致婴幼儿性格内向

与家长沟通交流后得知，该男孩与爸爸、妈妈和姐姐住在一起，是家里的第二个孩子，在家中很受宠爱。上幼儿园之前，他一直与外公、外婆生活在一起，他们更加宠爱他。外公外婆担心他在外面玩时会受到其他小朋友的欺负，因此总是让小男孩在家里玩，和外面的小朋友几乎没有接触。进入幼儿园后，虽然妈妈全职在家带孩子，但由于妈妈自身教育知识有限，在科学养育孩子方面比较欠缺，放学后也一直让孩子待在家中，不让与其他孩子交往。因此小男孩时而听话乖巧，时而苦恼哭闹。从种种现象可以看出,孩子的性格与家庭成人的养育方式有很大关系,由于过度宠爱,造成了孩子喜欢独处以及缺乏交流沟通的机会。

2. 婴幼儿自身缺乏情绪管理技巧

在日常活动中,小男孩不愿意与其他小朋友交流沟通,喜欢独自安静地待在一个地方。稍有不高兴便会大哭大闹,很难听进别人的劝告,甚至越劝越闹。其中,主要原因是孩子缺乏情绪管理技巧,但是经过一段时间的跟踪观察与引导,小男孩在自理能力、参与活动等方面有了一定的进步,从完全的自我封闭、无法控制情绪发展到能慢慢听进劝告,能尝试控制自身情绪。

二、婴幼儿情绪调节的策略建议

(一) 与家长沟通,达成教育共识

通过入园后的长期观察跟踪可以看出,该男孩存在的问题在很大程度上与家庭环境有关。如果家长的育儿观念无法及时更新,他们就无法科学地指导婴幼儿的行为。因此,在日常生活中,园方应该利用多样、有效的形式与家长沟通。例如,利用每日家长来园、离园接送婴幼儿的时间,与家长沟通婴幼儿在园情况,包括但不限于幼儿在园的情绪和行为等。除此之外,定期访谈是与家长达成共识的最佳方式之一,可将婴幼儿在园的情况与家长沟通,提出相应的建议,通过家园共育达到教育效果,引导婴幼儿积极发展。

(二) 适当"留白",允许婴幼儿宣泄情绪

只有对婴幼儿有足够的了解,才能对婴幼儿的行为做出正确的判断。比如,在"穿错衣服的个案跟踪记录"中,男孩穿错衣服大哭大闹是因为他自己无法解决问题,如果教师在他哭闹时介入、帮助、劝告,反而会显得非常无力;如果在一旁等待让他自己将情绪宣泄,在其负面情绪逐渐减弱时适时提出帮助的要求,征得他同意后根据他的意愿解决问题,这样能够让他的负面情绪找到宣泄的出口,并且帮助他自己解决问题。

(三) 以陪伴方式鼓励、引导婴幼儿换位思考

婴幼儿游戏时,成人以观察者、支持者的身份在旁陪伴,及时发现并询问孩子是否需要帮助,这能在一定程度上建立起婴幼儿的心理安全感,同时尽量减少婴幼儿不良情绪发作的频率。在"参与活动的个案跟踪记录"中,男孩虽然不愿意参与游戏,只是在一旁观察其他孩子,但如果老师介入,强行要求其与其他孩子一起玩耍,反而会让孩子的情绪再次崩溃。此时,稍远距离的观察与陪伴可以在一定程度上避免儿童消极情绪的产生。因此,可在婴幼儿积极情绪占主导地位时,选择合适的方法帮助其进行情绪管理,引导其进行换位思考,如"如果我是他,我会……",使其情绪管理方面得到提升。

(四) 适当放手,让婴幼儿提升自我服务与管理能力

陈鹤琴先生说:"凡是儿童能够自己做的,都应该让他自己做。"他主张让儿童由学习中的被动接受者变为"自己活动""自己思想"的主动创造者。婴幼儿情绪爆发往往是因为不能独立完成一件事情或者不能准确地表达自己的所思所想,因此只能哭闹的方式来减缓自己的焦虑,如果成人不了解婴幼儿,只是简单地帮助其完成事情,他们会觉得自己的成功体验被剥夺,认为自己不能独立完成一件事,反而情绪更糟。所以,在婴幼儿的积极情绪占主导地位时,成人应该通过适当的方式帮助他们多学会一些辨别衣服正反、亲切和他人交流的本领,缓解婴幼儿的失败感,降低情绪突变的次数。

思考与实训

一、单选题

1. （　　）是婴幼儿情绪状态的指示器。
  A. 表情   B. 语言   C. 动作   D. 行为

2. 婴幼儿的情绪发展和形成主要依靠（　　）。
  A. 感知觉的发展   B. 语言的发展
  C. 自我意识的发展   D. 情绪气氛的熏陶

3. 婴幼儿的基本情绪类型有（　　）。
  A. 厌恶、微笑、自豪、惊奇
  B. 痛苦、微笑、嫉妒、羞耻
  C. 微笑、痛苦、焦虑、愤怒
  D. 羞耻、痛苦、嫉妒、惊奇

4. 情绪的作用不包括以下哪个？（　　）
  A. 情绪是婴幼儿心理活动和行为的激发者
  B. 情绪阻碍婴幼儿的认知活动
  C. 情绪是婴幼儿人际交往的重要手段
  D. 情绪影响婴幼儿个性形成

5. 婴幼儿喜欢成人接触、抚爱，这种情绪反应的动因是为满足其（　　）。
  A. 生理的需要   B. 情绪表达性需要
  C. 自我调节性需要   D. 社会性需要

6. 情绪情感的自我调节化主要表现在三个方面，其中不包括（　　）。
  A. 情绪的冲动性逐渐减少
  B. 情绪的稳定性逐渐提高
  C. 情绪情感从外显到内隐
  D. 情感指向的事物不断增加

7. 婴幼儿社会性参照从（　　）开始。
  A. 0～5 个月   B. 6～7 个月
  C. 8～10 个月   D. 11～12 个月

8. （　　）编制了面部肌肉运动和表情模式测查系统，给表情识别提供了一个客观依据。
  A. 布里奇斯   B. 伊扎德
  C. 林传鼎   D. 孟昭兰

9. 下列哪项不属于婴幼儿情绪与情感发展的特点？（　　）
  A. 情绪具有外露性
  B. 情绪控制能力较差
  C. 情绪具有易冲动性
  D. 具有意志成分

10. 下列哪种方法不利于缓解或调整婴幼儿激动的情绪？（　　）
  A. 转移注意力   B. 斥责
  C. 冷处理   D. 安抚

二、简答题

1. 婴幼儿有情绪吗？

2. 婴幼儿情绪发展有什么特点？

3. 评估婴幼儿情绪发展时可以用哪些方法？

三、实训题

　　小明今年3岁了，平时爱闹脾气，一旦遇到自身要求得不到满足就会大哭大闹，并且在短时间内情绪难以平复。请根据小明的情况，设计一个婴幼儿情绪调节的方案。

第七章 婴幼儿亲子关系的发展与教育

学习目标

1. 了解亲子关系的含义、特点,理解依恋的形成、发展过程、类型及影响因素。
2. 掌握婴幼儿亲子关系发展的评估方法,并能够结合本章所介绍的三种方法进行正确评估。
3. 能够将婴幼儿亲子关系发展的理论研究及教育方法运用到实践中,并为建立良好的亲子关系提供有益的教育策略。

内容结构

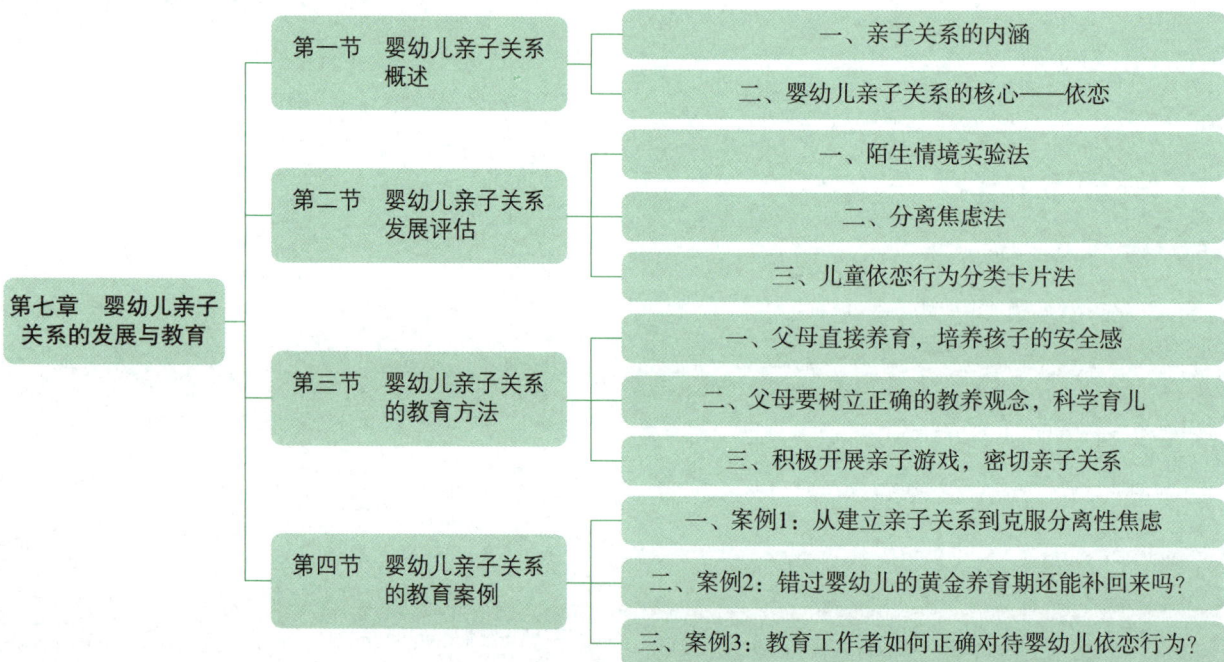

第七章 婴幼儿亲子关系的发展与教育

- 第一节 婴幼儿亲子关系概述
  - 一、亲子关系的内涵
  - 二、婴幼儿亲子关系的核心——依恋
- 第二节 婴幼儿亲子关系发展评估
  - 一、陌生情境实验法
  - 二、分离焦虑法
  - 三、儿童依恋行为分类卡片法
- 第三节 婴幼儿亲子关系的教育方法
  - 一、父母直接养育,培养孩子的安全感
  - 二、父母要树立正确的教养观念,科学育儿
  - 三、积极开展亲子游戏,密切亲子关系
- 第四节 婴幼儿亲子关系的教育案例
  - 一、案例1:从建立亲子关系到克服分离性焦虑
  - 二、案例2:错过婴幼儿的黄金养育期还能补回来吗?
  - 三、案例3:教育工作者如何正确对待婴幼儿依恋行为?

学习建议

本章在理论层面主要介绍了婴幼儿亲子关系的含义、特点、核心,以及依恋的形成、发展过程、类型、影响因素。在实践操作层面介绍了婴幼儿亲子关系发展的评估方法及教育方法,并通过案例分析进一步探讨理论知识。在掌握基本理论和实践知识后,应注重知识的运用,将所学的内容渗透到实际教育与生活中。

　　一岁半的圆圆非常黏妈妈，妈妈走到哪里他就跟到哪里，有时妈妈上厕所也要跟着。妈妈为此很苦恼，认为不让他跟，怕影响跟孩子的关系，也怕他闹。让他跟着，又怕惯坏孩子，不能很好地培养他的独立性。这位妈妈应该怎么做呢？

　　案例中的圆圆正处于容易产生不安情绪的时期，他时刻需要跟能给其安全感的人在一起，而母亲正是可以给其足够安全感的人，所以他愿意黏着母亲。如果此时母亲很严厉地说："你别总跟着我，你要是总跟着我，妈妈就不喜欢你了。"圆圆会立刻出现伤心的情绪，觉得母亲不喜欢他、不爱他了，这样母子之间很难建立良好的依恋关系。母亲应该知道，婴幼儿黏人是其成长过程中一个特殊时期，过了这个阶段，他们便会逐渐独立起来。因此，母亲在这个时期应满足婴幼儿的愿望，多陪伴他们，让其有足够的安全感、自信心，和其建立起良好的亲子关系，这对其以后的人际关系发展有深远影响。

　　婴幼儿亲子关系究竟是如何发展的？影响亲子关系的因素有哪些？家长和教师应该如何科学评估亲子关系，以及如何建立良好的亲子关系？这些内容都将会在本章展开详细论述。

第一节　婴幼儿亲子关系概述

　　婴儿从出生之日起，就开始与周围的一切发生关联，其社会性发展也就此开启。研究表明，0～3岁是婴幼儿人际交往发生发展的重要阶段，婴幼儿能否与抚养者建立亲密关系，能否与同伴发展友谊，以及能否进行良好的社会性活动，亲子关系的好坏起着决定性作用。相比其他关系，亲子关系是婴幼儿最早形成的一种人际关系，它是婴幼儿早期生活中最主要的社会关系，对于婴幼儿的安全感建立、人际交往及社会适应能力等都有重要影响。

一、亲子关系的内涵

　　从遗传学的角度，亲子关系指亲代和子代间的生物血缘关系。从法律角度，亲子关系指父母和子女之间的权利、义务关系。从心理学、教育学研究的角度，亲子关系既包含直系血亲关系，又包含非直系血亲关系，主要指以共同生活的家庭为基础，在家庭生活中父母（或其他直接照料他们的人）与子女所构成的互动人际关系同时伴随着父母与子女在情感上的交往。亲子关系在情感上具有很强的亲密性，它不但可以直接影响婴幼儿的身心发展，而且影响他们未来在不同阶段、不同层级的社会关系及成就等。

　　亲子关系主要是在亲子交往的过程中形成的，包含了三种类属关系。

　　其一，亲子关系是人类最亲密的一种人际关系。而亲密人际关系的表征之一是非常强大的相互影响，且这种影响是长久存在的，会通过多种方式来实现。亲子关系充分展现出了亲密人际关系的核心特征，即关系的长久持续，即使亲子之间在空间上分离了，但是亲子关系仍然在延续，包括强烈的情感投入和承诺等。

　　其二，亲子关系是一种典型的垂直关系，即亲子关系间存在不对称性和不平等性。一方面，在亲子关系中,父母是孩子生活和成长的主要支持者,父母必须对孩子负责,并无偿抚养其长大成人,由此,父母承担的义务更多,这表明了亲子关系的不对称性。另一方面,父母有多少义务,就会拥有多少权利,他们有抚养、保护、管理及教育孩子的义务,自然也就享有更多的决定权,亲子关系的双方是不对等的。

其三,亲子关系是一种不断变化的人际关系,随婴幼儿年龄的增长,横向关系的特点越来越多。横向关系的特点更多的是用平等、合作、公平及平衡(对等)来描述,即亲子之间有了更多的权利共享和互惠行为。

综上所述,亲子关系是互动的结果,亲子行为间的关联也是双向的。父母不仅会影响婴幼儿,婴幼儿本身也会对父母的行为产生影响,由此影响到亲子关系的质量。对于婴幼儿来说,其亲子关系主要是与父母之间的依恋关系。

二、婴幼儿亲子关系的核心——依恋

20 世纪 60 年代末,英国精神分析师约翰·鲍尔比首次提出依恋的概念,指出了儿童早期会与父母(或者经常照看他的人)形成一种特殊而强烈的情感联结,而且这种情感联结亲密而持久,可为儿童提供情绪支持、安全感和自信心,是亲子关系亲密程度的一种表现,也称为亲子依恋,是亲子关系的最初情感纽带。法国心理学家瓦隆指出,婴幼儿对成人的依恋对于他们自身的心理发展是必需的。如果没有这种依恋,婴幼儿就会感到惊慌和恐惧,甚至精神萎靡,这种影响会阻碍婴幼儿未来爱好、志向、人格等的建立。因此,婴幼儿与父母建立良好的依恋关系非常重要。

与其他社会关系相比,依恋具有以下明显特征。在对象层面上,依恋有选择的属性。对于婴幼儿而言,主要倾向于能够满足其自身依恋需要,或者能引起他们良好情感体验的人,婴幼儿不会把所有对象当作依恋对象。在行为层面上,依恋有亲近的属性。依恋者大多会寻求与依恋对象身体的接触或亲近,对于婴幼儿而言,恰恰需要父母或者抚养者与他们身体的接触。在关系层面上,依恋有相互的属性。依恋双方往往具有步调一致的和谐性,他们的情感与行为一般会保持着一种互相呼应的状态。在结果层面上,依恋还有支持的属性。对于婴幼儿而言,作为依恋者,能够从亲子依恋关系中获得一种慰藉和安全感,以及心理支持。当婴幼儿遇到压力、困难和挫折时,母亲的保护、抚慰能有效地使其平静下来。在影响层面上,依恋具有长期的属性。在依恋双方的交往中,婴幼儿建立了一个内部工作模型,该模型内化了对依恋双方及两者关系的内在心理表征,具有稳定的倾向,对婴幼儿的发展会产生长期影响。

(一) 依恋的建立与发展

依恋不是突然发生的,也不是天生就有的,它是婴幼儿的感觉、知觉、记忆和想象等心理状态发展到一定时期、一定程度的产物,是婴幼儿与周遭环境相互作用的结果。依恋的发生与建立有其特定的标志,其发展过程也是婴幼儿心理逐渐趋向成熟的过程。

1. 依恋建立的前提与标志
(1) 依恋建立的前提

依恋建立的前提包括识别记忆和客体永久性。首先,婴幼儿在认识和熟悉周遭环境及其事物时,会经历一个从未分化到分化的过程。当儿童能将依恋对象锁定在特定个体,且能清楚地与其他人区别开来时,就可能对这个特定的个体形成集中依恋。而这种使知觉对象从知觉背景中分化出来的认知能力,就是婴幼儿的识别记忆。其次,在婴幼儿认知发展的过程中,获得客体永久性的概念是一个重大成就,使婴幼儿明白有些人或物即使不在眼前也不会消失,这也是婴幼儿形成依恋的认知前提。婴幼儿的识别记忆和客体永久性的出现并非彼此孤立,两者具有发展上的相继性和功能上的相互性。

（2）依恋建立的标志

婴幼儿对他人的依恋往往会伴随着一系列的反应和表现。比如，当母亲进入婴幼儿的房间时，婴幼儿会对着母亲微笑；当母亲把婴幼儿抱起来，婴幼儿会拍拍母亲的脸，或者亲密依偎在她身上；当婴幼儿焦虑时，会一直依赖和跟随母亲，甚至出现抓住母亲的手或者腿等行为。那么，以上行为是否就是判断依恋形成或者建立的标志呢？是否可作为一种标准推广呢？英国心理学家谢弗认为，依恋形成的标志除了一些常规行为外，还需要符合三条原则。第一，必须是代表性、典型性的。即能鲜明地反映出依恋的表现不同于其他社会关系的本质特性或者规则性。第二，具有较强的稳定性。即在依恋行为发生时，可以在一定时期内能保持相对稳定，如儿童今天出现了某一行为，但明天及之后就再也不出现了，这就不具有稳定性，就不能说明依恋建立了。第三，具有符合多人特征的普遍性。即不因个体与个体之间的差异而影响其依恋现象的普遍存在，比如，在一般情况下，A 具有某种依恋行为，而 B、C、D 等多数人在同一时期并没有出现，那么就不能被判断为建立依恋标准或者标志，因为不具备普遍性。

2. 依恋的发展阶段及表现

随着婴幼儿年龄的增长，其依恋的对象和行为会逐渐发生变化，根据鲍尔比的依恋理论，依恋在儿童的不同阶段会呈现出不同的行为表现。

（1）第一阶段（0～3 个月）：前依恋阶段

在刚出生阶段，婴儿对任何反应和任务都不加区别，仅以哭、笑、抓、踢及吸吮等表现出信号行为。从第五周开始，婴儿会出现咿咿呀呀的语言反应，会去注视周围人的脸，听周围的声音并做出一系列反应。即使还不能具体地去识别某一个特定的人，但也能够用动作或者特殊行为向他人发出一些信号，比如婴儿在早期用小手去抓、拍母亲，母亲若是迅速做出回应，给予婴儿反馈，那么，婴儿和母亲的关系就会更亲密，但这都不是真正的依恋行为，属于依恋萌发状态。

（2）第二阶段（3～6 个月）：依恋关系建立期

这个阶段，婴儿进入对特定人物进行定位和表现信号行为阶段。会对亲密的人表示友好，比如会对父母微笑，会发出持续不断的咿呀语言来表达喜悦，尤其是更愿意依偎母亲，和母亲频繁交流。同时，对陌生人和其他人有所警觉，互动较少，表情较少，但也不会明确排斥，这属于依恋正在建立中，未真正形成。

（3）第三阶段（6 个月～2 岁）：依恋形成期

这个阶段也是婴幼儿依恋发展的特殊情感联结阶段，婴幼儿可以通过躯体移动和语言信号来表达自己想靠近身边熟悉的人的情感，从 6～7 个月开始，直至 15 个月时达到巅峰。此时，婴幼儿开始具备认知客体的能力，并且是永久性的。比如，婴幼儿对母亲（或者直接抚养者）产生依恋，就特别愿意和母亲待在一起，其行为表现包括特别爱笑，兴奋、高兴，而当母亲一离开，则会产生分离焦虑，用哭闹的行为不让其离开，婴幼儿开始把母亲当作了安全场所。不仅如此，婴幼儿此时对母亲以外的人，或者陌生人的存在会感到异常焦虑，看到陌生人会胆怯、排斥和哭闹。因此，这一阶段的婴幼儿只能与稳定和持久照顾他的人建立起依恋关系。由此，2 岁之前是亲子依恋关系形成的关键期。

（4）第四阶段（2 岁以后）：目标调节的伙伴关系期

这个阶段，由于儿童语言及认知能力快速发展，他们开始理解母亲离开的原因，逐渐能对与母亲相关的行为做出认知推断，能对母亲的行为进行预测，能洞察她的情绪情感和行为动机。比如，儿童清楚地感觉到母亲很爱自己，并且知道母亲一定不会抛弃自己。因此，他们也就能容忍与母亲的距离逐渐增大，并逐渐善于与同伴和不熟悉的人进行交往，并调整自己的情绪和行为反应，逐渐进入目标调节的伙伴关系时期。

（二）依恋的类型

许多学者都从不同的角度对依恋的类型进行过划分，不过总体来说，他们最终都将依恋划分为安全型依恋和不安全型依恋两种,不安全型依恋又包含有两种类型。各类型在真实情境中的具体特点或者表征都有所不同,不过大部分还是相似的。在所有的分类中,爱因斯沃斯的依恋分类应用范围最广,也最受推崇。

依据鲍尔比的理论,爱因斯沃斯设计了陌生情境法,以儿童在陌生场景中的不同反应为基础,将早期儿童依恋分为三类——安全型、回避型、矛盾型,第一类属于安全型依恋,后两类属于不安全型依恋。

1. 安全型

大约70%的1岁婴幼儿都属于这一类,在陌生的情境中,这类婴幼儿与母亲的安全情感联系较强,可以把母亲当作自由摸索、探究的安全基地,在探究周遭环境时很自信,还能愉快地游戏,不会总是注意母亲是否在场。当母亲离开其视线范围后,这类婴幼儿的探索行为会受到一定影响,有的会出现伤感的情绪,有的会小声啜泣,也有大声哭泣的,尽管如此,也不会出现明显的分离焦虑感;当母亲回到了婴幼儿的视线中时,他们会表现得特别热情,会去积极与母亲亲近,并寻求安慰,待平静之后,又会重新参与到探索和游戏活动中。而且,婴幼儿对陌生人也表现出积极的兴趣。此类型的教养特征表现为:父母对婴幼儿的需要敏感,态度积极;与婴幼儿经常有互动,一起做相同的事,一起笑、一起做动作,为他们的活动提供情绪支持,并经常激励他们。

2. 回避型

大约有20%的婴幼儿属于这一类,这类婴幼儿对母亲往往采取回避的态度,他们会忽视母亲在场,表现出漠不关心的行为;自主地探索环境和游戏而不受母亲的影响,不愿意和母亲亲近接触,也不愿意和母亲互动交流。但是,他们能接受陌生人和陌生事物,对陌生人没有特别警惕,表现得胆子大、不退缩,母亲离开后,他们也不会很沮丧、害怕,母亲回来后,也不会特别开心,常常采取忽视的态度。此类型的教养特征表现为:父母对婴幼儿不敏感,表现消极,很少满足他们的需求,很少从与他们的亲密接触中获得乐趣。或者,对待婴幼儿过分热情,刺激过度,经常对他们喋喋不休,强行给其制造某些需要,让其不堪其扰。

3. 矛盾型

大约10%的婴幼儿属于这一类,他们对母亲的依恋时常会表现出自相矛盾的行为或状态。比如,母亲在身边的时候,这类婴幼儿也会感到非常焦躁不安,也不愿意参加游戏或者其他探究活动;而母亲离开时,这类婴幼儿又会出现极度悲伤的情绪;当母亲再度返回时,他们又开始矛盾了,虽然对母亲之前的短暂离开表示不满,内心渴望母亲待在自己身边,但对于母亲的返回或者接触又表示反抗。此类型的教养特征表现为:父母教养方式通常不一致,他们对婴幼儿时而热情时而冷淡。婴幼儿对父母这样的态度和方式会感到绝望,为了获得关注,他们要么黏着父母,要么哭闹,如果一切努力都无效的话,他们就会变得愤怒、怨恨。

在这三种依恋类型中,安全型依恋属于正面、良好、积极的依恋,回避型依恋和矛盾型依恋属于不安全型依恋,是负面、不良、消极的依恋。依恋对于婴幼儿及其以后的社会性发展具有重要影响,依据许多学者的研究结果,安全型依恋的婴幼儿比不安全型依恋的婴幼儿更容易对事物产生积极的兴趣,更喜欢主动探索,具有更强的社会适应能力。

除了以上三类,梅因和所罗门(Main & Solomn, 1986)通过研究,还发现了一种新的依恋类型,即混乱型不安全依恋,也叫无定向型依恋。这种依恋类型将前述三种类型的状态混合在一起,且呈现出的状态不可预估,时而平静,时而愤怒,最让人摸不着头脑。这类婴幼儿对陌生情境的一致策略有所缺乏,对于行为的组织性较差,任性无理,同时也会表现出寻求亲近与回避的矛盾行为,渴望亲密但却常常恐惧被抛弃,无法相信人。

(三)影响依恋发展的因素

婴幼儿依恋的发展受一系列环境因素和婴幼儿自身因素的影响,综合各种研究,可将依恋发展的因素归纳为以下四点。

1. 抚养质量

在婴幼儿期,帮助其建立安全型依恋,与抚养者照看的质量息息相关。爱因斯沃斯曾经通过对母亲行为的评价研究,来验证抚养方式与婴幼儿形成安全型依恋是否呈正相关,结果证明抚养者的抚养品质确实与安全型依恋相辅相成。婴幼儿在日常生活环境中是否被精心照料,是否得到了抚养者的关注和关爱等,这些抚养态度和行为都是判断婴幼儿抚养质量的标准。比如,当抚养者面对婴幼儿时,能否全身心与其进行良好的互动,主动地和儿童进行亲密的肢体接触和语言交流,给儿童带来欢笑;当婴幼儿烦躁不安,或者身体上、情绪上有不适的时候,抚养者能否在第一时间给予安慰,或者帮忙解决问题,平复其情绪;当婴幼儿发出信号,或是用肢体,或是用不清楚的语言,想要和抚养者交流时,抚养者能否及时做出积极回应,满足其的需求。如果抚养者能端正抚养态度,端正好对儿童事事有回应的行为,那么婴幼儿就能对抚养者建立起足够的安全感,大概率形成安全型依恋。埃里克森曾经就指出,"婴儿期的基本发展课题就是建立对外界的信任感",这对婴幼儿一生的发展都有重要影响。但是,若抚养者没有良好的抚养态度,也不懂有哪些正确的抚养方式,那么,婴幼儿就容易形成不安全型依恋。比如,婴幼儿哭泣吵闹的时候,抚养者不闻不问,甚至对婴幼儿的哭闹表示讨厌,进而责骂婴幼儿;婴幼儿因为对某人、某物、某事感到害怕的时候,抚养者也无动于衷,置之不理。这样一来,婴幼儿就不会对抚养者产生信任感,更不会把他们当作自己的安全基地,只会小心翼翼,由此,更不会形成安全型依恋。

2. 母爱缺失与剥夺

稳定的抚养者通常是婴幼儿形成安全型依恋的关键因素,而这里稳定的抚养者大多是指母亲,母亲在婴幼儿依恋的形成中扮演着重要角色。弗洛伊德等学者曾经对一群被封闭集中养育了近4年的孩子(没有母亲抚养)进行了深度研究,发现这一群孩子的社会性发展有很大的问题,尽管他们后来也在安全基地中接受了补偿性治疗,但由于没有得到母亲早期的抚养,主要是同伴间的依恋,长大后,其依恋性质也没有得到改变。这说明了婴幼儿与母亲情感纽带的重要性在这种纽带关系缺失时更为明显。其实,关于婴幼儿与母亲之间的依恋研究也很多,但都表明了,婴幼儿与母亲分离的后果是很严重的。英国的心理学专家鲍尔比也通过研究,证明了母爱被剥夺的危害性。早在1940年,国外的心理学专家们研究了一些孤儿院和保育中心婴幼儿的行为和表现,发现这一类婴幼儿与人的交往很少,几乎没有什么社会性刺激,极度缺乏交流的环境,抚养者每天只是在生活上对他们按时喂养,除此之外没有更多的接触,更没有跟其互动、与其玩耍,一名抚养者甚至会同时照顾7~8名婴幼儿。因此,这些婴幼儿会对周围环境表示回避与退缩、对外在刺激不会有敏感的回应,以及会存在睡眠障碍等问题。在这种集体养育环境中,婴幼儿体会不到母亲的爱,更无法建立依恋关系。伴随着婴幼儿的成长,这类婴幼儿在成长过程中很容易抑郁和焦虑。同样的,也是鲍尔比,在其专著《母亲照顾与心理健康》一书中,也强调了婴幼儿如果在关键期内没能和母亲建立起安全型依恋关系,那么他们的社会性发展(情绪、社会交往等)就会受到不可逆转的、严重的损害,婴幼儿长大后会因此形成一种"无情感的性格"。比如,婴幼儿若是到两岁半的时候才得到母亲的关注和爱,那么,其实在他们的成长中,基本起不到多大作用了。

布莱哈等人在婴儿出生后第6~15周考察了成人与婴儿面对面游戏活动的类型,然后在第12个月时评定其依恋质量。1岁时被测定为安全型依恋的婴幼儿比那些不安全型依恋的婴幼儿在早期游戏中对母亲更具有反应性,他们的母亲也鼓励其社会性相互作用,并且更倾向于以敏感而灵活的态度对待孩子的行为。而不安全型依恋的婴幼儿在早期面对面的游戏中则比安全型依恋婴幼儿的反应性低而且消极,他们的母亲也更为冷漠或不可捉摸,即使在这样早的年龄,安全型依恋的婴幼儿在面对面情景中对其母亲做出的积极反应也比对陌生人的反应多,而不安全型依恋的婴幼儿则对熟人和陌生人做出同样多的反应。

3. 家庭环境

温馨和谐的家庭氛围是由每位家庭成员共同打造而成。在婴幼儿的生存环境中,家庭环境是第一要素。无论是稳定、有爱、和谐、互帮互助,或者是不稳定、冷漠、暴力、无趣、自私的家庭环境,都会在婴幼儿的成长过程中留下痕迹,潜移默化地影响着他们。一方面,父母关系和谐,相爱,懂得尊重对方,孝敬长辈,爱护小辈,家庭成员的关系是平等、和谐的,对待婴幼儿也是倾尽所有的爱,那么,在此种环境氛围中长大的婴幼儿多数会形成安全型依恋。另一方面,倘若父母离异,对婴幼儿忽冷忽热,把他们当作皮球一样推来推去;或者未离异父母,倘若夫妻关系不好,经常吵架,其中一方或者双方脾气大,有暴力或者冷暴力现象,对待长辈不尊重,对待小辈时时将父母的权威发挥得淋漓尽致;还有父母本身患有身体疾病,或者存在精神问题,比如抑郁、人格障碍等,这样的家庭往往难以形成和谐温暖的家庭氛围,从而会使婴幼儿感到恐惧焦虑,他们会对这个家庭感到害怕,认为没有人可以信任和依赖,从而对婴幼儿未来的人际关系发展产生负面影响,并因对社交关系会有恐惧感,不敢主动去接触他人,不敢随意交朋友,由此形成回避型这种不安全型依恋。日本社会学家柏熊岬二通过研究,发现夫妻双方的势力结构与子女社会性发展息息相关。比如,妻子主宰型家庭里长大的男孩子社会化过程相对迟缓,具有特别明显的非社会化倾向。对于这类婴幼儿来说,"窝囊父亲"无法成为他们认同的对象,也难以形成良好的依恋关系。

4. 婴幼儿自身特点

在亲子依恋的发展过程中,一般都是双边活动,婴幼儿形成安全型依恋还是不安全型依恋,不仅仅与抚养质量、抚养对象、家庭相关,还与婴幼儿自身的特点和气质相关。前述章节也有专门谈到婴幼儿气质问题,比如"困难型"婴幼儿,常常会吵闹不安、喝奶困难、睡觉困难,稍有不如意就会发脾气;还有些婴幼儿天生就很"高冷",例如,不喜欢被人抱,也不喜欢笑,还不喜欢喝奶瓶、不喜欢穿袜子等。有这些特点的婴幼儿,很难与抚养者建立起良好的亲子依恋关系。其实,个体特点与气质在依恋的形成与发展中是占有很关键地位的,因为它可以影响婴幼儿的行为,也会作为激发婴幼儿做某件事、说某句话、做某个动作的动力因素,会制约着婴幼儿的思维方式与活动能力和反应水平。学者卡根通过研究也指出婴幼儿的气质是依恋类型的决定因素,在陌生情境测验中证明的婴幼儿差异也是由于其气质上的差异导致的,并不是依恋性质的差异导致。D. Calkins 和 N. A. Fox 考察了婴幼儿气质的抑制性与非抑制性与依恋的关系,发现婴幼儿在 2 岁时,矛盾型婴幼儿属于抑制性的较多,回避型婴幼儿属于非抑制性的较多,而安全型婴幼儿在抑制性和非抑制性方面都不极端。

以上提到的观点都是绝对的抚养决定论和气质决定论,不过现在的研究者大多认为相对于单一决定论而言,抚养者的敏感性与婴幼儿气质特性的相互作用论能够更科学地说明婴幼儿依恋的成因。斯普兰格(1990)研究指出,母亲在婴幼儿出生后第二年的行为反应性可以预测其两周岁时的社会行为能力,而母亲的反应性与其对儿童气质的看法密切相关,那些认为婴幼儿属于难养型的母亲相对缺乏反应性。

(四) 依恋对婴幼儿后期发展的影响

早期依恋程度对婴幼儿长大后,乃至未来一生的发展都有非常重要的影响,许多研究也表明,早期依恋对婴幼儿未来的心理发展,尤其是社会性发展存在一定的影响。

1. 认知发展方面

在不同的生活情境中,依恋类型不同的婴幼儿,其表现也会有所不同。安全型依恋的婴幼儿总会对各种问题和身边的事物充满好奇心,面对困难的时候也会主动积极地克服,并且能适当寻求成年人的帮助;而不安全型依恋的婴幼儿情绪起伏较大,尤其是在面临困境时,情绪常常低落,也很容易放弃,很少会有求助的需求和行为。比如,婴幼儿缺乏独立性,过分依赖母亲,遇到问题逃避、退缩。由此可见,婴幼儿依恋的性质在一定程度上会影响其认知活动。

2. 情绪发展方面

早期情绪经验对婴幼儿一生情绪的发展都有影响。如果婴幼儿能与父母构建起良好的依恋关系，那么，在成长过程中或者成年后，其情绪大多是稳定而快乐的。其实，对于婴幼儿的需求而言，主要是通过向母亲发出情绪信号得以实现的。母亲如果能及时对婴幼儿发出的情绪信号做出反应，此时，母子之间积极互动及亲密关系将会得到保障，安全型依恋关系也会在这个过程中慢慢建立起来。婴幼儿一直处于稳定且安全的状态中，他将是非常快乐的，也会乐于表达自己的情感；而缺乏安全感的婴幼儿，经常会处于焦虑、恐惧、不安状态中，甚至成为情感冷漠的人，会对其未来的情绪把控产生负面影响。

3. 性格发展方面

人的性格一旦形成，就会具有相对的稳定性，不容易再改变。俗话说三岁看大，儿童在早期形成的性格很可能成为其一生性格的雏形。若是婴幼儿形成了安全型依恋，或者早期亲子之间关系较为良好，那么，对婴幼儿长大后形成良好的性格具有正面积极的作用。一方面，安全型依恋的建立，会自动帮助婴幼儿在心理上建立安全感，从而建立起对他人和周围世界的信任感，对环境有较强的适应能力。另一方面，安全型依恋的建立，也会使婴幼儿形成自我认同感，从而逐渐树立起自信心。不过，对父母或托班教师依恋较强的婴幼儿，其自我认同感也较好。只有自我认同感缺失的婴幼儿，在建立自信上会有很大的困难，甚至会产生焦虑和恐惧心理，而且往往害怕与他人接触、交流，畏首畏尾，出现自卑的特点。

4. 人际交往方面

早期依恋会对婴幼儿以后的人际关系发展产生很大影响，对于安全型依恋的婴幼儿，亲子关系常常比较好，生活中具有极大的安全感，他们也会非常信任自己的父母或者直接抚养者。因此，这一类婴幼儿往往会以父母或者直接抚养者为榜样，模仿其交流方式、交往行为等，而父母也会在生活中不经意地向婴幼儿传授一些社会交往经验和技巧。通过彼此的互动，婴幼儿会积累到成功的交往经验，也能掌握到交往技巧。总之，安全型依恋婴幼儿因为具有健全的人格特征，由此也能为未来建立良好的人际关系而奠定基础。

此外，早期依恋对婴幼儿心理发展也具有消极影响：过度依恋会变成依赖，从而限制婴幼儿的发展。过度依恋的婴幼儿可能会对外界社会产生排斥，只愿意与家庭成员接触，这类婴幼儿倾向于发展成为内向、自闭的人。

依恋，作为婴幼儿与成人情感联结的特殊形式，其内部具有潜在的稳定性，广泛而持久地作用于婴幼儿多方面的发展，尤其是婴幼儿社会性的发展。父母及抚养者应重视婴幼儿积极依恋的形成，力求婴幼儿的安全依恋而避免不安全依恋，为婴幼儿心理品质及社会性进一步发展奠定良好的心理基础。总之，必须十分重视婴幼儿依恋的形成，同时也要强调现实环境及自身努力对婴幼儿心理品质和社会性发展的塑造。

第二节　婴幼儿亲子关系发展评估

迄今为止，对于婴幼儿亲子关系的发展评估主要以亲子依恋关系的程度为依据。现在已有一些较为权威的测量工具，比如，对象是儿童的测量工具包括陌生情境实验法、分离焦虑法、儿童依恋行为分类卡片法，前两者都属于观察类，后者属于问卷类；对象是成人的测量工具包括母亲敏感性量表、母亲行为 Q 分类法。这些测量工具都能较好地评估婴幼儿的亲子关系，本节主要对陌生情境实验法、分离焦虑法、儿童依恋行为分类卡片法（Attachment Q-Sort，AQS）三种测量工具进行详细介绍。

一、陌生情境实验法

陌生情境实验法(Strange Situation Procedure，SSP)是由艾因斯沃斯及其同事首创。陌生情境实验法是一种在有控制的实验室情境中测量0～2岁婴幼儿依恋行为的技术，它通过在实验室创设一种类似于婴幼儿日常生活的典型场景——陌生情境，观察婴幼儿在这种陌生场景中反映出来的行为，以此评价婴幼儿亲子依恋关系的现状及特点，并对婴幼儿未来的社交发展进行预评判。这种方法基于的假设是：实验中有3人参与，即母亲、婴幼儿、陌生人。实验用的房间是所有母亲与婴幼儿均陌生的地方，该房间经过布置，使人感到舒适、自在，就像在婴幼儿的游戏室里。研究过程共有8个步骤，通过引起婴幼儿的依恋行为观察婴幼儿与母亲在分离前后的相互作用，以及婴幼儿独自或与陌生人在一起时的反应，并记录婴幼儿对母亲和对陌生人反应的异同，详见表7-1。

表7-1 陌生情境实验的场景

场景	事 件	观察的依恋行为	持续时间
1	实验者把婴幼儿和父母带进游戏室，然后离开	——	30分钟
2	父母坐着看婴幼儿玩玩具	父母是安全保障	3分钟
3	陌生人进入，坐下和父母交谈	对不熟悉成人的反应	3分钟
4	父母离开，陌生人和婴幼儿交流，如不安则安慰他	离别焦虑	3分钟
5	父母回来，和婴幼儿打招呼，有必要的话安慰他，陌生人离开	重逢的反应	3分钟
6	父母离开房间	离别焦虑	3分钟
7	陌生人进入房间安慰	接受陌生人抚慰的能力	3分钟
8	父母回来，和婴幼儿打招呼，有必要的话安慰他，并再次激起婴幼儿玩玩具的兴趣	重逢的反应	3分钟

从表7-1可以看出，可通过观察婴幼儿对玩具的摆弄行为、婴幼儿的表情和其他情绪反应(如啼哭等)以及婴幼儿与陌生人交往的倾向，来判断母子依恋关系的性质。陌生情境实验法分析出三种依恋类型的儿童。

(一) 安全型

这一类婴幼儿，当母亲在现场时，常常会以母亲作为中心安全点(安全基地)，然后不断探索周遭的一切事物和人，在活动和游戏时，会间断式地反复回到母亲身边寻求安慰，其实主要也是在看母亲是否还在，寻找安全感。他们通常比较配合，对陌生人很友善的同时，一般会有活泼、自信、热情及大方的表现。

(二) 回避型

这一类婴幼儿，当母亲离开身边时，他们基本不会哭闹，但也没有很明显的开心情绪。但当母亲返回其身边时，他们还是不太开心，而且还要想方设法逃避，很不好意思。总的来说，回避型依恋婴幼儿一般很沉闷，在有需求时也不会去寻求帮助，但又要因为没有被满足，常常表现得很愤怒、懊恼。不过他们一般对陌生人毫不在意。

(三) 矛盾型

这一类婴幼儿，在母亲快要离开他们视线范围之前，就会表现出焦虑不安的情绪，并会时刻注视着母亲,密切观察着母亲的一举一动,怕母亲离开,所以,他们很难尽情尽兴地融入游戏,随时都会分心,看看母亲离开没有。真正当母亲离开其视线范围后,他们就会彻底崩溃了,但当母亲又返回来后,他们就会出现非常矛盾的行为和举动,一方面想亲近母亲,一方面又以尖叫踢打来拒绝。这样的婴幼儿很少对周围环境进行探索,很难安抚,对陌生人也不友好,母亲对婴幼儿的需要不是特别关心和敏感。

二、分离焦虑法

在进行早期亲子依恋的发展研究时,除了陌生情境实验法,还可采用测量婴幼儿依恋内部运行模式的照片法以及依恋故事续成法,也就是分离焦虑法。Bretherton 编了三个经典的故事,来测量婴幼儿(2 岁以上)的依恋内部运行模式。

第一个故事,《受伤的膝盖》:婴幼儿在岩石上玩,后来掉下来,摔伤了膝盖;

第二个故事,《卧室里的怪物》:在父母送孩子上床的过程中,孩子告诉他(她)的父母,卧室里有怪物;

第三个故事,《分离—重聚》:父母整夜去旅行而把孩子留给临时保姆照看,随后父母又回来。

通过分析婴幼儿对这三个故事的反应来划分他们的依恋类型,根据观察的不同结果,也可以把婴幼儿依恋分为安全型、回避型、矛盾型三种类型。

三、儿童依恋行为分类卡片法

1985 年,沃特斯(Waters)等学者开发出一套儿童依恋行为分类卡片法(AQS)。与 SSP 法在人工真实情境下观察儿童行为的实验方法相比,AQS 则是根据儿童在日常生活环境中的行为做出评价;SSP 需由专业人士操作,AQS 则相对简单方便,家长稍加培训后也可使用。此外,AQS 适用年龄范围也更广,为 1~5 岁。AQS 的局限性在于其测评结果只能将依恋类型分为安全型和不安全型两大类型,但仍被视为金标准。AQS 主要被用于检测儿童的依恋行为,评价儿童与母亲的依恋关系和儿童依恋的安全性,共有 90 个条目,每个条目描述一种在日常生活中常见的儿童行为。我国来自中国教育界和心理学界的 44 名专家为评价中国儿童对成人的依恋行为,修订了沃特斯的儿童依恋行为分类卡片,并重新进行了行为分类,测评后发现该卡片可以有效地测量中国儿童对成人的依恋行为,因此,建立了中国版的儿童依恋安全性指标。后来,学者洪佩佩以中国版的儿童依恋行为分类卡片(AQS)的 90 个条目为基础,编制了适用于 2~4 岁幼儿的母亲报告依恋问卷。该问卷由 3 个维度 8 个因子组成,共有 31 个题项,信效度真实可靠。目前,我国学者一般会将该问卷应用于儿童早期亲子依恋的相关研究。该问卷同时也可测量母子之间的依恋关系,详见量表 7-2。

答题要求:

请您在回答问题之前认真阅读如下说明,由母亲单独填写。

以下题目描述了儿童在日常生活情景中的行为表现。请您认真阅读每个情景的陈述(粗黑斜体字部分)和该情景下相对应的孩子的两种行为,根据您的孩子在过去两周中的情况,请您判断这两种行为中哪一种更像您的孩子,并在相应的方框口内打"√"。然后就这种(打"√"的)行为和您孩子的符合程度在每题右边的相应数字上画"○",每题只画一个"○"。

题目中数字代表的意思:1 = 有点符合;2 = 比较符合;3 = 完全符合。

另外,如果您孩子的行为表现不在该题目描述的范围内,比如,您孩子在"遇到陌生的人或事物"

情景下的实际表现是从不认生,而当前题目中又没有"孩子从不认生"这个选项,则请您在该题后打"×",表示该题对您孩子的情况不适用。谢谢您的合作!

表7-2　婴幼儿亲子依恋问卷

题号	情　景	孩子的行为	有点符合	比较符合	完全符合
1	在您与孩子的日常亲密接触中	□孩子常常不等我招呼就主动搂着我或依偎在我身边 □孩子很少主动亲近我,除非我搂抱他/她或要求他/她亲近	1	2	3
2	当我要求孩子同客人谈话,给客人看玩具,或在客人面前表现本领时	□孩子愿意按我的要求那样做 □即使我要求,孩子也不愿意做上述事情	1	2	3
3	当我要求孩子,或给孩子建议时	□孩子乐于接受我的建议或要求 □孩子总是无视或拒绝我的建议	1	2	3
4	当我要求孩子交给我某件东西时	□孩子总会服从(玩笑或游戏式的拒绝不算在内) □孩子常常不服从,我只有自己把东西拿走	1	2	3
5	孩子在家里或公共场合(尤其陌生环境中)玩时	□始终注意我的行踪(如不时地叫我,能够注意到我的走动) □并不注意我的行踪(如不得不通过大声喊我或四处寻找才能知道我在哪里)	1	2	3
6	当我提高嗓音或严厉对孩子讲话时	□孩子会因惹我生气而感到难过或羞愧 □孩子并不因为我这样做而难过	1	2	3
7	孩子在我视线之外玩耍时	□总是很安静,如果在我视线以外的地方玩耍,我就很难知道孩子在哪里 □仍然不时地和我交谈或叫我,我很容易找到孩子,随时可以知道孩子在哪里、玩什么	1	2	3
8	孩子在休息放松时	□喜欢坐在我的腿上 □更愿意在地板上或某件家具上坐着	1	2	3
9	如果孩子做错了事	□只需要说一次,就不做了(至少当时如此),不用反复说 □即使我反复说,孩子还是继续那样做	1	2	3
10	当孩子想去玩时	□孩子不缠我,喜欢独立玩耍。想去玩时,很轻松地就能离开我,从不会犹豫不决害怕离开我 □孩子喜欢在我身边或是喜欢和我一起玩	1	2	3
11	孩子玩耍时与我的交往模式	□孩子明显表现出这样的行为(尤其在陌生环境中):离开我去玩一会儿,又回到我身边玩一会儿,然后再离开我玩一会儿 □孩子总是在远处玩,不叫不回来;或总是在我不远处玩耍(没有在我和他的游戏之间来来往往的行为)	1	2	3
12	孩子玩耍时的活跃程度	□非常活跃,总是到处游逛,喜欢活动性强的游戏 □活动性很低,更喜欢安静的游戏	1	2	3
13	当孩子对我提出要求时	□总是对我提出各种要求,而且不耐心。如果我没有马上答应他/她,孩子会吵闹不休 □即使我没有答应他/她的要求,孩子还是很有耐心,不会吵闹不休	1	2	3
14	孩子在玩耍或做其他事情时	□总是愿意和我在一起,或是在游戏中经常回到我身边来 □不经常注意我在哪里或是在做什么	1	2	3

（续表）

题号	情　景	孩子的行为	有点符合	比较符合	完全符合
15	当我拥抱孩子时,孩子的态度	□孩子喜欢并常常让我搂着、抱着或是拥抱他/她 □并不十分渴望我的拥抱,有时会扭着身子要求我把他/她放下来	1	2	3
16	如果我微笑并暗示一些剧烈的游戏没有危险,是安全有趣的	□孩子便可以接受并参加较剧烈的游戏 □孩子还是不喜欢参加较剧烈的游戏	1	2	3
17	当初次见面的陌生人要求抱孩子或分享孩子的东西时	□孩子会应他的要求,让他抱着自己,或是与客人分享自己的东西 □孩子不愿意让陌生人抱,也不愿意和客人分享自己的东西	1	2	3
18	孩子对客人最初的反应是	□不理睬或回避他们,尽管以后会慢慢地和客人接近 □主动向客人打招呼与他们接近	1	2	3
19	孩子处事时	□很大胆,什么也不害怕 □处处小心谨慎,胆小怕事	1	2	3
20	孩子和我玩的时候	□很野,喜欢碰撞、抓挠、咬人等 □即便玩激烈的游戏也从不会伤害到我	1	2	3
21	当孩子和我玩耍时	□喜欢在我身上爬来爬去 □并不喜欢和我有很多亲密的接触	1	2	3
22	和我比起来	□孩子更为活泼好动 □孩子不如我好动	1	2	3
23	孩子见到我进门	□马上显得很高兴,会笑着向我打招呼,给我看自己的玩具,向我问好或说话 □除非我先打招呼,孩子从不先招呼我	1	2	3
24	孩子在受到惊吓或不高兴时	□如果我抱抱他/她,就能停止哭泣,很快恢复好情绪 □很不容易被安抚好	1	2	3
25	如果客人对孩子所做的事表示赞许或大笑	□孩子会一遍又一遍地重复做此事 □来访者的反应对孩子无所影响	1	2	3
26	要是我没有立即满足孩子的要求	□孩子会生气或跑到一边去,好像是认为我是肯定不会答应似的 □孩子能够等待一段时间,似乎是期待我满足他/她的要求	1	2	3
27	孩子与我在日常交往中	□很容易生我的气 □除非我干扰过多,或是孩子很累,否则不会对我生气	1	2	3
28	孩子哭泣多半是由于	□以哭泣为手段来要求我答应他/她的要求 □哭泣多半是因为真的不舒服,如疲乏、难过、害怕等	1	2	3
29	孩子对自己的行为被模仿的反应	□想方设法让我模仿他/她,如果我主动模仿,他/她能马上注意到并会很高兴 □孩子意识不到或不在乎我是否模仿他/她	1	2	3
30	如果我微笑或是赞许孩子做某件事	□孩子会一遍遍地重复做此事 □孩子不会在这方面特别受我的影响	1	2	3

（续表）

题号	情　　景	孩子的行为	有点符合	比较符合	完全符合
31	如果我离开孩子正在玩的地方	□孩子会主动跟我走，在新的地方继续玩，而不会感到不高兴 □孩子不会跟我走，而是留在原地继续玩	1	2	3

评估方法：题项划为三个部分，分别为"情景""孩子的行为""行为符合程度"，每一个题项只包含一个情景，每一个情景包含2个孩子的行为选项和3个行为符合程度选项，母亲依据幼儿在相应情景中的表现在行为选项中选择其一，再判定所选定行为的符合程度。该问卷采用Likert(李克特)7点计分方式，每一情景中，如果在"孩子的行为"中的两个选项选择前者，对应的"有点符合""比较符合""完全符合"则分别计分为5分、6分、7分；如果选择后者，则分别计分为1分、2分、3分；如果在题目所描述的情景中孩子的实际表现不在项目描述的范围内，则认定该题项不适用于被调查者的孩子，计分为4分。最后，项目得分越高、问卷总分越高的儿童，越趋向亲子依恋中的安全型依恋。

第三节　婴幼儿亲子关系的教育方法

亲子关系的质量，对婴幼儿心理健康发展有重要影响。因此，父母要提高养育能力，抓住有利时机，采取科学方式，积极构建和谐的亲子关系，为婴幼儿形成完整、健康的人格奠定坚实基础。

一、父母直接养育，培养孩子的安全感

人本主义心理学家马斯洛认为，心理是否健康的决定因素之一就是安全感，或者说安全感就是心理健康的代名词。婴幼儿拥有安全感才能树立自信，不自卑，才能养成健全的人格，与其他人建立起正常的人际关系，并由此让自身的潜能被挖掘出来。而婴幼儿安全感的形成，父母的直接抚养、父母关系是重要影响因素。

（一）母亲要保持较高的敏感性

母亲是婴幼儿的主要抚养者，是其日常生活的主要照料者。母亲对婴幼儿的养育方式和反应会直接影响亲子依恋关系的建立，但并非时时刻刻和孩子待在一起就能和孩子有良好的亲子互动，有研究表明，母亲对婴幼儿的各种反应敏感性高，能使1岁婴幼儿形成安全型依恋；而母亲对婴幼儿的反应敏感性低，婴幼儿则大多属于回避型或者矛盾型依恋者。母亲可以如下两方面保持高敏感性。

1. 对婴幼儿的需求及时回应

母亲要尽可能创造更多的时间和婴幼儿待在一起，观察儿童的一举一动，了解其生理和心理需要。婴幼儿出现情绪的时候，或者有需求的时候，要及时进行回应或者满足。比如，婴幼儿哭闹不止，表示饥饿还是闹觉，要能辨别这些信号，并及时做出回应和安抚。如果母亲不能敏锐地发现婴幼儿发出的各种信号，且没能及时回应，那么对于孩子安全型依恋的建立将有所影响。

2. 积极主动与婴幼儿交往

母亲作为婴幼儿的第一抚养者，除了要对婴幼儿的语言、行为有回应和反馈外，还应该积极主动地与婴幼儿交往互动。主动与婴幼儿做游戏，并且要全身心地投入与婴幼儿的互动。有的母亲以为婴幼儿年幼什么都不懂，因而不注意言行，比如，有的母亲虽然把婴幼儿抱在怀里，却一直在玩手机，与婴幼儿零互动。其实婴幼儿从出生开始，心理能力一直处于发展状态。母亲对婴幼儿的一举一动、一颦一笑、一言一行，都能刺激到婴幼儿，并且给他们留下深刻印象。当然，母亲和婴幼儿的交往还可以体现在母乳喂养中，母乳喂养，除了母乳营养价值高外，也满足了婴幼儿心理健康发展的需要。当

母亲在进行哺乳时,最好能更多地让婴幼儿接触自己身体,母亲一边哺乳,一边与婴幼儿交流,如对视、自问自答。母亲的喂养、抚触、搂抱、皮肤接触,以及母亲的体温、心跳等,都是对婴幼儿的良好刺激方式,可以帮助婴幼儿获得愉悦感以及放松自己,并逐步建立起与母亲之间的亲密情感。

(二) 父亲应加强对婴幼儿的陪伴

有研究表明,婴幼儿在沉稳、冷静、灵活和聪明的父亲陪伴下成长,其智商和情商都较高。婴幼儿与父亲的关系亲密,通常其理性思维较强,理科成绩较好。

当婴儿呱呱坠地后,母亲的主要任务为日常喂养等生活上的照顾,琐碎的事情可能会让母亲无暇与孩子多游戏互动等。而父亲一般较少承担喂养任务,所以有更多精力与孩子游戏、互动。比如,父亲可以将孩子抱起来,并且举高,超过自己的头顶,然后放下,再举过头顶,反复操作,如此一来,与孩子进行充分的身体接触;父亲还可以通过做鬼脸等游戏,让孩子开怀大笑,刺激孩子神经发育。父亲在与孩子的游戏过程中,由于男性力量大,通常动作幅度大,且带有一定的刺激性,不仅能活动孩子四肢,锻炼身体,还能增强孩子对父亲的情感。

在游戏过程中,父亲还是孩子早期正面情绪的来源。父亲和孩子玩游戏往往是丰富多样、极具创新性的,有让孩子感到舒适的游戏,也有让孩子通过反复尝试去挑战的游戏。这个过程可以激发孩子的兴趣,在情感情绪上都能给孩子带来强烈的体验感,或让其兴奋,或让其畏惧后又再一次挑战,久而久之,孩子性格会变得开朗活泼、自信大方、不怕困难、勇于挑战、坚毅坚持,孩子不管在情绪自我控制上,还是情感输入输出上,都会变得正向积极。重要的是,父亲因此可以变成孩子的另一个依恋对象。因此,父亲在孩子早期的时候,应该充分认识到自己肩上的责任,尽量多陪孩子玩耍,高质量陪伴孩子,并应不吝啬表达自己对孩子的感情。

(三) 父母关系和谐,营造良好家庭环境

父母之间的关系是影响婴幼儿获得安全感的重要因素,父母经常争执、吵闹,这种氛围会使婴幼儿感到一种不安与压力。有的父母甚至将怨气撒至孩子身上,或者不能全身心地照顾孩子,这些都将对孩子产生不良影响。而且,婴幼儿还不能区分自己的行为和环境的关系,于是经常把父母之间的冲突归因于自己不好、不乖,从而产生强烈的不安和恐惧感,害怕见到这种场面。此外,父母关系直接影响家庭氛围,家庭是婴幼儿生活的主要场所,家庭氛围将在个体成长的历程中发挥潜移默化的作用。若家庭成员为婴幼儿营造温暖、和谐、互助的家庭氛围,将有助于婴幼儿获得较好的依恋经验,从而有助于婴幼儿安全型依恋关系的形成。相反,冷漠、疏远、拒绝的家庭氛围则会让婴幼儿产生不安全的依恋经验,这些早期依恋经验可能会影响婴幼儿以后良好人格的形成和人际关系的建立。因此,父母应尽力为婴幼儿营造和谐的家庭氛围,夫妻关系和睦,给婴幼儿创造一个温暖、有爱、自由的生活环境,给婴幼儿一个民主、平等的空间,从而有助于婴幼儿安全型依恋关系的形成。

二、父母要树立正确的教养观念,科学育儿

父母的养育和婴幼儿自身气质都是婴幼儿依恋形成的影响因素,因此父母端正教养态度,遵循婴幼儿自身气质和特点,选择合理的方式科学抚养孩子,是提高教养质量非常重要的一环。

(一) 端正教养态度

正确的教养观念是引导父母采取正确的教养方式、方法的起点。父母应当积极接受正确的教育理念,并通过认识不同教养态度及方式的特点,认识到简单、粗暴的高压教养方法在建立良好亲子关系和家庭氛围中的弊端,进而改变滥用家长权威和武力教育方式,调整不良的教养方法。树立适合自己家庭的先进教育观念和方法,以健全自身的世界观、家庭观和亲子观,帮助自己更好地理解亲子关

系,正确地评价孩子乃至自我。父母教养态度的主要类型可见第一章第五节。此外,父母还可通过以下途径来端正正确的教养态度。

1. 了解和掌握正确的婴幼儿养育原则

（1）婴幼儿被关注

父母应该要了解,儿童在0～3岁之间,尤其需要被关注,缺乏"关注"会让婴幼儿觉得自己不受欢迎或不被喜爱。

（2）婴幼儿被需要

婴幼儿如果缺乏人际安全感,其根本原因之一就是受到母亲或其他家人的攻击,这个攻击不一定是物理性的,精神攻击同样会有严重的后果。例如,母亲表达出并不需要他,他就会感觉自己是不被自己（因为这时母亲就是精神上的自己）"需要",无价值感会持续一生,所有的后续失败中都会闪回到这个阶段,并可能造成抑郁。

（3）婴幼儿被认同

婴幼儿从出生起,和父母的情感联结是其个体最初的社会性连接,也是情感社会化的重要标志。与父母的"安全"相处,是婴幼儿社交的种子。婴幼儿通常最在乎的人是父母,如果父母对婴幼儿冷漠,或者感情上有缺失,那么婴幼儿就会一生都在寻找一个母亲或父亲,并企图得到他们的认同,以获得自我价值感。但是这时候他找到的替代父母的人,都不是他最在乎的人,"被认同的感觉"满足不了,这样,他就需要讨好并赢得社会权威的认同。

（4）婴幼儿被接受、被包容

包容是包容一个人的存在,没有任何附加条件,不会因为变得丑陋、学习不好、摔坏东西而改变。婴幼儿,尤其是2岁之前,其实是不知道对错为何物,面对惩罚和威胁更多是认为自己不该存在。只有当婴幼儿认为自己是被家庭,尤其是妈妈和爸爸包容时,他才会有勇气面对前方的事情,并有力量去追求真正的成功和幸福。

2. 多方寻求家庭教育指导

没有人生来就能扮演好父母的角色,孩子成长的过程也是父母学习成长的过程。在养育孩子的过程中,伴随孩子的快速成长,父母的亲子教育需求和家庭教育指导需求也越来越多,要求也越来越高,当父母自身无法应对养育需求时,就需要积极主动地寻求家庭教育指导,不断学习,增强自身的养育能力。比如,通过各类新媒体平台学习有效的家庭教育策略,积极参与亲子、早教机构,或者社区组织的亲子活动,以及家庭教育指导公益咨询活动,有的父母还会去寻求专业的教育机构的支持等。

（二）选择合理的抚养方式

在树立正确的教养态度的基础上,父母还应选择科学、合理的抚养方式。父母在科学育儿的道路上应选择符合自己孩子实际（如性格、气质）的方式方法,这样才更有助于孩子形成安全型依恋。每个婴幼儿有不同的气质类型及性格特点,婴幼儿的气质特点一般分为易养型、难养型、发动缓慢型。有些婴幼儿从出生起就喜欢多与人接触,各种反应较为积极,且容易得到监护人的喜爱,这属于易养型婴幼儿,那么对于父母而言,只需要适时满足他们的要求,这样他们会和父母更加亲密。难养型婴幼儿则需要了解他们的特点,观察他们的情绪爆发点,耐心地对待,努力调整自己的行为来符合婴幼儿的要求,不能让他们恶性循环下去,与父母越来越疏离。而对待发动缓慢型婴幼儿,父母需要更大的耐心,尽力创设愉悦的家庭环境,用阳光的态度、积极的情绪和行为去感染、调动婴幼儿的情感和反应。

除此之外,父母还可以根据婴幼儿的不安全依恋类型,有针对性地与婴幼儿进行沟通互动,使其形成安全型依恋。对于回避型依恋的婴幼儿,父母对他们要给予更多的关注和爱,多与他们交往,让其觉得有人可以依赖,自己被关注被重视。尤其是母亲,对于这类孩子,应要付出更多的耐心进行陪伴,与孩子建立信任关系。而对于矛盾型依恋的儿童,由于他们的适应能力较差,父母要不断鼓励和帮助他们,切勿打击、拒绝他们,尤其是要控制多变的情绪。父母应该要想方设法让他们逐步适应新的环境,一步一步引导,让他们觉得即使在新的环境,父母仍然也在旁边。而且父母要多带这类孩子参加集体活动,去主动交朋友,在一定程度上转移孩子对父母的依恋程度。

总之,父母要注意及时给予婴幼儿生理需要与心理需要的满足。通常,生理需要很容易及时满足,而心理需要的满足相对要困难一些。心理需要主要指婴幼儿对父母注意、关爱、照顾等的情感需要和活动需要,这些需要通常是隐性的,因此,父母想要改善、提高养育质量,须在注重婴幼儿生理需要的同时关注其心理需要,对婴幼儿发出的心理信号能保持高度敏感,并及时给予回应,以满足婴幼儿的需求;在婴幼儿需要安慰时给予他们温暖的拥抱和温柔的安抚,让婴幼儿自然产生对父母的归属感和信任感。爱因斯沃斯通过对母亲在婴儿出生后最初 3 个月喂养方式的研究,发现高敏感性的母亲能使 1 岁的婴儿形成安全型依恋,反之,低反应性、低敏感性母亲喂养的孩子大多会形成不安全型依恋。

三、积极开展亲子游戏,密切亲子关系

首先,亲子游戏可以满足婴幼儿的安全、归属和爱的需要。亲子游戏想要传递给婴幼儿的基本信息是爱和珍惜,婴幼儿通过丰富多元的游戏,逐渐建立和发展与父母之间的信任与依恋关系,进而产生对父母和家庭的安全感与归属感。其次,亲子游戏可以满足婴幼儿被尊重的需求。父母与孩子以平等的玩伴关系共同进行游戏互动活动,共同遵守游戏规则,协商意见,双方保持一种彼此平等、互相尊重的关系。最后,亲子游戏可以满足婴幼儿自我实现的需要。有些父母认为,与孩子玩游戏时放低姿态会有损父母的威严,担心孩子会挑战到父母的权威,不服其管教。其实,亲子游戏是一种代际交往和沟通的重要手段。父母利用休闲时间与孩子一同玩耍,不但可以增进亲子感情,还利于父母科学正确地引导和教育孩子。除此之外,对婴幼儿而言,游戏应是他们日常生活的主要活动形式,学习应通过游戏来实现。游戏不仅不会妨碍婴幼儿增强认知能力,反而会促使婴幼儿动脑筋,长知识,锻炼体魄,培养与同伴的良好关系,加强集体观念和团结协作精神,促进智力发展,有利于婴幼儿身心健康。下面介绍四种适合婴幼儿的亲子游戏。

(一) 登山游戏

适用对象:这个游戏主要适用于身强力壮的爸爸带着孩子玩。

环境要求:爸爸能站稳的地方,旁边最好有沙发或者床。

游戏玩法:

第一步:爸爸双脚分开与肩同宽,然后扎马步站好,手扶着孩子,让其往自己身上爬。

第二步:为了使孩子攀登,爸爸可以双膝稍微弯曲一点。

第三步:当孩子爬到一半时,爸爸可以自编自导,创设情境,一边轻轻摇晃身体,一边大喊:"风来啦,风来啦。"然后故意放掉自己的一只手,说:"哎呀,摔下山啦,摔下山啦。"让儿童掉落下来,这个过程会让孩子进行感统训练,也会给孩子带来极大的惊喜。

第四步:重复第三步、第四步动作,然后让孩子完全爬上爸爸的身体,到达脖子处,就算爬到山顶啦,让孩子体验到失败又成功的乐趣。

(二) 荡秋千游戏

适用对象:这个游戏适合全家人一起玩。

环境要求:任何地方,只要周边没有障碍物,稍微宽敞一些,如家里的客厅,能在户外最好。

游戏玩法:

第一步:爸爸和妈妈走在儿童两边,三人并排前行(在家里,就可以不用走路)。

第二步:爸爸妈妈各自抓住儿童的一只手,一边走,一边说:"一二三,提起来!"儿童被爸爸妈妈提了起来。

第三步：爸爸妈妈提起孩子后，因为惯性，一边走就会一边将孩子身体荡起来。

就这样，爸爸妈妈只要有力气，就可以前后"荡秋千"，让孩子尽情玩耍的同时促进前庭功能发育。

（三）拍拍游戏

适用对象：爸爸或者妈妈均可陪玩的触感小游戏。

环境要求：一块地垫，或者在沙发上、床上，让婴幼儿能坐着。

游戏玩法：

第一步：妈妈或者爸爸先和孩子面对面坐好，告诉孩子："咱们要开始玩游戏了哟。"

第二步：妈妈或者爸爸开始用手轻轻地拍拍孩子的身体，先从头部开始，逐步由肩膀到身体和腿等部位，一边拍一边说"拍拍头、拍拍手"等来配合。这样可以鼓励孩子触摸自己身体，也有助于增强其身体敏感度。

第三步：重复第二步的过程，反复两三次后，换儿童来拍拍父母。

（四）躲藏游戏

适用对象：适合一家人一起玩的亲子游戏，尤其是刚学步的婴幼儿。

环境要求：最好室内，如在家里，应是婴幼儿非常熟悉的地方。

游戏玩法：

第一步：妈妈用毛巾遮住自己或孩子的头和脸，边唱儿歌边让对方来揭开毛巾。

第二步：妈妈躲藏在孩子的身后或柜子、椅子、窗帘后面，引导孩子以爬行的方式在家里寻找。

第三步：妈妈用大毛巾或床单等遮盖整个身体，让孩子来寻找自己。做游戏的时候要一边温柔地呼唤着孩子的名字，一边引导孩子循声爬行找到自己，当孩子找到后要及时奖励、肯定。这样不仅有利于促进亲子关系的建立，还有利于协助孩子学习和掌握与人交往的基本技巧。

第四节　婴幼儿亲子关系的教育案例

本节主要针对婴幼儿养育案例以及早期儿童依恋案例进行分析和点评，以给父母和婴幼儿教育工作者提供一些借鉴与经验，指导和帮助父母与孩子建立良好的亲子关系，促进婴幼儿的社会性发展。

一、案例1：从建立亲子关系到克服分离性焦虑

（一）案例描述

　　（本案例是由3岁孩子的妈妈自述）由于我身体原因，孩子在1岁3个月以前基本都是他姥姥养育，因此孩子跟我不亲近，也不愿意和我交流，我想要和他玩游戏，他也不太感兴趣，而且对除了姥姥以外的人都非常敏感，我也没法单独带他出门，孩子一有情绪就会立刻拿着安抚奶嘴不停吸吮，睡觉的时候只要有任何风吹草动都会惊醒，然后满床找安抚奶嘴，吸吮一阵以后才会重新入睡。我感觉到事情的严重性，非常害怕孩子以后会出现人格障碍，所以从孩子一岁半开始，自己亲力亲为喂养。我查阅了各种育儿书，也带孩子去医院做过心理测试，说孩子也没什么大问题，可能就是从小缺乏对母亲的依恋，需要对孩子进行高质量陪伴。之后，我每天花大量时间陪伴孩子，在家里

打造了小乐园、阅读角,每天负责喂养、陪他阅读各种情绪和习惯的绘本,跟他聊天、做游戏、进行户外运动、一起上早教、带他旅行,一步一步,孩子逐渐从完全不接受我,到慢慢可以主动和我交流,再到最后完全依赖我。经过了1年时间,我发现孩子吸吮安抚奶嘴的习惯没有了,情绪也稳定很多,对家里其他人也开始表现出友好,对外面的新鲜事物也有较为强烈的意愿。正当我很享受这个过程的时候,孩子两岁半,要考虑上幼儿园了,孩子刚开始很黏我了,马上又要分离,我又开始害怕,害怕刚和孩子建立起的亲密关系,会因为上幼儿园,孩子的情绪又会反复,和我的关系又会疏远,影响孩子心理发展。所以,在正式进入幼儿园之前,我就开始给孩子进行心理建设。

首先,让孩子对幼儿园有美好憧憬和期待。我带着孩子到幼儿园参观,通过阅读绘本《我爱幼儿园》,告诉孩子幼儿园的美好生活,"那里有像妈妈一样爱你的老师,可以结交许多新朋友,可以一起做游戏,玩玩具"。

其次,让孩子可以离开我。其实我真的很矛盾,因为最近1年,孩子都没有离开过我,所以,我怕这样分离后孩子会以为我不要他了。但我还是尝试着去做了,我和孩子说妈妈要去医院看病,一会儿就回来,孩子立马就跑过来抱住我,说要和我一起去,我跟他说今天不能一起去,因为医院有病毒,如果宝宝去了会被传染的,宝宝马上就哭了起来,一直拉着我的衣角不放,我还是坚持说妈妈一会儿就回来陪你,不会耽误很久的。说完和正在哭泣的宝宝说了再见,就出门了,关门后,我听见哭声更大了,隔了一个半小时,我回到家,竟然看见宝宝自己在阅读角翻绘本呢,看见我进门,开心地扑了过来,我顿时好感动,觉得真的是一个好的开端。接下来,我带他去上早教课,然后又找机会准备对他进行第二次分离训练,我事先和老师沟通好,说这次的课程让孩子一个人试试。上课前,我又和宝宝说妈妈要临时去处理一下工作的事情,等你上完课妈妈就会来接你(只有40分钟),宝宝一听,马上泪如雨下,但是在老师的帮助下还是进教室去了,后来教室的音乐响起,我悄悄在外面看,宝宝的状态还可以,虽然眼角挂着泪水,动作僵硬,但还是和大家一起在互动。下课了,我第一时间进去把宝宝抱出来,亲亲他,说宝贝今天很棒很棒,其实幼儿园也和这里一样哟,宝宝自己上课,然后上完课妈妈来接你,宝宝似懂非懂地点点头,紧紧抱住了我。后来,我又找了一次机会,单独出门,这次把外出时间延长至半天,宝宝一开始还是不太情愿,但后来居然主动跟我说再见了,回家的时候,他在家和玩具们正愉快地玩耍呢,嘴里还一直嘟囔着。最后,我又出去了一整天,这次出门前,宝宝会主动跟我说:"妈妈早点回来哟。"我心里开心极了,觉得上幼儿园应该没有问题了吧。接近3岁的时候,孩子进幼儿园了,第一周还是会哭泣,但在幼儿园的表现都还不错,从第二周开始,孩子已经能开心入园了。在这里我想分享的是,和孩子的亲子关系真的不能忽视,不然真的会影响孩子的发展,我算及时止损,意识到了问题的严重性,不然完全不能让孩子形成安全感。对于分离问题,其实我每次都会和孩子表达出,我不会不要孩子,不会消失不见,只是暂时分别。而且这必须要循序渐进,离开时间由短到长,慢慢让孩子理解和接受。

(二) 讨论与分析

上述案例,佑佑妈妈详细叙述了和孩子从陌生到亲密的过程,以及如何成功帮孩子克服分离焦虑,这是一个建立良好亲子关系非常成功的案例。从中可以看出,父母与孩子建立亲密的亲子关系,更能让孩子形成安全依恋。在孩子一岁半之前,虽然姥姥是孩子第一亲密的人,但是孩子敏感、怕生、情绪化、没有安全感,这是典型的不安全依恋类型中的矛盾型依恋,而且对母亲反应不大,也有回避型依恋的特点。这也和父母在孩子早期没有和孩子有过多的接触,以及对孩子关心太少有关,长期下去的后果就是会造成孩子社交障碍。所以后来母亲花了一年时间用心陪伴孩子,获得了孩子的依赖,让孩子逐渐有了安全感,亲子关系也得到了改善。随后为了孩子入园,也成功帮助孩子度过了分离焦虑阶段。有研究表明,婴幼儿在7~18个月的时候进入了认生阶段,就是对陌生人感到害怕的阶段。这个时候,熟悉的养育者,尤其是妈妈,最好不要跟孩子突然分离。因为这个时候的分离比其他任何时候的分离,都会使孩子的分离焦虑和与人建立亲密关系(包括亲昵行为)障碍更明显。案例中,佑佑妈妈是抓住了最后的黄金阶段。给孩子建立安全感,最好在头三年,至少头一年半不要跟孩子分离。同时,爸爸也应多陪伴孩子。

二、案例2:错过儿童的黄金养育期还能补回来吗?

(一)案例描述

鼎鼎妈妈在银行上班,典型职场白领,平时经常加班,在家的时间屈指可数。爸爸在外地工作,也非常忙碌,常年是两个月回家一次。姥姥几乎承担了所有的养育工作。其实,鼎鼎妈妈并不是一个不负责任的妈妈,怀孕时她读了很多育儿书,虽然一上班就给宝宝断了母乳,也从未下厨给宝宝做饭,但是她会按照营养指南,给孩子制订菜谱,让家人去做。对于孩子的教育,她也有自己的一套想法,还常常因此与姥姥发生争执。

鼎鼎一岁半的某一天晚上,妈妈回家后想哄他睡觉,可是鼎鼎不肯,一定要和姥姥睡觉。妈妈也许是情绪不好,一种无名的火气蹿出来,固执地偏要让孩子跟自己睡。鼎鼎大哭,姥姥和姥爷来劝,反而让妈妈更生气。

孩子跟自己的疏离让妈妈伤心又自责,她请了半年长假,决定陪伴孩子。但是,很快新的问题出现了,她发现,自己陪伴孩子的时候特别没有耐心。照顾孩子时,没什么经验的她常常显得笨手笨脚,看到姥姥、姥爷给她收拾残局,她觉得自己像个"笨蛋"。有时,她觉得家里人多、乱糟糟的,心里更加烦闷。慢慢地,她开始觉得孩子占用了她所有的时间,没法去健身、美容、购物,她觉得自己的生活都被扰乱了。一天,同事邀她一起吃饭,离开孩子和家,回到熟悉的团队,她感觉自己又充满活力了。她觉得自己不适合待在家带孩子,因为她是个事业型女性。于是,休假还未结束,她提前重返职场,继续过去那种跟孩子聚少离多的生活,当然,也继续为陪不了孩子而自责。孩子就在姥姥、姥爷的陪伴下读了幼儿园。但据幼儿园老师反映,鼎鼎在幼儿园不喜欢和小朋友交流,社交能力差,遇到问题也不会主动找老师,只会躲在角落默默哭泣,回家后也只愿意和姥姥、姥爷玩耍,不愿意下楼。后来鼎鼎五岁半了,爸爸换了工作,回归家里,妈妈觉得孩子快要上小学,又想把孩子接回家,但孩子怎么说都不愿意回到爸爸、妈妈家,天天哭着要和姥姥、姥爷住,强行把孩子带回家,孩子常常睡梦中都会叫着姥姥、姥爷,而且更不愿意与人交流了。这时,妈妈除了自责就是内疚,不知道什么时候才能让孩子认可自己。

(二)讨论与分析

鼎鼎一出生就被妈妈送到姥姥家,直到五岁半才真正意义回到父母身边。也就是说,她的童年经历过两次早期分离,一次是离开妈妈,另一次是离开童年的主要照顾者,也是她最初的依恋对象——姥姥。从案例中可以看出,早期分离会给儿童带来被抛弃、不被重视、得不到认可的感觉,从而影响了亲子关系的发展。婴幼儿期,妈妈的缺席,被婴幼儿内化到了其情感和行为模式里。鼎鼎她习惯了家里没有妈妈,所以没有妈妈在的情况下,让她感觉熟悉、安全。一旦打破了这个模式,她就会感觉不安,因此也给其带来了严重的心理问题,不合群、不愿与人交流。研究表明,3岁以前家长与孩子建立的关系对孩子的影响是终生的,虽然3岁以前的很多事孩子不会记得,但是依恋的形成却一直默默地影响着他们的行为。另外,还有研究表明,良好依恋关系的形成对6岁以下儿童的问题行为有很好的预测作用。因此,不管工作再忙碌,事业再重要,家长都不应缺席孩子的养育,因为一旦错过,可能要付出比寻常父母多很多倍的耐心去陪伴孩子,温暖孩子,以及建立亲密的亲子关系。

三、案例 3:教育工作者如何正确对待婴幼儿的依恋行为?

(一)案例描述

> (来自一位托班教师的自述)托班(主要针对 3 岁以前的婴幼儿)的第一个星期是非常艰难的,因为婴幼儿刚入园,离开熟悉的家人到一个完全陌生的环境,哭闹是不可避免的。经过一段时间的适应,情况慢慢好转,但也有个别婴幼儿哭闹会持续得较久,阳阳就是其中一个。早上奶奶送来的时候,阳阳哭闹得厉害,于是我就把他抱在怀里安慰他,渐渐地他的情绪平复了。上午户外活动时,我在帮一个孩子擦鼻涕,阳阳哭着走过来说:"我要爷爷奶奶,我要抱抱。"于是我又抱起他,他渐渐停止哭泣,然后继续去玩滑梯。

(二)讨论与分析

阳阳的行为是一种典型的依恋行为。心理学研究表明,依恋是儿童(尤其是 3 岁以前的婴幼儿)在身体上和心理上努力寻求与抚养人保持亲密关系的一种倾向,其表现常态包括依偎、微笑、追随等。3 岁前是婴幼儿依恋形成的关键时期,也是婴幼儿明确依恋关系的重要时期。此阶段中,婴幼儿对待自己亲密的人(或熟悉的、长期拥有的物品)的偏爱会变得异常强烈。有专家认为,婴幼儿在对物品的抚摸、玩弄中会使其接触到肌体,从而促进相应感知觉的发展,以及自我抚慰能力的发展,并由此会因为这种行为而带来快乐的感觉和紧张后的释放感。当阳阳在离开了熟悉的家里进入托班后,依恋目标就发生了转移,他哭着要求抱抱,而恰巧教师在第一时间抱了他,于是教师变成了新的依恋对象,之后一有情绪的时候,就会第一时间想要对教师提出要抱抱的要求。这是他寻求安全感的过程,有了这种安全感他才会去探索、学习。所以托班教师在面对低龄阶段的婴幼儿时,应该及时帮助他们建立一个准确的依恋习惯,这样他们才能更好、更平稳地融入这个集体。不过,这是一个循序渐进的过程,当婴幼儿有依恋需求的时候,比如要抱抱的时候,教师在前面几次都可以满足他们,但慢慢地,就可以适当地拒绝,减少抱抱的次数,这样才能让其平稳地过渡,促进其身心健康发展。

📋 思考与实训

一、单选题

1. 与婴幼儿建立良好亲子依恋关系的正确途径是( )。

　　A. 整天抱着婴幼儿,形影不离

　　B. 满足婴幼儿一切需求

　　C. 对婴幼儿多抚摸、对视、说话、游戏

　　D. 让婴幼儿自己玩耍,对婴幼儿的任何反应鲜少回应

2. 依恋形成的标志不包括哪一项?( )

　　A. 代表性　　　　　　B. 稳定性　　　　　　C. 长期性　　　　　　D. 普遍性

3. 不属于影响婴幼儿依恋类型的因素是( )。

　　A. 抚养质量　　　　B. 婴幼儿自身的特点　　　C. 文化因素　　　　D. 家庭财富

4. 孩子特别爱笑,易高兴,也特别愿意和母亲待在一起,母亲一离开,就会产生分离焦虑,这属于依恋

的（　　）阶段。

    A. 前依恋阶段　　　　　　　　　　　　　B. 依恋建立期

    C. 依恋形成期　　　　　　　　　　　　　D. 目标调节的伙伴关键期

5. 在陌生情境实验中，将婴儿路路和母亲带到一个实验室中观察婴儿在游戏时与母亲的互动情况，路路在与母亲独处的过程中相当焦虑，不愿意进行探索活动，与母亲分离后表现出焦躁不安，母亲返回来时对母亲表现出强烈的不满，试图留在母亲的身边，但对母亲的接触又表示反抗。路路属于哪种依恋类型？（　　）

    A. 安全型　　　　　　B. 回避型　　　　　　C. 反抗型　　　　　　D. 混合型

6. 亲子活动设计的原则，正确的是？（　　）

    A. 区别性　　　　　　B. 综合性　　　　　　C. 全面性　　　　　　D. 适宜性

7. 0～3 岁亲子教育活动的特点，下列说法不正确的是？（　　）

    A. 以家庭教养为主　　　　　　　　　　　B. 多向互动性

    C. 多主体参与性　　　　　　　　　　　　D. 以游戏为主

8. 亲子教育的过程是指（　　）。

    A. 家长对子女的教育过程

    B. 家长与教育机构教育儿童的过程

    C. 家长与子女双向互动的过程

    D. 家长与社区教育机构教育儿童的过程

9. 亲子游戏的显著特点是（　　）。

    A. 规则性　　　　　　B. 情感性　　　　　　C. 开放性　　　　　　D. 目的性

10. 亲子游戏包括两种性质不同的游戏，即嬉戏性游戏和教学性游戏，下面不属于嬉戏性游戏的是（　　）。

    A. 藏和找　　　　　　B. 挠痒痒　　　　　　C. 猜谜　　　　　　D. 举高

二、简答题

1. 婴幼儿亲子依恋缺失会产生什么问题，依恋过度又会产生什么问题，试举例说明。

2. 请简述亲子教育的途径。

3. 请结合实践，谈谈对"隔代教育问题多""多孩家庭关系失衡"等的理解。

三、实训题

    请选择一个婴幼儿家庭，采用本章亲子关系评估方法，观察其亲子关系程度，分析优点及问题，设计一份家庭亲子教育的指导方案。

第八章　婴幼儿同伴关系的发展与教育

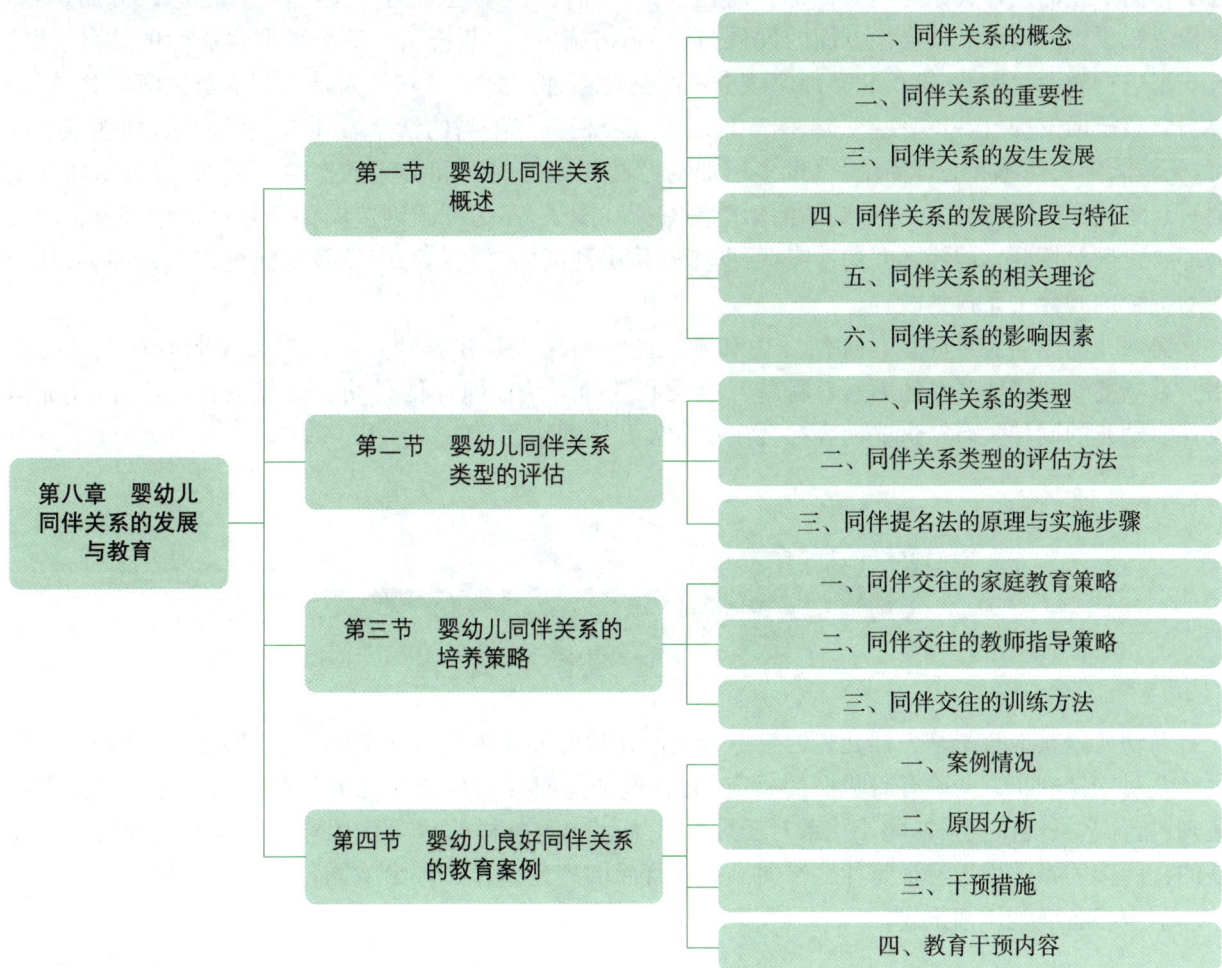

学习目标

1. 了解婴幼儿同伴关系的基本概念、发展特征、相关理论，以及影响同伴关系发展的相关因素。
2. 掌握婴幼儿同伴关系类型的评估方法，能够结合相应方法对婴幼儿的同伴关系进行正确评估。
3. 掌握改善婴幼儿同伴关系的方法和策略，能够将其运用到实际的教育与生活中。

内容结构

第八章　婴幼儿同伴关系的发展与教育

第一节　婴幼儿同伴关系概述
- 一、同伴关系的概念
- 二、同伴关系的重要性
- 三、同伴关系的发生发展
- 四、同伴关系的发展阶段与特征
- 五、同伴关系的相关理论
- 六、同伴关系的影响因素

第二节　婴幼儿同伴关系类型的评估
- 一、同伴关系的类型
- 二、同伴关系类型的评估方法
- 三、同伴提名法的原理与实施步骤

第三节　婴幼儿同伴关系的培养策略
- 一、同伴交往的家庭教育策略
- 二、同伴交往的教师指导策略
- 三、同伴交往的训练方法

第四节　婴幼儿良好同伴关系的教育案例
- 一、案例情况
- 二、原因分析
- 三、干预措施
- 四、教育干预内容

学习建议

　　本章在理论层面主要介绍了婴幼儿同伴关系的基本概念、发展特征、相关理论以及影响因素。在实际操作层面介绍了婴幼儿同伴关系类型的评估方法以及教育方法。在掌握基本理论和实践知识后,应注重知识的运用,将所学的内容渗透到实际教育与生活中。

案例导入

据家长反映,圆圆这个小女孩没有被她的同伴们喜欢。家长带圆圆出门和其他小朋友玩耍的时候,很多小朋友经常来告她的状,这令圆圆小朋友的家长头疼不已。有时候圆圆还爱做一些男孩子才会做的奥特曼动作,圆圆虽然长得甜美,但行为表现就像个男孩。有时候还特别让老师头疼,上课不集中精力,不能老老实实地坐在椅子上,老爱动,说她都没用。游戏时一直都是东跑跑西晃晃的,不跟其他孩子玩,没一点女孩的样子。圆圆很爱发脾气,好像经常不开心,很少与其他小朋友交谈。圆圆还会抢别人玩具,而且不想分享自己的玩具。当别的小朋友想玩她的玩具,她不但不给,还会推或踢别的小朋友。总是带有敌意,没什么好朋友。

案例中的圆圆存在缺乏社交相关技能问题,包括社交语言技能、情绪应对技能、攻击替代技能。圆圆目前不良的同伴关系是多方面的。内在因素方面,圆圆缺乏早期交往经验;家庭原因方面,可能家长忽视了圆圆情绪和社会性方面的发展;在干预措施方面,家长和教师会采取强制性的、警告性的方式来进行教育。因此,家长和教师应该重视圆圆社会性方面的培养。如果家庭成员之间有分歧,不要当着孩子面发脾气,以免使孩子产生心理压力和习得一些不当的情绪发泄方式。同时,加强亲子交流,关注圆圆的情感和心理需求,尽量多增加与圆圆相处的时间和交流的次数。例如,每天单独与圆圆一起游戏或阅读,设法扩大圆圆的活动范围和交往圈子,多为圆圆创造同伴交往的机会。家长和教师都要正确对待儿童同伴之间的冲突,帮助圆圆认识到同伴之间的冲突以及如何处理这种冲突,从而帮助圆圆的同伴关系得到改善。

婴幼儿的同伴关系究竟是如何发生和发展的? 同伴关系在婴幼儿心理发展中起着什么样的作用? 影响婴幼儿同伴关系的因素有哪些? 家长和教师应该如何评估婴幼儿同伴关系类型,以及如何改善婴幼儿的同伴关系? 这些内容都会在本章展开详细论述。

第一节 婴幼儿同伴关系概述

婴幼儿跟其他孩子是怎样交往的? 尽管他们并没有形成传统意义上的"友谊",但相关研究显示,婴幼儿对同伴的出现的确有着积极的反应,而且这是他们参与社会互动的最初形式。那么对于婴幼儿来讲,什么是同伴关系? 同伴关系对于婴幼儿而言起着怎样的重要作用? 同伴关系是如何发生发展的? 同伴关系的发展特征是什么? 同伴关系背后的理论是什么? 影响同伴关系的因素有哪些? 在这一节中将会展开详细论述。

一、同伴关系的概念

同伴关系是同龄人或心理发展水平相当的个体间在交往过程中建立和发展起来的一种人际关系,这种人际关系是平行、平等的,不同于个体与家长或与年长个体间交往的垂直关系。同伴关系既是婴幼儿社会性发展的重要背景,也是其社会性发展的主要内容。同伴关系在婴幼儿的发展中具有成人无法替代的独特作用。

同伴交往是除家庭外婴幼儿的第二大社会系统。婴幼儿通过同伴关系的扩展完成个体的社会化进程,形成完整的自我。然而,当今社会线上生活互动平台的增加及城市独门独户格局的普及,导致婴幼儿家庭之外的人际交往逐渐减少。良好的家庭教育应该重视同伴的作用,正确认识并积极引导婴幼儿的同伴交往活动,促进婴幼儿全面发展。

二、同伴关系的重要性

同伴关系是婴幼儿生活中一个非常重要的社会关系。虽然同伴关系不像亲子关系那样牢固、持久,但能为婴幼儿提供与众多同龄伙伴平等和自由交流的机会。这能提高婴幼儿的社交能力和社会适应性。除此以外,同伴关系对婴幼儿情感、认知和自我意识的发展也起着非常重要的作用。

(一) 同伴交往有利于婴幼儿学习社交技能和策略

在同伴交往中,一方面,婴幼儿发出微笑、请求、邀请等社交行为,尝试着练习自己已经学会的社交技能和策略,并随着对方的反应进行恰当的调整;另一方面,婴幼儿以交往过程中对方的社交行为为标准,尝试、学习他人的行为,这对婴幼儿而言是一种新的社交手段,这种互动能够丰富婴幼儿的社交行为。在亲子关系中,婴幼儿多处于被动、被关注的位置,并不需要婴幼儿自发地去发起或维持与父母的交往。但在同伴关系中,交往双方是平等的,需要婴幼儿去特别关注对方的态度及反应。婴幼儿需要以对方的态度和反应为基础,提高自己行为的表现性和反应的灵活性,保证能顺利实现双方的信息交流,支持交往的顺利进行。与亲子交往相比,同伴交往更要求婴幼儿的社交能力,更锻炼婴幼儿的社会适应性。

婴幼儿在与同伴交往过程中,同伴的反馈是直接且坦率的。如果婴幼儿表现出友好、合作、分享等积极行为,同伴便会做出肯定、喜爱的良好反馈。如果婴幼儿出现抢夺、抓人、独占等消极行为,同伴也会相应地出现否定、厌恶、拒绝等行为。同伴交往过程中丰富、直接的反馈有利于推动婴幼儿的社会行为向积极的方向发展,减少侵犯性、不友好行为的出现。

(二) 同伴交往是婴幼儿积极情感的重要后盾

和良好的亲子关系一样,婴幼儿之间良好的交往关系也会使婴幼儿产生安全感和归属感,从而产生轻松愉悦的心情。通过观察发现,婴幼儿在与同伴交往时往往表现出更多更明显的愉悦、更自由更丰富的交谈,还能以更轻松、更自主的方式参与到各项活动中。同时,良好的同伴关系也是婴幼儿情感依赖的一种,对于婴幼儿的情感有着不可或缺的支持作用。比如,害怕狗、看见狗就紧张害怕的婴幼儿,如果在玩耍时身边有表现出与狗"和平共处"、坦然愉快的同伴,那他自己也会在潜移默化中减弱对狗的恐惧,紧张和不适感也会慢慢减少。有研究表明,当婴幼儿处于危险、有困难、受人欺负的情境时,摆脱困境、使情绪恢复愉悦平静的有力途径就是同伴间的支持和帮助。

(三) 同伴交往有助于促进婴幼儿认知能力的发展

同伴交往中,每个婴幼儿都是独特的,不同的婴幼儿有着不同的生活经验和认知基础,在活动中也会表现出不同的行为。面对同样的玩具,不同的婴幼儿有不一样的玩法。因此,同伴间的交往在很大程度上为婴幼儿相互模仿学习、分享知识经验提供了机会,同时也为同伴间的交流、协商、讨论提供了机会。在交往过程中,婴幼儿一起从各种角度去操作组合玩具,从不同角度去分析、建构同样的物体,一起探索物体的不同用途和解决问题的多种方式。这都扩展了婴幼儿的知识,丰富了婴幼儿的认知,发展了婴幼儿思考、操作、沟通和解决问题等多方面的能力。

（四）同伴交往可为婴幼儿自我意识的发展提供有效的基础

首先，同伴交往为婴幼儿进行自我评价提供了有效的对照标准。同伴交往中同伴的行为和活动就是一面镜子，亦是婴幼儿自我评价的参照，婴幼儿能够与同伴相比更好地认识自己。这是最初级的社会性比较，它为婴幼儿的积极自我概念打下了最初的基础。其次，同伴交往也会为婴幼儿行为的自我调控提供丰富的信息和参照标准。同伴交往过程中，针对不同行为，同伴会出现不同的反应，比如，打骂同伴会招来同伴的拒绝、逃避，与同伴微笑相处也会换来同伴的友好合作。婴幼儿还可以从同伴的不同反应中了解自己行为的性质，知道这样的行为能否被他人接受，从而调节、控制自己的相关行为。因此，同伴交往，特别是同伴的反馈，对婴幼儿自我意识，尤其是自我调控系统的发展是具有非常积极的意义的。

三、同伴关系的发生发展

婴幼儿的社会交往表现在很多方面。从生命最初的几个月开始，当他们看到同伴时就会微笑、大笑、发出声音。他们对同伴的兴趣会多于没有生命的物体，对同伴的注意也会多于镜中的自我。相比不认识的同龄人，他们也开始表现出对熟悉者的偏好。例如，对同卵双生子的研究显示，双胞胎对彼此表现出的社会性行为水平会高于不熟悉的儿童。

婴幼儿的社会交往水平一般随着年龄而上升。9～12个月的婴儿相互给予和接受玩具，特别是在彼此认识的时候。他们也会玩一些社交游戏，如躲猫猫、相互追逐。此类行为十分重要，因为它是未来社会交往的基础。在社会交往中，婴幼儿将会试着引发他人的回应，然后再对这些回应做出反应。这些交换甚至会持续到成年期，因此，学习这些交往十分重要。例如，有人说"你好，最近怎么样？"，可能是想要引出一个他随后能够做出回答的反应。随着儿童年龄的增长，他们开始相互模仿，这样的模仿具有社交的功能，而且能够成为一种有力的教学工具。一些发展学家认为，婴幼儿具有模仿的能力表明模仿是天生的。镜像神经元的发现，进一步支持了这一观点。镜像神经元是指那些在个体做出特定动作以及个体观察他人做出相同动作时都能被激活的神经元。大脑功能磁共振的研究显示，额下回在个体做出特定动作和看到其他个体做出相同动作时都有显著性激活。因此，镜像神经元也许能够帮助婴幼儿理解他人的行动。

四、同伴关系的发展阶段与特征

婴幼儿的同伴关系是在相互作用的过程中表现出来的，这种关系的基本趋势是从最初简单的、多散的相互作用逐步发展到各种复杂的、互惠性的相互作用。这是一个从简单到复杂、从低级到高级、从不熟练到熟练的过程，而且在不同的年龄阶段，婴幼儿的同伴关系表现出不同的发展特征。

有研究认为，0～3岁时期同伴之间的相互作用是按一定的阶段发展的，可以划分成客体中心、简单的相互作用以及互补的相互作用三个阶段。

（一）客体中心阶段

婴幼儿的相互作用主要集中在玩具或物体上，而不是婴幼儿本身。10个月之前的婴儿，即使是在一起也是把对方当作活的玩具来看待，互相撕扯，或咿咿呀呀地说话。

（二）简单相互作用阶段

婴幼儿已经能对同伴的行为做出反应，并常常试图去控制对方的行为。比如，A因为不小心弄疼了自己的小手而大哭起来，这时，B看见A哭了也跟着大哭起来，A看见B跟他哭起来，似乎觉得挺好玩,自己的哭声就更大了。

（三）互补的相互作用阶段

社会交往更为复杂,模仿行为已经普遍出现,还有互补或互惠的角色游戏,如一个逃,一个追。在发生积极的相互作用时,还伴有消极的行为,如打架、揪头发、抓脸和争玩具等。

五、同伴关系的相关理论

（一）首属群体理论

该理论由美国早期社会学家库利提出,他认为首属群体是个人直接生活在其中,与群体成员有充分的直接交往和亲密人际关系的群体,如家庭、邻里、青少年的友伴群体等。首属群体的运转依靠人与人之间的情感联系,它是个体人际关系亲密的社会群体,也是其社会影响的最直接来源,对于个人的社会化起着重要作用。

（二）人际关系理论

美国社会学家哈吐鲁把儿童与他人之间的人际关系分为垂直关系和水平关系。垂直关系主要指儿童与成人(如父母、老师等)的关系,其性质具有互补性,即成人控制,儿童服从,儿童寻求帮助,成人提供帮助。主要功能是为儿童提供安全和保护,促使儿童学习知识和技能。水平关系指儿童与自己有相同社会权利的同伴的关系,其性质是平等和互惠,主要功能是给儿童提供学习技能和交流经验的机会。在社会化过程中,水平关系比垂直关系对儿童的影响更强烈、更广泛。

（三）重要他人理论

美国社会学家米尔斯代认为,重要他人是指对个体的社会化过程具有重要影响的具体人物。互动性重要他人(即在日常交往过程中认同的重要他人),主要包括家长、教师和同辈伙伴等,随着儿童年龄阶段的变化,其主导类型大体上是沿着家长—教师—同辈伙伴—无现实存在的重要他人的演变趋向逐渐发生变化的。它表明随着儿童年龄的增长,父母的作用在减弱,同伴的影响逐步增长。心理学家卡根认为,儿童从出生到5岁,其心理发展以父母的影响最为重要,下一个5年期间,对儿童的个性形成起决定作用的则是同伴和兄弟姐妹间的交往。

重要他人影响儿童社会化的发展,这种观点由来已久。詹姆斯在关于自我的论著中,特别强调了社会关系的重要性。他认为,我们具有被同类赞赏的本能倾向。同伴对于我们的评价将影响我们的行为和思想。符号互动论的学派也有同样类似的观点,认为自我的形成受到来自他人的预期性反应和观察性反应的影响,自我是在与他人的言语交流中逐渐成形的。例如,到了童年期,儿童开始模仿重要他人的行为、态度、价值或标准化,开始调整自己的行为来取得重要他人的认可,开始采纳重要他人对他们的看法。

（四）群体社会化发展理论

美国心理学家哈瑞斯综合了大量研究资料认为,家庭环境对儿童的心理特征没有长期影响,他们与同伴的共享环境能对儿童个性留下明显长远影响。儿童在家庭中习得的行为并不总能迁移到家庭之外的环境中去,儿童是独立地习得家庭中和家庭外的行为的。儿童通常会参加并认同一个社会群体,以此来学习如何在家庭外行事。社会文化的传递也主要是通过群体,而不是家庭完成的。哈瑞斯强调,对儿童有重要而深远影响的环境因素,不是父母对待儿童的方式,而是儿童的同伴群体。

儿童同伴群体具有群体特有的机制。第一,群内偏好。群体中的成员喜欢自己所在的群体胜过别的群体,会自发地做出有利于自己群体的行为。第二,群外敌对。人们对不同于自己所在群体的别的群体有一种强烈的,甚至是互相伤害的敌对行为。第三,群间对比。不同群体之间会由于群体内的友好行为与群体外的对立行为作用而使原来并不明显的群体差异不断加大。第四,群内同化。在同一群体中,各个成员会主动或被迫地与群体保持一致,从而使群体的一致性不断增强。第五,群间分化。在同一群体中,存在着不同的社会地位与等级,使各个成员彼此不同。同时,群体中各个成员也以各种方式努力使自己与众不同,以便在群体中占有一席之地。

儿童在家庭之外总是要参与并认同一个社会群体。在儿童群体中,共有的群体文化、规则和准则及其同化作用所导致的社会传递,使得群体中各个儿童变得十分相似。同时,群体中也存在由于等级地位不同和社会比较机制而产生的异化现象。每个群体中,儿童由于统治力量与受欢迎程度的不同,会有不同的等级地位。而这种群体内的等级地位高低,会对个性发展产生深远影响,并对成年以后的生活产生长期影响。此外,同一群体中的儿童会通过与他人的比较明确自己在群体中的社会地位,其他同伴或成人也会对儿童进行社会比较,以此对儿童进行群体中的定位。这种社会比较与群体定位,加大了同一群体中各个成员之间的差异,也对儿童今后的发展做了预测,从而产生深远影响。

(五) 认知发展理论

同伴关系是儿童社会能力发展的重要背景,皮亚杰在他的早期著作中论述了同伴关系在社会能力发展中的作用。他认为,儿童与同伴交往中出现的冲突将有助于他们认知发展并促进儿童获得社会交流所需技能。皮亚杰指出,儿童在交往初期是以自我为中心的,随着游戏的开始,平等互惠的同伴关系开始建立,儿童逐渐体验到冲突、谈判或协商。这种冲突、谈判和协商无论是指向物体或不同的社会观点,在引发折中主义和平等互惠的观念中都起着重要作用。这些体验让儿童明白,积极且富有成效的同伴交往是通过与伙伴的合作而获得的。皮亚杰特别强调了同伴间的讨论和争论是道德判断能力发展所必需的。

维果茨基认为,人的心理实质是移置在内部并成为个性的机能及其结构形式的社会关系的总和。这反映了维果茨基关于个性起源的两个基本观点,即个性是在社会交往活动中产生的,个性是社会关系内化的产物。社会性是个性的核心成分,儿童社会性的发展是儿童在与他人的社会交往过程中逐渐由外到内发展而来的。社会交往活动是儿童社会性发展的基础,在儿童社会性教育中,一方面,要扩大儿童社会交往的范围,特别是要充分利用儿童同伴交往的作用;另一方面,对儿童的社会交往给予一定的关注和指导,使儿童的社会交往活动更有利于儿童的社会性发展。社会关系内化是儿童社会性发展的途径,对刚刚进入社会环境的学前儿童来说,早期所接触的人及与这些人所形成的关系对儿童社会性发展特点有着至关重要的作用。如果儿童与所接触到的人形成了积极的关系,从他人那里得到的是积极的信息、积极的评价,儿童就会发展成为一个相信他人、相信自己的人,进而形成健康的个性特点。反之,如果儿童生活的早期没有与他人建立积极的关系,而是冷漠或消极的关系,儿童从他人那里得到的信息和评价也是消极的,那么儿童对社会和他人就是怀疑甚至是仇恨的,也不会发展出积极的社会性。帮助儿童在人生早期与周围生活的同伴和成人建立起积极的人际关系,是促进儿童社会性发展的重要途径[①]。

六、同伴关系的影响因素

婴幼儿的同伴交往受到许多因素的影响,其中起主要作用的有早期亲子交往经验、婴幼儿自身的各方面特征,以及活动材料和活动性质等[②]。

---

① 刘少英.学前儿童同伴关系发展追踪研究[D].上海:华东师范大学,2009.

② 陈帼眉,冯晓霞,庞丽娟.学前儿童发展心理学[M].北京:北京师范大学出版集团,2013:245—247.

(一) 早期亲子交往经验

大多数婴幼儿从出生之始就开始了与父母的交往,婴幼儿与父母间的亲密交往满足了婴幼儿的生存需要,还为他们学习人与人之间的交往技巧提供了丰富的行为模板。在不同的情况下,父母之间、父母与他人之间、父母与婴幼儿之间的交往在语言、行为方面存在着很大的差异。通过观察模仿,婴幼儿可以学会如何与不同的对象进行交往,如何处理不同的情境。在亲子交往中,婴幼儿并不是完全意义上的被动接受者,他们也会通过微笑、哭泣、语言、动作等向父母表达他们的需求与感受,甚至发起与父母的交往。在这期间,婴幼儿不断练习着社交方式,并且发现自己的行为能够引起父母的反应,可以获得一种最初的"自我肯定"。而这种肯定是非常重要的,它不仅是婴幼儿未来建立自尊心、发展自尊感的基础,还是同伴交往积极健康发展的某一先决条件。相当一部分心理学研究发现,婴幼儿最初的同伴交往,往往都来自更早期的与父母的交往。比如,婴幼儿在同伴间微笑和发声的行为出现在对成人做相同行为的 2 个月之后。婴幼儿对同伴的态度和行为大多依赖于父母与人交往的情形,是父母与人交往的"翻版"。可见,早期的亲子交往经验对同伴交往产生了十分重要的影响。

(二) 婴幼儿自身的特征

婴幼儿自身的身心特征决定着其与同伴交往的行为方式,也制约着同伴对他们的态度和接纳程度。首先,性别、长相、年龄等生理因素,以及姓名都影响着婴幼儿被选择和接受的程度。一般来说,婴幼儿更喜欢和与自己同性别、同年龄的同伴一起交往。那些长相较好、名字好听的婴幼儿会更容易被同伴喜欢和接纳。其次,婴幼儿的性格、气质、能力等个性特征以及情感特征也影响着他们在同伴交往中的态度和行为反应,同时影响同伴对其的反应和关系类型。积极主动的交往行为和技能对同伴交往关系影响最大。由于婴幼儿在社交积极性及交往行为方式上的差异,从而形成了不同的社交类型。被拒绝婴幼儿之所以被同伴所排斥、拒绝,正是因为其交往中的行为方式不恰当,攻击性行为方式多,而友好、积极行为方式少。交往中行为方式的不适合是被拒绝婴幼儿被同伴排斥、拒绝的最主要原因。而缺乏主动性是被忽视婴幼儿在同伴心目中没有影响和地位的最主要原因,他们在同伴交往中消极、退缩,少有积极友好的行为,而且他们还缺乏相应的社交经验和技能。

(三) 活动材料和活动性质

在婴幼儿同伴交往中,活动材料是婴幼儿同伴交往的一个不可忽视的影响因素。婴幼儿之间的交往大多围绕玩具而发生,他们或是为玩具而争抢,甚至发生"武力"冲突,或是通过玩具表达对同伴的邀请。例如,把手中的玩具递给同伴,或接受同伴提供的玩具,来表示对对方邀请的回应。他们还在使用玩具的过程中,逐渐学会等待和与他人分享、合作等。如 A 正在玩一个十分可爱的洋娃娃,B 看见了,也想玩,并试图去拿,这时候 A 面临着两种选择,要么放弃洋娃娃给 B 玩,要么自己继续玩。无论做出何种选择,都会使 A 与 B 发生交往,要么表现为分享、轮流,要么发生冲突和争抢。在这交往的过程中,A 和 B 都能感受到对方对自己玩洋娃娃愿望的制约,于是都不得不注意对方的情感、要求和反应,并据之协调自己的行为,以使围绕这一玩具的交往顺利进行。

玩具对婴幼儿同伴交往的影响还体现在玩具的不同数量和特征上,不同数量和特征的玩具能引起婴幼儿之间不同的交往行为。在没有玩具,或有少量小玩具的条件下,婴幼儿之间经常发生争抢、攻击等消极的交往行为。而在有大玩具,如滑梯、攀登架、中型积木等的条件下,婴幼儿之间倾向于发生轮流、分享、合作等积极、友好的交往行为。也有研究表明,在只有一些很小的、可个人控制的玩具,如球、小火车、小型积木等的条件下,婴幼儿倾向于单独摆弄手中的玩具而很少与同伴发生交流、分享。

活动性质对同伴交往的影响主要体现在,在自由游戏情境下,不同社交类型的婴幼儿表现出交往行为上的巨大差异。而在有一定任务的情境下,如在表演游戏或集体活动中,即使是不受同伴欢迎的婴幼儿,也能与同伴进行一定的配合、协作,因为活动情境本身已经规定了同伴间的合作关系,对其行为提出了许多制约性。

第二节 婴幼儿同伴关系类型的评估

关于婴幼儿同伴关系类型的评估有许多方法,大体上,这些方法主要与两个问题相对应:第一个是,这个婴幼儿是否讨人喜欢;第二个是,这个婴幼儿喜欢什么类型的同伴。为回答这两个问题,研究者着手从多个信息源收集资料,最常见的信息来源是婴幼儿和教师所进行的评估以及研究者所进行的直接的行为观察,因为评估会来自同伴、教师或研究者,所以一个婴幼儿可能会因不同的评估类型而被赋予不同的关系特征。比如,目前通常把婴幼儿细分为"受欢迎的""乐群的""退缩的""隔离的""被忽视的""不受欢迎的""被拒绝的""攻击性的""矛盾的""平常的"和"正常的"等。在本节中将对婴幼儿同伴关系类型的评估方法和其中的同伴提名法的具体实施步骤进行介绍。

一、同伴关系的类型

目前学界主要将婴幼儿同伴关系分为受欢迎型、被拒绝型、被忽视型和一般型。受欢迎型婴幼儿喜欢与人交往,在交往中积极主动,且常常表现出友好、积极的交往行为,因而受到大多数同伴的接纳、喜爱,在同伴中享有较高的地位,具有较强的影响力。从同伴提名分上看,他们的正提名分很高而负提名分很低。

被拒绝型婴幼儿和受欢迎型婴幼儿一样,喜欢交往,在交往中活跃、主动,但常常采取不友好的交往方式。比如,强行加入其他小朋友的活动、抢夺玩具、大声叫喊、推打小朋友等,攻击性行为较多,友好行为较少。因而常常被多数同伴所排斥、拒绝,在同伴中地位低,关系紧张。从同伴提名分上看,他们一般正提名分很低而负提名分很高。

与前两类婴幼儿不同的是,被忽视型的这类婴幼儿不喜欢交往,他们常常独处,在交往中表现得退缩或畏缩,他们既很少对同伴做出友好、合作的行为,也很少表现出不友好、侵犯性行为,因此既没有多少同伴主动喜欢他们,也没有多少同伴主动排斥他们,他们在同伴心目中似乎是不存在的,被大多数同伴所忽视和冷落。这类婴幼儿的正、负提名分都很低。

一般型的这类婴幼儿在同伴交往中行为表现一般,既不是特别主动、友好,也不是特别不主动或不友好;同伴有的喜欢他们,有的不喜欢他们,他们既非为同伴特别喜爱、接纳,也非特别忽视、拒绝,因而在同伴心目中的地位一般。从提名分上看,这类婴幼儿的正、负提名分都有一定的得分,两者都处于居中的水平。

二、同伴关系类型的评估方法

(一) 同伴评估

同伴评估,即同伴群体内的婴幼儿对该群体内的被评价婴幼儿进行评价。婴幼儿作为一定群体内的人,对群体内的彼此都有一定程度的了解,能从多个角度提供信息,因此对群体内婴幼儿人际关系的优劣评判最有发言权。通过同伴评估,可以大致了解同伴群体内某个婴幼儿的个性及人际关系特征,从而掌握其在同伴群体中的社会地位,把握该婴幼儿同伴关系现状。但需要指出,同伴评估会受到某些出现频率低但心理意义十分显著事件的影响。例如,某天被评价婴幼儿打了评价婴幼儿一拳,评价者可能会因为被评价者这一行为将其评为名声不好的人。如果抽样时恰巧遇到这一现象,而被评价婴幼儿对该婴幼儿的行为又不是惯常性的,那么该评估的客观性必然会受到影响。

(二) 同伴提名

同伴提名这种方法历史悠久且使用广泛,可以测量同伴群体的结构和组织。近年来,这种方法被用来鉴别特定群体中受欢迎或不受欢迎的婴幼儿。在实施这种方法时,让婴幼儿根据一些肯定的或否定的具体标准对群体中的同伴进行提名,一般在每个标准上提3~5名同伴,比如,"说出你喜欢的三个同伴"或"说出你不愿意玩的三个同伴"。这种方法可以把婴幼儿归为若干种社会关系类别,从而有利于更深入地了解婴幼儿同伴关系。受欢迎的婴幼儿,得到较多的正面提名、较少的反面提名。一般的婴幼儿,得到正面提名与反面提名的结果相差不大,他们在同伴提名中没有获得极端的分数(最喜欢或最不喜欢);被忽视的婴幼儿,只得到很少的正面提名和反面提名;受拒绝的婴幼儿,得到较少的正面提名,却有较多的反面提名;矛盾型的婴幼儿,对其正面和反面的提名均较多。

这种方法的优点是,可以对群体内的婴幼儿,特别是不受欢迎的婴幼儿进行较详细的划分。而且这种分类在时间维度上相当稳定,即受欢迎婴幼儿倾向于保持受欢迎,受拒绝的婴幼儿倾向于保持被拒绝。当变化真的发生时,受欢迎的婴幼儿会变为一般的婴幼儿,或受拒绝的婴幼儿变为一般的婴幼儿,而极少有被拒绝的婴幼儿变为受欢迎的婴幼儿,或反过来的结果。

(三) 社会关系评定量表

社会关系评定量表法是让同伴群体内的每个婴幼儿按量表对其他所有儿童进行评定。根据一个标准,回答出符合这个标准的程度。比如,"你在多大程度上喜欢这个人?"或"你在多大程度上愿意跟这个人在一块儿玩?"每个婴幼儿得到其同伴的平均评定可以作为描述这个婴幼儿的同伴接纳或受欢迎的指标。这种评定在以下两个方面优于同伴提名:第一,评定量表的信度更高,而且在时间维度上更为稳定,尤其是对婴幼儿的评定;第二,评定量表分数是所有同伴对所有同伴的评定,比较公正、客观、真实,避免了一些如频率低但心理意义高的事件对于婴幼儿社会关系评定的影响。但它也有不足,那就是无法对不受欢迎的婴幼儿作进一步区分。例如,受拒绝和受忽视婴幼儿在量表评定中分数可能相当,不如提名那样能被进一步区分开来。

社会关系评定也存在着一定的问题。首先是伦理问题,比如,若把某名婴幼儿评定为不受欢迎的,那么,因为标签作用,很可能使这个婴幼儿将来更不受同伴欢迎。其次是方法上的限制,不能重复和进行跟踪研究,更重要的是不能确定婴幼儿在同伴群体中社会地位的成因。

(四) 同伴接纳的教师评估

教师是同伴关系和社会行为研究的另一重要信息来源。教师在甄别低频但高心理意义事件方面具有重要作用。教师评估的优点一是更高效和省时,从教师那里收集资料更为方便快捷。二是教师的评估比同伴评定更客观。当然,教师也会对婴幼儿形成偏见,即以成人的观点来评定婴幼儿的行为。

以前,教师评定常常是治疗社交困难婴幼儿的重要参照,但是教师亦存在偏见,其评定难免会出现偏差。有研究表明,教师倾向于把攻击行为放到社会隔离(疏远)和社会退缩的对立面,而且教师也会因婴幼儿性别不同而改变对某行为的观点。有意思的是,教师与婴幼儿在同伴接纳的评估上通常能达到一致。但教师评定仍不能告诉我们哪些相关行为可以预测婴幼儿的同伴关系,而且也不能对受欢迎、被拒绝和被疏远做出区分。

(五) 社会行为的教师评估

社会行为的教师评估方法用于多种社会情绪因素群的测量,可以从乐群性、受欢迎程度、领导能力、攻击行为、敌意、行为混乱、多动、冲动、焦虑、害怕、退缩等维度着手。常用的测量方法包括学前行为问卷(Preschool Behavior Questionnaire，PBQ)，康纳评定量表(Connor's Rating Scale，CRS)，学前社会情感轮廓图(Preschool Socio-Affective Profile，PSP)，儿童行为量表(Child Behavior Sale，CBS)。为详细了解同伴关系的特征，研究者要求教师对儿童在同伴中的社会行为做出更为详细的评估，开发了教师评估量表。例如，科普兰(Coplan)和鲁宾(Rubin)开发了学前游戏行为量表(Preschool Play Behavior Scale，PPBS)，由教师评定儿童非社会性游戏行为的多种形式。

在儿童社会行为方面，尤其是在攻击性行为和社交行为上，教师评估和同伴评估之间总是存在着显著的相关。从儿童早期到后期，教师和同伴对于儿童社会退缩评定的相关性逐渐增加。到了儿童晚期，教师和同伴对攻击行为评估的相关性与对社会退缩评估的相关性就基本相等了。同伴和教师对社会性退缩评估的相关性逐渐增加，反映了随着年龄增大，社会退缩逐渐成为同伴群体中非常突出的一种行为。

（六）社会行为的行为观察

社会行为的行为观察法的基本思想是，对于具有真正表面效度的行为，如攻击行为、退缩行为和社会竞争行为，最好能在婴幼儿处于自然情景时观察，这样能较好地保证评估的信度和效度。通过行为观察，可以建立相应某种社会行为的年龄和性别常模，并从这些"常模"发展出一些用以鉴别在某种行为上有异于同龄或同性别群体婴幼儿的评估方法。运用行为观察法，可以有效地甄别那些行为异于同伴的婴幼儿。比如，鲁宾发展了游戏观察量表(Play Observation Scale，POS)，这是一个以常模为基础的用以评估婴幼儿自由游戏行为的时间抽样方法。在自由游戏的情境下，通过观察，将婴幼儿与有同伴时和无同伴时的行为记录在一个含有认知性游戏分类的清单上，这些分类包括机能感觉运动的、探究的、构建的和规则的等行为类型。这些行为在单独活动(如独自游玩)、平行活动(如共同游戏)和群体活动(如合作游戏)时表现出来。另外，对外显的(踢、打等)和内隐的(如关系攻击)攻击行为、杂乱无章的游戏、不专注的和旁观行为、与同伴的谈话等均做出详细记录，像 POS 这样的观察方法，可以非常有效地鉴别那些行为异于同伴的婴幼儿，如攻击性婴幼儿和社会退缩婴幼儿。这样的程序还可以用来验证同伴与教师对婴幼儿社会行为评估的效度。

观察法也存在缺点，一是费时、费力、费钱；二是随着婴幼儿年龄的增长，观察法的实施越来越困难；三是观察到的可能是反应性的行为，即婴幼儿意识到被人观察时会掩饰自己的一些行为。比如，一些具有消极行为的婴幼儿可能会有克制自己的行为，或者表现出亲社会行为。

由此可见，每种评估方法都有其优缺点，也正是由于这个原因，研究者才发展出诸多的评估方法。因此，在研究婴幼儿同伴关系时，要合理运用这些方法。如果可能，把一些方法结合起来对婴幼儿的同伴关系进行评估，更能反映出真实情况。从各个角度全面地收集信息，对于了解婴幼儿同伴关系是至关重要的。

三、同伴提名法的原理与实施步骤

同伴提名法是社会测量法的一种，社会测量法是由美国社会学家、心理学家莫雷诺提出的。社会测量法有多种不同的形式，而同伴提名法是其中最基本、最主要的一种。同伴提名法的基本实施方法是：让被试根据某种心理品质或行为特征的描述，从同伴团体中找出最符合这些描述特征的人来。比如，研究者以"喜欢"或"不喜欢"为标准让婴幼儿说出班上他最喜欢或最不喜欢的三个小朋友，然后对研究结果进行一定的技术处理，并做出解释。

（一）同伴提名法的原理与作用

同伴提名法测量的基本原理是，同伴之间的相互选择反映着他们心理上的联系。肯定的选择意味着接纳,否定的选择意味着排斥。一个人在积极标准(如喜欢)上被同伴提起次数越多,说明他在同伴间的接纳程度越高;反之,若他在消极标准(如不喜欢)上被同伴提起次数越多,说明他被同伴排斥程度越高。这说明了同伴在一定标准上进行的肯定性或否定性选择,在一定程度上反映了同伴之间人际关系的情况。这样,通过分析同伴的选择结果,就可以定量地测量婴幼儿同伴间的关系。

具体来说,同伴提名法在同伴交往研究中主要有三方面的作用。首先,同伴提名法有利于研究者了解某一同伴群体的人际交往结构,并清楚其人际交往的实际情况。其次,同伴提名法有利于了解同伴群体中每一名婴幼儿的人际关系状况及在群体中的地位。最后,研究者能根据同伴提名法的结果将婴幼儿划分为不同的社交类型,常见的社交类型有受欢迎型、被拒绝型、被忽视型、一般型和矛盾型等,并可再结合其他方法研究婴幼儿的特征。

(二) 提名标准的确定

提名标准就是婴幼儿做出选择的依据,通常以问题的形式呈现。例如,"你最喜欢……"或"你最讨厌……"。正确地确定适当且有效的提名标准是实施同伴提名法的关键步骤之一。在确定提名标准时,需特别注意以下五个方面。第一,根据研究目的,确定标准的性质。提名标准分为肯定正向的标准(如"你最喜欢……""你最愿意……")和否定负向的标准(如"你最不喜欢……""你最不愿意……")。进行研究时,需要根据研究目的确定提名标准的性质,是单选正向或负向,抑或二者兼用。正向提名和负向提名反映了同伴交往的不同侧面,代表着不同的信息。另外,在使用提名法进行研究时,提名标准不同,得到的信息也是不同的,研究者需要根据研究目的的不同,选择合适的提名标准。一般来说,如果是根据提名结果将婴幼儿分为不同社交类型时,如受欢迎型、被拒绝型、被忽视型等,应当同时使用正、负两种提名标准。需要注意的是,在使用否定负向提名标准时,应该消除婴幼儿的顾虑和不安,让婴幼儿放心作答,保证其回答的真实性。第二,根据婴幼儿心理发展的水平来确定标准的具体内容。对于婴幼儿来说,具体的、操作性强的标准是合适的,例如,"你最喜欢谁""你最喜欢和谁一起玩"这类问题就比较笼统、抽象,婴幼儿不易理解,不好作答。如换成"你觉得谁最好"这样的问题,婴幼儿就较易作答。故在问题表述时,尽量使用自然、标准的婴幼儿语言,这样易于婴幼儿理解。第三,提名标准的确定必须保证婴幼儿的选择能代表自己的愿望。提名标准要便于婴幼儿做出选择,这种选择是自由的,不受他人干扰,是婴幼儿内心真实心理倾向的反映,而不是对他人愿望和心理倾向的估计。例如,"你最喜欢班上哪三位小朋友"的提名标准可以反映出婴幼儿自己的真实心理倾向,但是"你认为你们班上谁是好孩子"的提名标准则不能很准确地表达婴幼儿的心理倾向,因为婴幼儿选择出的可能是老师经常表扬或喜欢的婴幼儿,而不是自己最喜欢的同伴。第四,提名标准的数量必须恰当。对于年龄稍大的婴幼儿,每次提名时可以同时使用 1~3 个标准并能做出合适的判断。因此研究者在设计提名时,考虑到婴幼儿身心发展的特点,最好一次只使用 1 个标准。第五,提名选择对象的数目限制。一般来说,婴幼儿对于 3 个以内的提名结果比较稳定、可靠,3 个以外的提名结果则稳定性较差。所以在确定提名标准时,将提名数目控制在 3 个以内最为合适。

(三) 提名法的实施

提名法的实施通常可采取个人施测和团体施测两种方式进行。个人施测一般采用谈话法,即以口头方式向婴幼儿提出问题,让他们口头作答,并记录他们回答的内容。团体施测多采用纸笔记录的方法,即将问题、要求等写在问卷纸上,被试阅读后用笔将自己的回答写下来。由于婴幼儿基本上还不识字,更不会写字,阅读理解能力低,自制力差,因此团体施测方式对他们而言是不可行的,只能采取个别施测、口头施测的方式。

在个别施测时,一般是研究者与被试单独在一个地方,由研究者提出问题(如"你最愿意和哪三个小朋友玩"等),然后让婴幼儿回答。但婴幼儿提谁的名可能受其记忆的影响,也就是说,婴幼儿未提及班上某些小朋友的名,可能不是因为不喜欢他们,只是因为记不起他们的名字而已。为了消除儿童记忆这一无关因素对结果准确性的影响,可采用照片提名法和现场提名法。照片提名法是研究者首先对班上每一名婴幼儿拍照,这样在实施提名法时就可将全部同伴的照片呈现在某孩子面前,让其先全部仔细看一遍,然后再提名。这种方法可以较好地消除婴幼儿记忆的影响,提高研究结果的可靠性。但是,此法也存在一些局限:一是,需要对每一个婴幼儿拍照,这样做费时、费力、费用高;二是,实施时不方便;三是,如果出现照片失真、新颖性及其他如着装、发式、面部表情、动作、环境等有关因素,可能会分散婴幼儿的注意力,影响其完成提名任务。现场提名法是把被试婴幼儿叫到集体活动现场的某处,如一个角落——在这个位置婴幼儿既能看到其他所有同伴,又不至于为其他同伴所干扰,然后向婴幼儿被试提出问题,让其先仔细看一遍所有在活动中的同伴,然后提名。此方法不仅可以消除婴幼儿记忆这一影响因素,提高研究结果的可靠性,而且与照片提名法相比,它可以有效地克服后者存在的上述缺点,因而具有经济、迅速、简单和真实等优点。在实际运用此方法时,为保证客观性,要注意事先与婴幼儿熟悉,以消除婴幼儿的陌生感、紧张感与好奇心。提问时的语气语调、音高、音量、表情要自然,以免让婴幼儿觉得不安全,以确保其能如实、放心地回答。同时,要保证婴幼儿理解指导语,用简单、明了、婴幼儿易懂的语言向他们说明,并使其知道如何作答。可告诉婴幼儿怎么想就怎么说,以消除婴幼儿的疑惑与不安,特别是,选择的位置至关重要。一定要避开其他同伴、老师活动的地方,以避免影响、干扰婴幼儿正在进行的提名活动。研究表明,现场提名法适合婴幼儿特点,实用性和可行性强,值得在实际研究与应用中推广。

(四) 提名结果的记分与运用

对婴幼儿提名结果,按其提名的先后顺序,有加权记分与非加权记分两种方式。相关分析结果表明,对同一婴幼儿提名结果按加权与非加权的计算方式得出的分数,相关性达到非常显著的水平。这说明,记分时将婴幼儿被提名的顺序考虑进去并未产生什么差异。因加权记分法相对更复杂、费时一些,又无多大的实际意义,因此,目前绝大多数研究者均采用非加权记分法。

对婴幼儿提名结果的记分还有单项记分与综合记分两种方式。单项记分方式就是根据婴幼儿肯定提名的结果计算出正提名分(即接纳分),根据婴幼儿否定提名的结果计算出负提名分(即被拒绝分)。综合记分方式就是将正提名分与负提名分按一定方式综合计算,分别得出社会喜好分和社会影响分。社会喜好分由正提名分减去负提名分而得,社会影响分由正提名分加上负提名分而得。根据正提名分和负提名分,可以划分出处于不同社交地位的婴幼儿。具体方法是,先将某班婴幼儿各自所得的正提名分和负提名分分别转换为标准分数,然后再按下列分类标准(表8-1)确定其类型。

表8-1 分类标准1

婴幼儿类型	正提名标准分	负提名标准分
受欢迎婴幼儿	≥1.0	≤0
被拒绝婴幼儿	≤0	≥1.0
被忽视婴幼儿	≤-0.5	≤-0.5
矛盾型婴幼儿	≥0.5	≥0.5
一般型婴幼儿	上述分类所剩婴幼儿	

除此分类方法外,还可以将两种单项分与两种综合分结合起来划分不同类型的婴幼儿。具体做法也是先将原始分数转换为标准分数,然后再按下列分类标准(表8-2)确定社交地位类型。

表 8-2　分类标准 2

儿童类型	正提名标准分	负提名标准分	社会喜好标准分	社会影响标准分
受欢迎儿童	＞0	＜0	≥1.0	
被拒绝儿童	＜0	＞0	≤-1.0	
被忽视儿童	＜0	＜0		≤-1.0
矛盾型儿童	＞0	＞0		≥-1.0
一般型儿童	上述分类所剩儿童			

需要注意的是,用同伴提名法研究婴幼儿同伴交往时,必须考虑婴幼儿心理发展的水平、特征,并据此对同伴提名法的设计、实施等进行一些改进。

第三节　婴幼儿同伴关系的培养策略

同伴关系对婴幼儿社会性发展有着重要作用,同伴关系不良不仅会影响婴幼儿当时的发展,还会影响婴幼儿后期的社会适应。本节主要从家长和教师两个层面提供具有指导意义的培养和教育策略。

一、同伴交往的家庭教育策略

婴幼儿同伴交往的表现存在差异,这些差异是受到亲子依恋关系、教养方式、家长的行为和观念等因素影响的。婴幼儿主要生活在家庭中,与家人的相处时间是最长的。家庭生活通过直接或间接的方式影响着家庭成员的归属感和情感安全,因此,有的婴幼儿在同伴群体中比较自信,有的则表现出退缩。因此,家长需要以更加科学的方式和途径去引导婴幼儿融入同伴,为婴幼儿将来智商、情商的发展以及社会适应奠定良好的基础。

(一) 学习育儿知识,理解婴幼儿发展过程

为了能够从容面对婴幼儿发展过程遇到的问题,以及理解婴幼儿发展的进程,家长需要了解婴幼儿发展的科学知识。通过了解不同年龄阶段婴幼儿与同伴交往的特点,帮助婴幼儿成长。例如,关于婴幼儿的分享行为。根据皮亚杰认知发展理论,儿童在 3 岁以前以自我为中心,婴幼儿通过对物的占有来感受自我,而分享,尤其是主动分享,对他们是困难的。因此,作为家长要了解这个阶段婴幼儿的发展特点,明白是婴幼儿的自我中心特点导致婴幼儿出现了相应行为。如果这个时候家长强迫婴幼儿进行分享,不但不能帮助婴幼儿发展分享行为,反而会扰乱婴幼儿所有权的概念。因此,家长面对婴幼儿同伴交往中出现的问题,应从孩子阶段性发展的特点来理解孩子的行为,给予孩子空间,鼓励他们与同伴自行商量解决问题。

(二) 做好示范带头作用,形成良好依恋关系

婴幼儿的模仿能力非常强,"父母是孩子的第一任老师",因此父母要做好孩子学习的榜样。作为父母,应在各方面为婴幼儿树立好的榜样,起到示范带头作用。首先,在人际交往方面,父母应该积极主动地与他人交流,待人接物有礼有节,遇到矛盾冲突时不急躁莽撞,勇于承担并积极与他人协商解

决问题。此外,父母要为孩子提供和谐安全的人际环境,夫妻关系、亲子关系、祖辈关系等不同的关系都要处理好。同时也提倡父母直接抚养孩子,如果受工作繁忙等客观因素导致无法亲自照顾孩子,也要尽量安排时间多与孩子相处,促使孩子与家长形成良好的依恋关系,以促进孩子对人际关系产生安全感与信任感,将有助于他们的同伴交往。

(三) 积极创设社交环境,引导婴幼儿主动交往

相关研究表明,家庭教养方式对婴幼儿的同伴交往起着一定的影响。如果婴幼儿在情感温暖、相对宽松随和的家庭教养方式下,能促进其积极的同伴交往。如果是严厉、专制的教养方式会抑制婴幼儿的同伴交往,甚至会造成他们一定程度的社会退缩。因此,为了促进婴幼儿积极的同伴交往,家长应该为婴幼儿创设民主、宽松、温暖、随和的家庭氛围,多支持与鼓励,少批评与惩罚。在婴幼儿同伴交往中,家长应扮演旁观者和倾听者的角色,来观察孩子的同伴交往,与孩子分享交往经验,对其正确的交往行为给予肯定,矫正错误行为。同时,家长要重视婴幼儿的同伴交往,针对有一定社会退缩的婴幼儿,可以创造同伴交往机会,引导其主动接触同伴,体验与人交往的乐趣,发展友谊。

二、同伴交往的教师指导策略

(一) 创设条件,培养婴幼儿同伴交往能力

在婴幼儿教育实践中,托幼机构应创造条件,给婴幼儿提供更多参与社会交往、与人沟通的机会。例如,开展多种形式的合作表演、合作体能活动、合作建构及合作竞赛活动,在交往中逐渐培养婴幼儿热情、豁达、乐观、自信、积极、友好等品德。让婴幼儿在交往中体验同伴交往带来的积极情感,分享合作交往带来的快乐和成就,促使婴幼儿良好同伴交往的形成。

教师要依据科学的教育观为婴幼儿同伴交往能力的发展创设不同的物质与心理环境。物质环境主要指教师对活动室空间的安排、布置,活动材料的选择与提供等方面,这些环境对婴幼儿的心境、社会交往活动、社会交往行为与规则的遵守等发挥着积极或消极作用。研究表明,整洁优美、井然有序的物质环境会在一定程度上安抚婴幼儿的情绪,增加婴幼儿行为的有序性,有助于社会性规范的遵从。相反,杂乱无章的物质环境则可能使婴幼儿浮躁不安,易发生争吵、冲突。与物理环境相对应的是教师为婴幼儿创设的良好心理环境,心理环境主要指教师通过自身与他人、与婴幼儿的交往行为、交往态度以及对婴幼儿交往的引导等所营造的心理氛围。心理环境主要通过影响婴幼儿的情绪情感、态度倾向、行为方式等反应特征,而对其同伴交往能力的发展发挥作用。在充满关爱、鼓励的心理环境下,婴幼儿便会主动与同伴交往,表现出更多的亲社会行为。

(二) 提高技巧,促进婴幼儿社会性发展

为提升婴幼儿同伴交往能力,教师需要具备三种能力:第一,教师必须了解婴幼儿与同伴成功交往所必需的技能,如发起同伴交往、维持同伴交往、解决冲突等。第二,教师需要掌握有关婴幼儿交往能力的知识,这是为了让教师知道应该给婴幼儿提供什么样的同伴交往支持。第三,教师必须有一套在实践中行之有效的策略,这需要教师自己在实践中总结。因此,在教师教育中要让教师做到:一是,仔细思考在以前类似情形中,我看到某个孩子是怎样做的;二是,在某种情况下,一个孩子需要我提供多少帮助就能达到他的交往目标;三是,我如何能够让孩子之间彼此关注,而不需要我的提示。

另外值得教师注意的是,同伴交往冲突是婴幼儿之间不可避免的一种重要交往形式。同伴冲突的确给同伴关系带来一定的负面影响,也是对个体交往能力发展的挑战。在解决冲突的过程中,婴幼儿能够逐渐获得观点采择能力,学会协调、互助与合作,增长社会经验和规则意识,从而提高同伴交往能力。首先,教师在应对同伴冲突的时候,本着指导的思想,让婴幼儿从"实战"中逐渐找到自己合理

解决冲突的策略,而不只是看重冲突的结果。其次,设立同伴支持者。同伴支持是婴幼儿帮助同伴的一种有组织的服务形式,它是婴幼儿遇到困难时寻找同伴帮助或婴幼儿对人友好的自然倾向。通过对一部分交往能力较强或者受到同伴排斥的婴幼儿进行指导,使他们以一种负责、敏感和移情的方式为同伴提供支持和帮助。同伴支持者对于那些在同伴中受到排斥的婴幼儿尤为有益,通过教师的介入可为他们找到同伴支持网络。同时,同伴支持者在完成任务的过程中也能提高自身的交往能力。

三、同伴交往的训练方法

上面提到了教育策略,然而,对于不能主动社交及被拒绝和被忽视的婴幼儿,教师应采用行为训练法、认知训练法和情感训练法等专门的方法进行教育干预。

(一) 行为训练法

依据班杜拉的替代学习原理,强调观察、模仿、强化。每次训练包括观察学习、模仿以及参与游戏三个步骤。首先是观察学习,带领行为训练小组婴幼儿观察录像中儿童的游戏活动,引导婴幼儿仔细观察在游戏活动中受欢迎儿童表现出的亲社会行为,如帮助、友善、同情、合作和领导等。其次是模仿,让每一名婴幼儿模仿自己曾经观察过的受欢迎儿童的行为,如向别人微笑、分享玩具或事物、发起积极的身体接触、主动交谈、给同伴支持与赞扬等。最后是参与游戏,组织婴幼儿进行游戏活动,在游戏中安排他们完成一项任务或实现一个目标。如果没有其他成员的共同合作,该项任务或目标就无法实现。这样促使他们尽可能表现出曾学习过的亲社会行为,表现出合作行为。对于这种合作行为的出现,教师也可以及时强化。

(二) 认知训练法

该方法针对婴幼儿的几种主要人际交往情境和技能,包括如何加入一项游戏活动,如何与同伴轮流和分享,如何有效地交流,如何做出有价值的让步,如何给同伴以注意与帮助等。每次训练包括两个步骤:第一是讲解,结合幻灯片、录像讲述人际问题情境,如交朋友、参与、合作、竞争、冲突,引导婴幼儿理解情境,弄清问题。引导婴幼儿自己思考各种解决问题的办法,教师补充、修正;帮助婴幼儿思考和想象每一种办法的实施可能,预料每一种办法的后果。帮助婴幼儿做出最后决定,采用最佳方案。第二是游戏,组织婴幼儿一起进行包含合作、冲突、帮助等内容的各种角色游戏,使婴幼儿对各种人际交往情境和技能有感性、具体的认识。

(三) 情感训练法

情感训练法借鉴情绪、情感研究的成果制订了三个步骤。首先是移情,利用幻灯片、录像以及讲故事的方式引导婴幼儿产生并体验故事主人公的情绪变化。其次是情感体验,结合游戏活动,创设一定情境,逐步培养婴幼儿合作助人的快乐感、捣乱损人的内疚感、参与的满足感及成功的自信感等。最后是情感追忆,在游戏活动结束后,引导婴幼儿回忆其在游戏活动中的各种情感体验并进一步强化。

第四节　婴幼儿良好同伴关系的教育案例

本节主要呈现被拒绝婴幼儿同伴关系的干预案例,通过对案例的剖析,了解处于该时期婴幼儿的行为表现特点,以及结合上一节的同伴关系教育策略研讨具体的教育建议。

一、案例情况

(一) 个案情况

> 萱萱出生时和其他小朋友一样,没有表现出特别的行为。小时候性格挺好的,摔倒了也不会哭闹。3 岁前由于父母工作忙,萱萱经常在奶奶家,主要由其奶奶抚养。奶奶家还有个哥哥,这个哥哥是萱萱大伯家的儿子,大伯离婚,儿子放在奶奶家抚养,比萱萱大 9 岁,行为上有些冲动、暴躁。萱萱周一至周五在奶奶家睡,周五晚上才回家跟父母睡,所以一直以来都和奶奶较为亲近。萱萱 2 岁时上幼儿园托班,后来到另一所幼儿园上小班。一般早上由父母送到幼儿园,下午奶奶接或坐校车回奶奶家,在奶奶家吃完晚饭后跟父母回家睡。
>
> 幼儿园里,小朋友不怎么喜欢萱萱。萱萱也特别爱发脾气,经常不开心,很少与小朋友交谈,很多小朋友经常告她的状。比如,萱萱要不抢别人玩具,要不就是当别人想玩她的玩具,她不给反而推或踢别人一下,带有敌意。老师反映她上课不集中精力,不能老老实实地坐在椅子上,喜欢动,但是老师说她也没起到什么作用。游戏时总是东跑跑西晃晃的,不跟其他孩子玩。因此,萱萱在班上没什么好朋友。

(二) 家庭教养情况

萱萱的这些表现与家庭教养密切相关,为了解萱萱的家庭教养情况,教师对其父母进行了访谈。萱萱父母说:"我们的邻居也有几个和萱萱差不多大的孩子,都是男孩,每次和他们玩,不是萱萱受别人欺负,就是她欺负别人,每次总闹得不愉快,哭哭啼啼的。我们怕孩子受委屈也就只让她在家玩。""孩子现在能不能和别人交往无关紧要,等长大了懂事了就自然会打交道了。""前几年我们工作都是刚走上正轨,陪孩子的时间少。另外一个方面,总觉得孩子还小,以后大点才需要多点照顾。""平时回到家里没人陪她玩,她倒是很想跟我们玩,总是要我们跟她一起画画、剪纸、讲故事,有时会玩一小会儿,但更多时候,就直接放动画片给她看,她特别喜欢看《奥特曼》《蜡笔小新》。我们都觉得孩子看动画片特别安静,不黏人,不闹腾。""哥哥家庭不完整,脾气有点古怪,整天在奶奶家待着,也不出去。跟萱萱在一起时两人也爱闹别扭,经常弄得她直哭。""我和她妈都算是脾气不太好的人,容易发脾气,所以有时候会因为某些事情争吵。一般没有顾及萱萱在不在场。""我们家人都很喜欢萱萱,但我们认为小孩子不能娇惯,有时甚至对她很严,平时教训和命令可能多了一些。比如说,她有喜欢的玩具或家里的小东西要带到奶奶家或幼儿园,如果不同意她就发脾气,又哭又闹的,我们就会吼她,或强迫她按我们的要求来,虽然也觉得这样不对,但不知道怎么办。""我们对萱萱的物质需求,如衣服、玩具、书、零食等,还是尽量满足,不过不可能所有的东西都能满足她,所以有时候她要的东西我们不给她买,怕娇惯她。"

通过以上访谈可以看出,萱萱的家庭教育情况具有以下七个特点:第一,在婴幼儿与其母亲没有建立稳固的亲子依恋,上幼儿园之前主要是隔代教养。第二,萱萱在家的交往对象只有亲人(父母、奶奶、大伯家的哥哥),并且哥哥经常欺负萱萱,除了哥哥外,在家很少有同伴交往经历。第三,父母在观念上不重视萱萱的社会性发展,教养方法偏颇。为了孩子不受欺负,不让她和其他小朋友交往,这种过度保护的做法割断了孩子与同伴的自然交往。第四,亲子交流沟通的质和量都偏低。第五,哥哥的冲动行为对萱萱有一定的影响。第六,父母的脾气都不太好,对萱萱有时候严格要求,采取的管教方式是训斥和命令。第七,对于萱萱的物质要求尽量满足,但没有关注萱萱的心理和情感的需要。

（三）幼儿在园情况

1. 不会分享

下午等待离园时，全班同学拿自己的小凳子到墙角坐着看书、聊天，等待园车和家长。萱萱从包里拿出家里带来的《奥特曼》，羊羊坐在旁边正无所事事，看见萱萱拿出的书籍就问：萱萱，这是什么书啊？借我看看。萱萱奋力将书抱在怀里，口中还嘟哝着："不给！这是爸爸买给我的。"

2. 不会有策略地加入游戏

在进行区域活动时，萱萱在活动室溜达了一会儿，最后来到娃娃家。她默不作声地看着娃娃家里正在玩的三个小朋友，约一分钟后，蹲下来在娃娃家区旁边拿起了一个废旧盒子漫无目的地玩着。她时不时地向娃娃家那个方向看，看得出，她还是很想加入的，但始终没有开口。恰巧恬恬也来了，直接跟娃娃家里的小朋友提出请求说："我也想玩。"羊羊说："不好意思，我们这里人手已经够了。爸爸妈妈和宝宝都有了。"恬恬听了后依依不舍地离开了娃娃家。过了一分钟，她又转回来了，这次她看了娃娃家区的小朋友们几秒钟，装作敲门，"咚咚咚"，有人回应了，"谁来了？"恬恬回答："不好意思，打扰了，我是修理工，你们家电扇不是坏了吗？""哦，是的，那你进来吧。"恬恬成功加入了同伴正在进行的游戏，她和快乐的"一家人"开心地玩了起来。

3. 用攻击性行为表达自己的情绪

教学活动后教师要求全班同学趴在桌上休息，同桌瑞瑞小声对萱萱说："你的头发好乱，像鸟窝一样，哈哈哈。"萱萱当时就很生气，握起拳头想打瑞瑞的头，瑞瑞比较灵活，躲开了。但是趁瑞瑞正得意之时，萱萱伸出在桌子底下的脚踹了瑞瑞一下，瑞瑞疼得"哎哟"叫了一声。

4. 用攻击的方式解决同伴冲突

早操回教室后，孩子们排队陆陆续续走进活动室，拿自己的小椅子到桌子边坐下。萱萱盯着灿灿的椅子看了一下，随即跑过去，一只手拽住椅背，另一只手用力推灿灿。灿灿没缓过神来，一下倒在地上，顿时哇哇哭起来。老师立即跑过来，问怎么了，灿灿说萱萱推他，老师问萱萱为什么要推灿灿，她小声地说："他拿我的椅子。"

由此可见，萱萱的同伴交往技能存在以下特点：第一，萱萱缺乏一定的社交技能，例如，缺乏以积极态度和行为对待他人、分享、商量、合作、提供帮助、请别人一起玩、策略性加入同伴活动等的能力。第二，萱萱缺乏一定的社交语言技能，如主动跟同伴打招呼或交谈，礼貌性地询问有关游戏或别人的事情，以及请求获得物品等。第三，萱萱缺乏一定的情绪应对技能，主要包括用语言表达爱怒等情感、控制自己的情绪和换位思考等技能。第四，萱萱缺乏一定的攻击替代技能，常采用身体动作或不友好的言语来解决同伴冲突。

二、原因分析

（一）个人原因

1. 邋遢的外表

从同伴交往影响因素来看，婴幼儿自身的生物特征影响婴幼儿的同伴接纳。在对婴幼儿进行访谈时，问及婴幼儿为什么喜欢和那些受欢迎的婴幼儿一起玩时，很多婴幼儿提到长相、服饰等。从这些方面来考察，萱萱穿着上有点显邋遢，头发也总是乱蓬蓬的，这些外表特征在一定程度上影响了她的同伴交往。

2. 较弱的社会交往能力

有研究表明，被拒绝婴幼儿比受欢迎婴幼儿在人格、个性品质上表现出更多的内向或冲动等特征。被拒绝婴幼儿具有较弱的社会交往能力，还可能缺乏情绪调节能力，表现出较为冲动，不成熟，缺乏控制和移情能力等现象,这些婴幼儿在同伴交往中比较笨拙和不明智。不受欢迎婴幼儿缺乏亲社会行为技能,他们很少能够与同伴合作、进行有效的社会交往、给予同伴积极强化。不受欢迎婴幼儿的社交策略比受欢迎婴幼儿的策略更为不友好而无效。从日常观察和访谈教师、家长的结果来看,萱萱的典型特点是不合作、敌意、缺乏控制和移情能力,消极行为过多,有时以怪异的方式引起老师和同伴的注意,缺乏受欢迎婴幼儿所具备的积极、友好、敏感、分享等特质,社交策略单一且有时无效。

3. 早期交往经验匮乏

过少的交往经验使萱萱仍然以自我为中心,不能了解他人的感受。还有更重要的一点是,同伴交往时所采用的交往技能和策略不够有效。虽然萱萱有时候也会有主动交往的愿望,在交往时会发出一些互动的信息,但往往因被误解而遭到拒绝,反过来又更恶化了她对同伴的看法,使得她产生敌意心理。很多研究者认为,被拒绝婴幼儿的交往成功率不高,可能与婴幼儿的社会技能有关,因而不能与同伴建立良好的关系,受到同伴的排挤。从具体的社会技能来看,萱萱缺乏一定的交友技能和情绪应对技能。

(二) 家庭原因

家庭方面的因素是婴幼儿同伴交往问题产生的土壤。众多研究表明婴幼儿行为的发展深受父母的个性、人格特征和教育方式的影响。家庭因素不仅对婴幼儿行为的形成和认知的发展起着非常重要的作用,而且会直接影响其同伴交往和同伴关系。

1. 未建立稳固的亲子依恋关系

亲子依恋是婴幼儿对人际交往的第一印象,它决定了婴幼儿对自我和他人(甚至世界)的认识与行为方式。亲子依恋较大程度地左右着婴幼儿对人和世界的感受,容易形成人际交往定势,进而影响婴幼儿的社会交往能力。萱萱在上幼儿园之前主要是隔代教养,儿童早期与其母亲没有建立稳固、健康的亲子依恋,表现为无组织依恋的关系特征,导致萱萱对他人、对自己的看法都有些消极,没有安全感,也缺乏自信。上幼儿园后,虽然和父母住在一起,但亲子交流质量和数量很有限。从某种程度上来说,萱萱当下的亲子依恋关系对师幼关系和同伴关系的建立产生了负面影响。稳固的亲子依恋和亲密的亲子关系建立在高质量亲子互动的基础上。高质量的亲子互动具有两个关键特征,首先,成人对婴幼儿需要的敏感性,即家长能在日常生活中敏锐地察觉婴幼儿的需要;其次,成人对婴幼儿需要的反应性,即家长能及时对婴幼儿的需要进行反应,给予及时的帮助。萱萱父母对萱萱的情感和心理需求既没有敏感性,也没有及时的反应性,导致了亲子互动质量不高。另外,从互动时间和频率的角度看也处于低水平。因此,萱萱与其父母之间的互动属于低质量的亲子互动。

2. 家庭教养方式存在问题

父母亲的教养观念和行为对婴幼儿的发展有很重要的影响。调查表明,在父母对孩子社交价值认识充分家庭中的婴幼儿大多是"受欢迎者",反之则大多为"受忽视者"或"受排斥者"。从对萱萱父母的访谈中可以发现,萱萱父母和当今很多父母一样,重视婴幼儿智力因素和艺术方面的发展,而忽视社会性的培养。这种片面的教养观念导致了萱萱缺乏社会交往经验。主要抚养人与萱萱交流过少,也没有为她创造与同伴交往的机会。因此,萱萱在早期交往经验不丰富。过少的交往经验不能使萱萱脱离自我中心思维,也不能了解他人的感受,导致了她的交往技能和策略相对低下。

3. 父母的榜样作用没有发挥

在家庭因素中,父母亲的行为和为人处世的方式为婴幼儿的行为发展提供了直接的榜样,从而对婴幼儿的交往产生间接影响。萱萱父母脾气都不太好,而且经常当着孩子的面发脾气,这为萱萱的观察学习提供了长期负面的示范,对萱萱有潜移默化的影响,致使萱萱在同伴交往中也有发脾气的不良习惯。另外,奶奶家还有个常欺负她的哥哥,哥哥的行为方式让她学会了采取强制的、冲动的方式来获得自己想要的东西。她在幼儿园里抢夺玩具之类的行为就是习得行为的结果。

（三）教师和同伴原因

首先，从教师教育行为来看，很多研究表明，由于大班教学的限制，为了维持集体的纪律塑造规范行为，教师不得不借助强硬性的手段来达到教育目的。他们往往忽视婴幼儿积极的社会化行为，而关注婴幼儿多动、攻击、违纪和冲突等行为。这种做法虽然有利于班级管理却不利于婴幼儿社会性行为的发展。根据研究者对该班日常生活和教学的长期观察得知，该班教师也存在此问题。在日常生活和教学中，只是主要解决直接影响到集体纪律或规范的交往冲突问题。由于精力有限，教师对儿童在日常生活中的同伴交往缺乏指导和支持，有时候甚至是忽视。就萱萱而言，一般情况下，如果她扰乱共同活动、发生同伴冲突而影响到集体，教师会采取强制性的警告性的方式来制止，却不加以引导和帮助。另外，教师对婴幼儿的评价影响到同伴对婴幼儿的评价和接纳，而且会形成固定看法。该班教师在日常教学和生活中对萱萱的评价比较消极，老师一般都是在萱萱不遵守纪律或被同伴告状的情况下才注意到她，且在全班小朋友面前，教师更多的时候是对其进行批评和警告。

其次，从萱萱所在班级的物质环境来看，最能影响婴幼儿游戏的是活动区的布置。该班活动区有自然角、娃娃超市、图书角、积木区、算珠区和手工区。材料和玩具数量不多，种类也很少，且活动区长期不变动，材料不换，区域设置也不变。活动区的布置影响了婴幼儿游戏，而婴幼儿之间的游戏又会影响到同伴互动和同伴关系。另外，据长期的观察，该班教师比较忽视区域活动和自由活动时对婴幼儿的管理，很少进行有针对性的同伴交往指导和帮助，只是在婴幼儿出现纠纷时才出面干预。

最后，从幼儿园课程设置来看，很少有具体的针对婴幼儿同伴交往的教学活动设计，即没有把婴幼儿同伴交往的教育内容渗透到课程中。教师关注更多的是一些比较显性的同伴交往问题，如处理干扰正常秩序的同伴冲突。

三、干预措施

（一）家庭方面

保证萱萱有整洁、干净的外表，注意教育其穿戴整洁，头发不凌乱。尽量不要单独让萱萱与堂哥相处，因为攻击等很多不当行为可能习得于其堂哥。如果家庭成员之间有分歧，不要当着孩子面发脾气，以免造成孩子的心理压力和习得一些不当的情绪发泄方式。加强亲子交流，关注萱萱的情感和心理需求，尽量多增加与萱萱相处的时间和交流的次数。每天与萱萱一起游戏或阅读，或者请别的小朋友到家里来，几人一起游戏或阅读。设法扩大萱萱的活动范围和交往圈，多为萱萱创造同伴交往的机会。空余时间带萱萱出去走走，与邻里的小朋友一起游戏，或者请别的小朋友到家里玩。正确对待同伴之间的冲突，认识到同伴之间的冲突是不可避免的，如果处理得当，还能够发展婴幼儿解决问题的能力以及社会技能。要经常引导婴幼儿做出亲社会性行为，如分享（玩具、书籍、食物等）、合作、商量、轮流、谦让和助人等，在引导时要注意及时强化其行为。在日常生活中教给婴幼儿一些交友技能和交往策略，如主动跟别人打招呼，主动请别人一起游戏，主动加入别人的游戏，以及主动帮助别人等。构建萱萱家庭与幼儿园的交流、沟通、合作渠道。

（二）幼儿园方面

教师改变教育观念，以发展的观点认识婴幼儿的行为问题，将婴幼儿的行为问题视为发展过程中的问题来应对。多与萱萱接近，主动关心或给予特别的关照，增加表扬、赞赏等鼓励性言语与非语言的交流（如眼神、动作、表情和肢体接触等），形成婴幼儿对教师的信赖关系。对萱萱的行为关注要讲究技巧，忽视其消极、不恰当行为，而及时关注并强化其积极的进步行为。具体的强化包括表扬（具体的积极行为）、关注（和教师一同活动）、评定和认证（教师的评语或奖励）、特权（午餐时分发碗筷）、活动强化物(参与游戏的权利)、物质强化物(小红花等)和食物(饼干、糖果)等。教师还可以和萱萱进行个别谈话,使萱萱知道自己受同伴拒绝的原因,提醒其自我约束,多创造机会让萱萱与同伴一起活动或游戏,让她积累成功交往的经验,并指导与同伴相处的技巧。教师还可以经常在全班同学面前夸奖她,增强其自信心,并以此改善全班同学对被拒绝婴幼儿的刻板印象、思维定势。给予她为班级服务的机会,并当众夸赞其良好行为,以获得同伴的认同与接纳。教师一定要将良好关系的建立视为教育者的重要责任。与萱萱建立一种玩伴关系,一方面体现与婴幼儿的亲近,另一方面在共同活动的同时给予行为和语言的直接或间接的指导。将教室的管理从强制性的处理和避免冲突转变为建立、维护和保持和谐的同伴关系。在婴幼儿日常活动中,注意为婴幼儿创设、提供一定数量的利于婴幼儿展开合作、轮流、分享的大型玩具;当婴幼儿玩小型玩具时,多鼓励引导他们展开分享、交流,以有效地促进婴幼儿积极交往行为的展开。在自由游戏活动时,有意识地组织婴幼儿进行一些有任务、有规则的集体游戏活动,以集体统一的目标、规则规范婴幼儿在交往中的行为表现,促使其社交行为向积极的方向发展。

四、教育干预内容

根据上述案例可知,萱萱属于被拒绝孩子,需对其进行教育干预。教育干预内容由被拒绝婴幼儿所缺少的关键技能来确定,主要包括以下四种关键技能:第一,亲社会行为,如分享、协商、合作、提供帮助、友好邀请别人一起玩;第二,社交语言技能,如主动跟同伴打招呼或交谈、礼貌性地询问有关游戏或别人的事情以及请求获得物品、玩具等;第三,情绪应对技能,主要包括用语言清晰表达爱、怒等情感、控制自己的情绪和换位思考以及移情等技能;第四,社交策略,如处理冲突、加入同伴游戏等。下面以萱萱为例介绍被拒绝婴幼儿的教育干预内容,表8-3详细展示了教育干预活动的名称(主题)、目标、材料准备和注意事项,表8-4和表8-5列举了关键技能和部分亲子活动,均可作为在实践中具体的操作指导。

表8-3　被拒绝婴幼儿同伴交往的教育干预活动

活动名称(主题)	目标/场景	材料准备	注意事项
开心枕与出气包	1. 引导婴幼儿了解并能用语言正确表达自己的情绪 2. 能控制自己的情绪,并知道自己生气或委屈要采用合适的方式发泄,而不能冲小朋友撒气和乱发脾气	情绪表情面具、图表等,森林场景、动物木偶、《抱枕和开心枕》故事	1. 营造宽松、接纳和轻松的氛围让萱萱参与 2. 萱萱在课堂中偶尔出现小动作等不当行为不要过多注意,且不能批评,一旦她表现出好的行为就予以表扬,即有意忽视不恰当的行为而积极关注恰当的行为 3. 引导萱萱认识到自己乱发脾气的问题,并鼓励其慢慢改正,逐渐养成开朗、温和的性格 4. 在指出萱萱缺点时,教师的鼓励和表扬很重要,并引导其他孩子能原谅萱萱以前的错误行为 5. 建立倾听角,鼓励孩子把不开心的事情说出来
不随便动口动手	让婴幼儿知道采用动口动手(如推、抢、踢、拉、骂等)这种冲动的攻击方式解决问题是不对的	搜集日常生活中婴幼儿动口动手引起纠纷的案例	1. 鼓励萱萱等具有攻击冲动的孩子认识并说出自己的错误行为 2. 引导全班原谅萱萱等人的过错,并给予机会让他们改正
有话好好说	场景一:婴幼儿A拿了婴幼儿B的奥特曼,B奋力地抢夺过来,引起纠纷 场景二:建构角婴幼儿A的积木被婴幼儿B碰倒了,A生气地推了B一下,B滑倒了 场景三:婴幼儿A想加入游戏,婴幼儿B说,你老爱发脾气,不带你玩	场景布置,积木、奥特曼等道具	1. 在情景表演时角色自由分配,但教师要尽量让萱萱参与,一方面给予她表现的机会,另一方面表演的内容会让萱萱认识到自己某些日常行为的不当之处 2. 表演完后引导孩子们分析各场景中小朋友的错误行为,并讨论出好的解决办法 3. 活动总结时,建议成立监督小组,专门负责监督小朋友们的日常行为,有不当之处立即指出并让孩子们纠正

表8-4　教师指导被拒绝婴幼儿同伴交往的关键技能

亲社会行为	社交语言技能	攻击替代技能	情绪应对技能
● 礼貌地、策略性地加入其他小朋友的活动 ● 请别人一起玩 ● 分享 ● 商量 ● 合作 ● 提供帮助	● 主动跟同伴打招呼或交谈 ● 礼貌性地询问有关游戏或别人的事情 ● 当别人讲话时注意倾听 ● 当别人做得好时说赞扬的话	● 用亲社会的、建设性的方式解决同伴冲突 ● 不采用身体动作或攻击性的言语表达愤怒	● 用语言表达愤怒等情感 ● 控制自己的情绪

表8-5　亲子游戏

嬉戏性游戏	教学性游戏	亲子阅读
捉迷藏、挠痒痒、探妈妈的脚、追跑、吹泡泡等	积木、扑克、猜谜、下棋、彩笔绘画等	社会交往类故事书

思考与实训

一、单选题

1. （　　）主要是指同龄人间或心理发展水平相当的个体间交往过程中建立起来的一种人际关系。
   A. 同伴经历　　　　　B. 同伴影响　　　　　C. 同伴关系　　　　　D. 同伴接纳

2. （　　）认为儿童在交往初期是以自我为中心的，随着游戏的开始，平等互惠的同伴关系开始建立，儿童逐渐体验到冲突、谈判或协商。
   A. 维果茨基　　　　　B. 皮亚杰　　　　　C. 哈瑞斯　　　　　D. 库利

3. 儿童已经能对同伴的行为做出反应，并常常试图去控制对方的行为。这阶段能反映同伴关系发展（　　）的特点。
   A. 客体中心　　　　　　　　　　　B. 简单相互作用
   C. 互补的相互作用　　　　　　　　D. 客体永久

4. 同伴关系作用，不符合的是（　　）。
   A. 有利于婴幼儿学习社交技能和策略
   B. 阻碍婴幼儿积极情感的发展
   C. 有助于促进婴幼儿认知能力的发展
   D. 为婴幼儿自我意识的发展提供有效的基础

5. 采用同伴提名法对婴幼儿的同伴社交类型进行研究。结果表明，婴幼儿的社交地位已经分化，主要有受欢迎型、被拒绝型、被忽视型、矛盾型和（　　）。
   A. 容易型　　　　　B. 困难型　　　　　C. 缓慢型　　　　　D 一般型

6. （　　）就是二元互动的典型表现。
   A. 亲密　　　　　B. 友谊　　　　　C. 爱情　　　　　D. 交谈

7. （　　）的婴幼儿大都精力充沛，社会交往的积极性很高，但是因为交往技能差而常出现一些攻击性行为，不被同伴所接纳。
   A. 被抛弃型　　　　　B. 受欢迎型　　　　　C. 被忽略型　　　　　D. 被拒绝型

8. 在同伴提名中,受到同伴正向和负向提名都较多的是(   )。

    A. 受欢迎婴幼儿　　　　　　　　　　B. 被拒绝婴幼儿

    C. 有争议婴幼儿　　　　　　　　　　D. 受忽视婴幼儿

9. 下列表现属于良好同伴关系的是(   )。

    A. 不会策略性地加入游戏

    B. 用攻击性的行为

    C. 同伴冲突

    D. 会分享

10. 同伴交往的训练方法有(   )。

    A. 行为训练法　　　　　　　　　　　B. 认知训练法

    C. 情感训练法　　　　　　　　　　　D. 以上三种方法都正确

二、简答题

1. 婴幼儿同伴关系的影响因素有哪些?

2. 婴幼儿同伴关系的发展经历了哪些阶段?

3. 若采用同伴提名法评估同伴关系类型,如何实施?

三、实训题

    在建构角小亮的积木被小红碰倒了,小红见状就跑开了。这种事情经常发生,当其他小朋友做游戏时,小红跑去打断游戏,致使小朋友们特别不爱和小红玩,之后小红想加入游戏,都被其他小朋友拒绝。请根据小红的情况,设计改善同伴关系的方案。

附 录

婴幼儿教育相关文件与资料

近年来,婴幼儿教育越来越受关注,国务院和所属教育部、卫健委等相关部门先后出台了保障与促进婴幼儿发展的文件,有关研究与教学单位也做了相关研究。受篇幅限制,相关内容放在了如下二维码中,学习者可扫码阅读。

国务院办公厅关于促进3岁以下婴幼儿照护服务发展的指导意见

保育师国家职业技能标准（2021年版）

国家卫生健康委办公厅关于印发托育机构负责人培训大纲（试行）和托育机构保育人员培训大纲（试行）的通知

国家卫生健康委关于印发托育机构设置标准（试行）和托育机构管理规范（试行）的通知

托育机构保育指导大纲（试行）国家卫健委2021年

幼儿园保育教育质量评估指南

育婴员国家职业技能标准（2019年版）

托育服务人员职业能力调查问卷

图书在版编目(CIP)数据

婴幼儿社会性发展与教育/孙卫,周慧主编.—上海:复旦大学出版社,2023.4(2025.2重印)
ISBN 978-7-309-16659-0

Ⅰ.①婴… Ⅱ.①孙… ②周… Ⅲ.①婴幼儿-社会性-研究 Ⅳ.①G610

中国版本图书馆 CIP 数据核字(2022)第 237578 号

婴幼儿社会性发展与教育
孙 卫 周 慧 主编
责任编辑/赵连光

复旦大学出版社有限公司出版发行
上海市国权路 579 号 邮编:200433
网址:fupnet@ fudanpress.com http://www.fudanpress.com
门市零售:86-21-65102580 团体订购:86-21-65104505
出版部电话:86-21-65642845
上海四维数字图文有限公司

开本 890 毫米×1240 毫米 1/16 印张 10.25 字数 303 千字
2023 年 4 月第 1 版
2025 年 2 月第 1 版第 2 次印刷

ISBN 978-7-309-16659-0/G·2453
定价:39.00 元